Gerhard Naeher

# Der Medienhändler

## Der Fall Leo Kirch

KNESEBECK & SCHULER

CIP-Kurztitelaufnahme der Deutschen Bibliothek

*Naeher, Gerhard:*
Der Medienhändler : Der Fall
Leo Kirch / Gerhard Naeher. München :
Knesebeck u. Schuler, 1989
ISBN 3-926901-25-X


Umschlaggestaltung Hanno Rink & Team 86, München
Herstellung Jan Enns, Wentorf
Gesetzt aus der Excelsior
bei Utesch Satztechnik GmbH, Hamburg
Druck und buchbinderische Verarbeitung
Clausen & Bosse, Leck
Printed in Germany

# Inhalt

# Vorwort

Obwohl seit der Einführung des Kabel- und Satellitenfernsehens und der Zulassung Privater zum Rundfunk in der Bundesrepublik Deutschland zahlreiche neue Programme entstanden sind, findet der Zuschauer auf dem Bildschirm statt mehr Auswahl und Vielfalt immer ähnlichere Programme mit den gleichen, meist älteren Spielfilmen und Serien sowie deren wiederholte Wiederholungen vor. Sie stammen größtenteils aus ein und demselben Fundus, der zum Beta/Taurus-Film- und Produktionskonzern des Leo Kirch gehört. »›Fernsehen heißt heute Kirchsehen‹ lautet ein Branchenbonmot. Über die Programmgesellschaft für Kabel- und Satellitenrundfunk besorgt der Münchner rund siebzig Prozent des umfangreichen Software-Bedarfs von SAT 1. Auch ARD und ZDF sind in hohem Maße auf Kirchs Filmstock angewiesen.« (*Der Tagesspiegel*, 29. 8. 1987) Auch für PRO 7 und den Teleclub trifft das zu. Aber über den Mann, der in kaum mehr als drei Jahrzehnten dieses Film- und Fernsehimperium errichtete und schließlich nach dem Axel Springer Verlag griff, ist nicht allzuviel bekannt.

Der jetzt dreiundsechzigjährige Leo Kirch begann seine Unternehmerlaufbahn 1954 mit geborgtem Geld und dem Erwerb von Aufführungsrechten an einigen italienischen Spielfilmen. Er war von der Attraktivität und Durchsetzungskraft der Neuheit Fernsehen überzeugt und setzte auf den wachsenden

Bedarf der Sender nach Unterhaltungsprogrammen, den er mit Spielfilmen und Serien abdeckte.

Die Rechnung ging auf: Das Fernsehen entwikkelte sich zum Massenmedium. Noch 1960 verfügte erst ein Viertel der Haushalte über ein TV-Gerät; zehn Jahre später waren es bereits 75 Prozent. In diesem Jahrzehnt gelang es Kirch, gegenüber den Fernsehanstalten die Position des Filmgroßhändlers einzunehmen, die es vergleichbar in keinem anderen Land der Welt gibt. Beim ZDF avancierte er praktisch zum »Hoflieferanten«.

Als 1982 mit dem Wechsel in Bonn die Voraussetzungen für die Einführung des Privatfernsehens entstanden, war Leo Kirch, der nach eigenen Angaben auf einem Schatz von 15 000 Spielfilmen und mehr als 50 000 Stunden anderer Produktionen sitzt, an der Entwicklung des neuen Milliardenmarktes besonders interessiert. Es war vorauszusehen: Die Vermehrung der Fernsehprogramme würde die Nachfrage nach Spielfilmen und Serien und damit deren Preise steigern. Und durch Beteiligungen an neuen Sendern ließe sich dieser Prozeß noch forcieren und außerdem ein Geschäft mit dem sich ausweitenden Werbefernsehen begründen. Der Medienmogul witterte eine Chance, die größer und vielversprechender war als der Einstieg in den Filmhandel 1954 zu Beginn des Fernsehens.

Aber Kirch war nicht allein am Start. Auch die Presseverleger interessierten sich für das heraufziehende Privatfernsehen. Sie sahen sich unternehmerisch herausgefordert, in der Ära des Kabel- und Satellitenfernsehens ihre angestammten Zeitungs- und Zeitschriftenmärkte zu sichern. Sie fürchteten eine Umverteilung der Werbeetats in der Wirtschaft zu Lasten der Printmedien und wollten mögliche Verluste durch die Beteiligung am Fernsehen ausgleichen.

Die Presseverlage leben vom Anzeigengeschäft: Zeitungen finanzieren sich zu zwei Dritteln aus den Erlösen der Inserate und nur zu einem Drittel über die Verkaufs- beziehungsweise Abonnementpreise. Ohne Anzeigen würde die Zeitung erheblich teurer sein – und wahrscheinlich Leser verlieren. Bei Publikumszeitschriften liegt das Finanzierungsverhältnis bei fünfzig zu fünfzig.

Alle Erfahrungen sprechen dagegen, daß ein vermehrtes Angebot an Fernsehwerbezeit zu einer Ausweitung des gesamten Werbevolumens führt. In den USA beispielsweise, die der Fernsehentwicklung bei uns um Jahre voraus sind, ging der Anteil der Zeitungen und Zeitschriften am überregionalen Werbeaufkommen kräftig zugunsten des Fernsehens zurück. In der Bundesrepublik war es der Limitierung der Werbezeit auf werktäglich zwanzig Minuten bei ARD und ZDF zu verdanken, daß in den sechziger und siebziger Jahren wesentliche Verschiebungen verhindert wurden. Denn die Nachfrage nach Werbezeit war Jahr für Jahr größer als das Angebot.

Seit die privaten Programme an die Werbetöpfe der Wirtschaft drängen und sich auch die Reichweiten verbessern, steigt das Volumen der Fernsehwerbung rapide an. 1989 werden SAT 1, RTL plus, PRO 7 und Tele 5 insgesamt rund 800 Millionen Mark erzielen. Bis Mitte der neunziger Jahre kann die private Fernsehwerbung einen Umfang von drei Milliarden Mark erreichen.

Bei SAT 1 stießen die unterschiedlichen Interessen des Filmgrossisten einerseits und der Presseverleger andererseits hart aufeinander. Kirch wollte das Privatfernsehen offensiv vorantreiben und vor allem Spielfilme und andere Programmware verkaufen. Die Verleger dagegen betrieben ihr Engagement mehr defensiv. Publizistisch entwickelten sie Pläne für ein pressespezifisches Programm, das sich insbesondere auf dem Sektor der Nachrichten profilieren sollte. Kirch wiederum wollte ein Spielfilm- und Serienprogramm mit eingestreuter Kurzinformation.

Bei dieser Ausgangslage entbrannte in der SAT-1-Gründerzeit ein Machtkampf um diesen Sender. Dabei trat Kirch zwischen 1984 und 1988 nach außen kaum in Erscheinung. Die Fernsehanstalten, seine wichtigsten Kunden, sollten nicht durch offene Konkurrenztätigkeit verärgert werden. 1988 ließ er dann diese Rücksicht fallen und beteiligte sich offen an SAT 1. Wenig später tauchte der Name Kirch auch bei PRO 7 auf.

Den Geschäftsbeziehungen mit dem ZDF tat dies keinen Abbruch. Offensichtlich ist die Abhängigkeit dieser Anstalt von den Lieferungen aus München größer als alle Bedenken gegen des Händlers eigenes Fernsehengagement.

Eine wichtige Rolle in Kirchs Medienpoker spielt seine Hausbank, die Deutsche Genossenschaftsbank in Frankfurt. Deren Programmgesellschaft für Kabel- und Satellitenrundfunk, die bei SAT 1 die Weichen für Kirch stellte, wird wiederum von dem Wirtschaftsanwalt Joachim Theye vertreten, Kirchs engstem Berater und Freund. Jochen, wie Freunde den ehrgeizigen Juristen nennen dürfen, liebt es, für mächtige Auftraggeber Regie zu führen und am Ende lautlos zu exekutieren. »Kirch hat – direkt und über seinen Berater Theye – bei SAT 1 das Sagen.« (*manager magazin*, Mai 1987) Seit 1986 steht Theye als Aufsichtsratsvorsitzender an der Spitze von SAT 1.

In einer Doppelstrategie begründeten sie die Vorherrschaft im Privatfernsehen und Ansprüche gegenüber dem Axel Springer Verlag. Kirch hatte zehn Prozent der Springer-Aktien erworben, baute dann diese Position im verborgenen weiter aus und behauptete schließlich, daß er in der Nachfolge des

1985 verstorbenen Axel Springer stehe. Theye war auch hier »der Quirl, mit dem Kirch seine Springer-Geschäfte angerührt hat. Einen Teil der insgesamt 26,1 Prozent Aktien, mit denen Kirch inzwischen disponieren kann, hat Theye bei Freunden untergebracht. [...] Mit Theyes Hilfe könnte Kirch in seine Traumrolle schlüpfen: Er möchte das Sagen in einem gigantischen, für die Bundesrepublik neuartigen Multi-Konzern haben und zugleich weiter Filmhändler in München sein.« (*Der Spiegel*, 12. 10. 1987)

Dabei war der selbsternannte Nachfolger Springers zu Lebzeiten des Verlegers gar nicht gelitten. Axel Springer wollte den Filmgrossisten ursprünglich nicht als Aktionär akzeptieren. Als er kurz vor seinem Tod auf Anraten im Zusammenhang mit der gesamten Aktienemission einer Kirch-Beteiligung zustimmte, legte er gleichzeitig fest, daß außer den Familien Springer und Burda kein Teilhaber über mehr als zehn Prozent der Aktien verfügen solle und keinesfalls im Aufsichtsrat vertreten sein dürfe.

Viele Jahre lang galt Leo Kirch bei Axel Springer als Persona non grata. Der Grund lag in der Enttäuschung des Verlegers über die Art und Weise, wie der Münchner Händler bei der Erfüllung eines zwischen beiden Häusern geschlossenen Filmlizenzvertrages mit ihm umsprang. Springer sah sich um Millionen »erleichtert« und verbot jeden Kontakt mit Kirch.

Das alles hinderte Kirch nicht, 1987 in einem *Spiegel*-Interview zu erklären, den Springer Verlag, »wenn ich Einfluß bekomme, gemeinsam mit Frau Springer im Sinne von Axel Springer weiterzuführen«. Und in einem Interview des *manager magazins* sprach er davon, »gemeinsam mit Springer die Zukunft von Springer gestalten« zu wollen.

Schon ein halbes Jahr später mußten Friede Springer und die Nachlaßverwalter des verstorbenen Verlegers »das Vermächtnis Axel Springers« gegen Kirch »verteidigen«. Denn in einem Überraschungscoup hatten sich Kirch und Theye mit den bis dahin angefeindeten Brüdern Franz und Frieder Burda verbündet, um mittels eines »Pool-Vertrages« die Witwe Friede auszumanövrieren und die Macht im Verlag zu übernehmen. Das Vorhaben scheiterte in letzter Sekunde an der Springer-Familie, die das bei Burda liegende Aktienpaket zu einem horrenden Preis zurückkaufte.

Nach dieser Niederlage wurde es wieder still um den Münchner Medienmogul. Aber Kirch läßt nicht so schnell locker, wenn er sich etwas vorgenommen hat. Er ist öffentlichkeitsscheu und agiert am liebsten als graue Eminenz im Hintergrund. Am Telefon zieht er die Fäden, während die Mitarbeiter in ständigem Kontakt und Informationsaustausch mit wichtigen Kunden wie dem ZDF stehen und ihren Chef auf dem laufenden halten.

Ein Außenstehender kann den undurchsichtig verschachtelten Firmenkonzern nur schwer durchschauen. In rund 25 Einzelgesellschaften werden die Geschäfte je nach ihren strategischen, finanziellen, steuerlichen und technischen Aspekten abgewickelt. Man vermißt ins einzelne gehende Berichte über die Entwicklung der Unternehmensgruppe. Bilanzen werden nicht offengelegt.

In offensichtlicher Selbstüberschätzung und nach Macht strebend, hält Kirch an seinem hochgesteckten Ziel fest: Herrscher über einen multimedialen Großkonzern mit repräsentativem Zuschnitt zu sein. Als Vorbilder dienen die ganz Großen im internationalen Medienmarkt: die Fernseh- und Pressezaren Silvio Berlusconi, Robert Hersant und Rupert Murdoch. Doch seit der »Putschversuch« gegen die Springer-Erben schiefging und sich die Öffentlichkeit mehr und mehr für das Kirch-Imperium interessiert, stellen sich Probleme bei dem Spiel um Macht und Milliarden ein. Kirch und Theye sind zwar bewandert in der Methode, verdeckt zu operieren und andere, die für ihre Geschäfte hinderlich sind, auszumanövrieren. Aber beide tun sich schwer, offen zu agieren und dabei erfolgreich zu sein. Das Gesetz des Handelns liegt nicht mehr allein bei ihnen. Sie müssen reagieren und aus dem Verborgenen heraustreten.

So werden Abhängigkeiten im Filmgeschäft mit dem ZDF deutlich. Beim Privatfernsehen zeigen sich die Umrisse eines Monopols. Dabei erinnert man sich, daß Kirch und Theye vor kurzem noch erklärten, man strebe gar keine Veranstalterrolle im Privatfernsehen an, sondern wolle nur nach allen Seiten Programme verkaufen. Inzwischen bestehen aber maßgebliche Beteiligungen an SAT 1, am Teleclub und wohl auch an PRO 7. Und mit dem beharrlichen Festhalten an dem Vorhaben, unternehmerischen Einfluß im Springer Verlag zu gewinnen, setzt sich Kirch weiterhin über den Willen des verstorbenen Verlegers hinweg.

Dieser Kurs birgt beträchtliche Risiken. Die Finanzierung von Kirchs Expansion erfordert hohe Bankkredite. Der Krieg um die Macht bei Springer bindet Hunderte von Millionen Mark für ein einflußloses Aktienpaket. Ein Pokerspiel ist in Gang gekommen. Der Konflikt hat jetzt auch auf SAT 1 übergegriffen. Dort setzt der Springer Verlag Kirchs und Theyes Geschäften Widerstand entgegen. Der Großhändler braucht dringend Erfolge und bereitet ein Filmgeschäft mit dem ZDF im Umfang von rund 250 Millionen Mark, vielleicht bis zu 400 Millionen vor. Wird die politische Unterstützung auch diesmal wieder zur Stelle sein?

Oft genug erwies sich die politische »Connection« als hilfreich. Leo Kirch, der CSU verbunden und Duzfreund des verstorbenen Franz Josef Strauß, zählt bislang einflußreiche Politiker wie Helmut Kohl und Friedrich Zimmermann – der auch im ZDF-Fernsehrat sitzt – zu seinen Freunden.

Das Rad dreht sich, und Kirch dreht das Rad. Wird sein ungestümer Drang nach Größe, wirtschaftlicher Macht und publizistischem Einfluß, das rücksichtslose Streben nach einem Imperium aus Filmhandel, Produktion, Fernsehen und Presse zum Erfolg führen? Wird es bald einen Mann geben, so die *Süddeutsche Zeitung* (13. 8. 1987), »dessen mögliche publizistische Machtfülle einige Beobachter schon erschrocken mit jener des Verlegers Alfred Hugenberg gegen Ende der Weimarer Republik vergleichen«?

Ein ehemaliger Gegenspieler des Filmgrossisten, der einstige WDR-Intendant und frühere Geschäftsführer der ARD-Einkaufsgesellschaft Degeto, Friedrich-Wilhelm von Sell, meinte, Kirch habe eine »ungebrochene Beziehung zur Macht«. Dem sei keiner gewachsen. »Ich sehe keinen, der ihn stoppen kann.« Doch seit er im Scheinwerferlicht der Öffentlichkeit steht, gibt es möglichweise doch jemanden – nämlich Kirch selbst. Mit hohem Einsatz an Kapital und Machtanspruch steht er jetzt vor Sieg oder Niederlage.

Über Kirch und seine Machenschaften zu schreiben ist nicht einfach. Fast alle, die mit ihm zusammengearbeitet haben, schweigen aus Angst vor seiner Macht und Prozeßfreudigkeit. Trotzdem führte die Recherche zu einer Fülle aufschlußreicher Fakten. Außerdem kenne ich einen Teil der Vorgänge aus eigener Anschauung. Ich war in leitenden Funktionen im Springer-Konzern tätig (unter anderem als Geschäftsführer der Ullstein AV Produktionsgesellschaft) und arbeitete zeitweilig mit dem Verleger zusammen. Ich gehörte zu den Gründern von SAT 1, baute für die Presseverlage den Nachrichtensender »Blick« auf und nahm an den Sitzungen des SAT-1-

Konsortiums teil. Die Schilderung persönlicher Begegnungen mit Axel Springer und dessen Einschätzung der Person Leo Kirch sowie die Beschreibung des jahrelangen Machtkampfes um SAT 1 dokumentieren Entwicklungen, die gerade jetzt wieder aktuell geworden sind.

Auch gegen mich hat Leo Kirch bereits Klage beim Landgericht München erhoben. In dem Buch ist darüber zu lesen. Aber ich bin überzeugt, daß in unserem Land das Grundrecht der Meinungsäußerungsfreiheit die Veröffentlichung von Wahrheiten über Personen der Zeitgeschichte schützt.

*Berlin, im Mai 1989* *Gerhard Naeher*

# 1. Vom kleinen Filmhändler zum »Hoflieferanten« des ZDF

Am Anfang war »La Strada«, der Film vom großen Zampano, der das Volk unterhält und davon lebt.

Im Januar 1954 reiste der damals siebenundzwanzigjährige Dr. Leo Kirch zusammen mit einem Freund namens Hans Andresen nach Rom. Beide überlegten sich, wie sie möglichst schnell viel Geld verdienen könnten. Kirch hatte gerade sein Studium der Betriebswirtschaft und Mathematik mit der Promotion abgeschlossen.

Schon als Student war der fränkische Winzersohn vom Fernsehen fasziniert. Für ihn war klar, daß sich die Neuheit zum Massenmedium entwickeln würde, und damit verband er seine Überlegungen über die eigene Zukunft. In Rom erwarb er mit geborgten 20 000 Mark die Aufführungsrechte an einigen italienischen Spielfilmen, darunter an »La Strada« mit Anthony Quinn und Giulietta Masina sowie an den »Fahrraddieben«. Gute Bekannte aus der Filmbranche hatten ihn auf diese Streifen aufmerksam gemacht.

Nach längerem Antichambrieren gelang es den beiden Jungunternehmern, die Filme in die Kinos zu bringen. Der Constantin-Verleih nahm »La Strada« in das Programm. Der Fellini-Film kam beim Publikum an und spielte Millionen ein, die den Grundstock für Kirchs Einstieg in das Geschäft des Filmhandels bildeten.

Kirch scheute sich nicht, das Risiko laufender Einkäufe auf eigene Rechnung einzugehen, und gründete in München die Beta/Taurus-Firmengruppe. Andresen gehörte als Filmeinkäufer dazu; er vertrat in den siebziger Jahren die Interessen der Kirch-Gruppe in einem Teil der USA.

Während für den Kinobetrieb ausländische Spielfilme in den fünfziger Jahren kontingentiert waren und ihre Einfuhr genehmigt werden mußte, gab es für das Fernsehen keinerlei Einschränkungen. Kirch kaufte, was er bekommen konnte, zumal die Fernsehausstrahlungsrechte an Spielfilmen damals billig zu haben waren.

Als einer der ersten schätzte er den künftigen Bedarf der Fernsehsender an Unterhaltungsprogrammen richtig ein und sagte sich, daß hierfür auf Dauer Eigenproduktionen nicht ausreichen würden. Früher oder später würde der Spielfilm eine wichtige Rolle im Fernsehen einnehmen. Während die deutschen Filmproduzenten das neue Medium noch boykottierten und glaubten, auf diese Weise das Kinogeschäft retten zu können (»Keinen Meter Film für das Fernsehen«), bot Kirch seine Lizenzen den Anstalten der ARD an. Der Spielfilm hielt Einzug in das deutsche Fernsehen.

Das erste große Filmpaket erwarb Kirch 1959 für sechs Millionen Mark in den USA: vierhundert Titel von United Artists und Warner Brothers. Da die ARD nur siebzig Titel kaufen wollte, mußten die vierhundert Filme mit einem Millionen-Kredit finanziert werden. Wieder einmal zeigte sich Kirchs Bereitschaft zum Wagnis – der Wille, das, wovon er überzeugt ist, unbedingt durchzusetzen. Der Bestand an Spielfilmen und anderen Programmen wuchs rapide. Aber langfristig zahlte sich das aus. »Ein Beispiel für geschäftlichen Erfolg: 1959 kaufte Kirch für 3000 Dollar die deutschsprachigen Rechte von ›Casablanca‹, jenes Humphrey-Bogart-Films, den nicht wenige Fans am liebsten täglich vor dem Einschlafen sehen möchten. Kirch brachte ihn inzwischen 14mal auf den Bildschirm und kassierte bei Neuverkäufen jeweils einen Standardpreis: früher 126 000, heute 250 000 Mark.« (*Der Spiegel*, 12. 10. 1987)

Mit Vorrang baute der Filmhändler seine Einkaufsposition in den USA aus. Im *manager magazin* (August 1987) erzählte er: »Es war natürlich so, daß sich nach 1959 in Amerika sehr schnell herumsprach, daß es in Deutschland eine Adresse gab, mit der man Geschäfte auf die dort gewohnte Weise abwickeln konnte, und das war meine Firma. Wir hatten den Amerikanern gezeigt, daß wir die Finanzkraft hatten, größere Pakete zu übernehmen, daß wir bereit waren, zu den üblichen Konditionen einzusteigen, und daß wir keine Probleme hatten mit Jahresbudgets, mit der Finanzierung oder mit der allzu engen Auswahl nur bestimmter Filme. Und deshalb haben sich die Wege zu uns konzentriert.«

Mit seiner Strategie, im Ausland en gros einzukaufen, sich einen wachsenden Bestand anzulegen und die deutschen Fernsehanstalten mit kleinen Portionen aus diesem Bestand zu bedienen, hatte er der ARD den Weg zum eigenständigen Filmeinkauf weitgehend verbaut, wie er in demselben Interview des *manager magazins* offen zugab. Über den ersten großen Paket-Einkauf in Amerika sagte er: »Es waren 900 Titel, die angeboten wurden, und die Auflage war: Von diesen 900 Titeln mußt du 400 abnehmen. Meine Konkurrenten bei dem Geschäft, die Anstalten, wollten von den 900 Titeln nur 70 übernehmen, und zwar über einen längeren Zeitraum, alle anderen interessierten sie nicht. Mein Problem war nun, alle 400 Titel zu kaufen, wohl wissend, daß ich zunächst nur 70 in absehbarer Zeit weiterverkaufen könnte, oder den Amerikanern zu erklären, daß auch ich nur 70 Titel abnehmen würde. Mit der letzten Entscheidung hätte ich automatisch den Anstalten den Weg in das Geschäft geöffnet, denn dann hätten die Amerikaner mich nicht mehr gebraucht. Ich habe mich dann entschieden, die 400 Filme zu kaufen, und habe dabei die Möglichkeit genutzt, die es damals noch gab. Ich ließ mir sehr weitgehende Verwertungsrechte einräumen, und ich sicherte mir die Filme für einen sehr langen Zeitraum. Zu solchen Bedingungen sind größere Einkäufe heute überhaupt nicht mehr möglich, es sei denn zu praktisch unbezahlbaren Preisen.«

Kirch kam zugute, daß sich die deutschen Fernsehanstalten mehr als bürokratische Verwaltungen denn als marktnahe Unternehmen verstanden. Man war gewohnt, nur in Jahresfristen zu denken. Die Etatplanungen und dementsprechend der Programmeinkauf waren nicht auf längere Zeiträume ausgerichtet. Man überließ den Einkauf der wichtigen Programmware dem jungen Filmhändler aus München und äußerte lediglich Wünsche hinsichtlich des Umfangs und der Abwicklung. Auch die Preisgestaltung entsprach dem Anstaltsdenken. Statt zu differenzieren und für attraktive Filme mehr auszugeben als für »Luschen«, einigte man sich auf Einheitspreise und vermied so Bewertungsprobleme bei den Kontrollen durch die Rechnungshöfe. Kirch war das nur recht. Jeder Film kostete gleich viel, aber gekauft werden konnte nur in größeren Stückzahlen. Wenige Spitzenfilme wurden mit vielen billigen Klamotten oder längst abgeschriebenen Streifen gemischt. Das führte im Ergebnis zu ansehnlichen Gewinnen.

»Kirch kaufte konsequent – vor allem im Ausland – die Fernseh-Ausstrahlungsrechte von Spielfilmen ein, daneben aber auch komplette Konkursmassen von bankrotten Filmproduzenten. Die damals erworbenen Filmrechte bildeten die Basis eines Filmstocks, der heute von Fred Zinnemanns ›High Noon‹ bis zu Ingmar Bergmans ›Szenen einer Ehe‹ reicht. Seine Größe will Kirch nicht genau beziffern. Immerhin sagt er soviel: Die Zahl seiner Rechte an Film-Negativen ist fünfstellig – so groß, daß kein Filmredakteur eines deutschen Fernsehsenders den Münchner Geschäftemacher umgehen kann.« (*Die Zeit*, 23. 4. 1976.)

Das Geschäft entwickelte sich in dem vorgegebenen Rahmen. Die Beta/Taurus-Firmengruppe kaufte weltweit ein und versorgte das deutsche Fernsehen mit Mischware aus dem Bestand in München. Um auch im Ausland verkaufen zu können, verfiel Kirch auf die Idee, Konzerte, Opern und andere Musikveranstaltungen aufzuzeichnen. Damit trug er den Gewohnheiten in Großbritannien und den USA Rechnung, wo synchronisierte Filme nicht gern gesehen werden. Die Musikproduktionen konnten im Original verbreitet werden. Kirch: »Um meine Musikfilme, die Opern und Konzerte, die an ARD und ZDF kaum zu verkaufen sind, reißen sich heute die Amerikaner. Ich habe in dieses Programm der Unitel über 20 Jahre lang 500 Millionen Mark investiert. Heute, nachdem es die CD-Video-Platte gibt, wird das Geld wieder voll zurückfließen.« (*manager magazin*, August 1987)

Kirchs Aufstieg vom kleinen Filmhändler zum Konzernherrn vollzog sich in engster Verbindung mit der Entwicklung des Fernsehens in der Bundesrepublik Deutschland. Vor allem die Gründung des ZDF Anfang der sechziger Jahre führte zu einer kräftigen Nachfragesteigerung nach populären Programmen. Kirch nutzte die Gründerzeit des Mainzer Senders und bot sich als Hauptlieferant von Spielfilmen und Serien an. Bereits im ersten Betriebsjahr schaffte er es, ein großes Filmpaket mit dreihundert

Titeln für fünfzehn Millionen Mark an das ZDF zu verkaufen. Auch bot er sämtliche Dienstleistungen bis zur sendefertigen Aufbereitung der einzelnen Streifen an. In Mainz war man froh, sich nicht selbst um das mühsame Filmgeschäft kümmern zu müssen.

Die beiderseitigen Beziehungen entwickelten sich so intensiv, daß in der Branche von einem Liefermonopol die Rede war. Für die Jahre 1973 bis 1975 beispielsweise errechnete der Mediendienst *Fernseh-Informationen* den Kirch-Anteil am Spielfilmangebot des ZDF auf durchschnittlich 47,5 Prozent pro Jahr. Man hatte es beim ZDF unterlassen, die für eine eigenständige und aktive Programmbeschaffung erforderliche Einkaufs- und Service-Abteilung einzurichten. Auch jetzt noch verfügt der Sender lediglich über einen relativ kleinen Mitarbeiterstab, der den Programmeinkauf betreut. Er arbeitet eng mit der Hauptredaktion Fernsehspiel und Film sowie mit der Hauptredaktion Reihen und Serien zusammen.

In den siebziger Jahren kam es wegen des Beziehungsgeflechts zwischen München und Mainz zu Andeutungen und Gerüchten, und 1976 geriet Kirch vorübergehend in die Schlagzeilen. Zwischen ihm und den beiden Publikationen *Spiegel* und *stern* brach eine erbitterte Fehde aus. Es ging um Behauptungen, die Beta/Taurus-Firmengruppe nehme im Filmlizenzhandel eine Monopolstellung ein und nutze dies gegenüber den Fernsehanstalten, insbesondere gegenüber dem ZDF, in unredlicher Weise aus. Kirch konnte zahlreiche Unterlassungserklärungen durchsetzen.

»1976 schlugen ›stern‹ und ›Spiegel‹ in einer scheinbar konzertierten Aktion gegen den ›Medienmogul‹ zu. Mit den Schlagzeilen ›ZDF im Würgegriff‹ und ›Leos langer Arm‹ wollten sie beweisen, daß die öffentlich-rechtlichen Anstalten dem Dr.

Kirch ›Millionen für den Schnee von gestern‹ (so ein anderer Titel) bezahlten und daß Kirch ›viel Geld für alte Schinken‹ kassiere. ›stern‹ und ›Spiegel‹ fielen jedoch vor Gericht auf die Nase und mußten die meisten ihrer Vorwürfe zurücknehmen, weil sie sie nicht belegen konnten.« (*Berliner Morgenpost*, 18. 9. 1983)

Im Hintergrund dieser Auseinandersetzungen spielte ein weiteres Thema eine Rolle: Die Kirch-Gruppe stand bei der Westdeutschen Landesbank mit hohen Summen in der Kreide. Bankchef Ludwig Poullain verhandelte über eine Kreditumschuldung und führte dabei auch Gespräche mit dem Bertelsmann-Inhaber Reinhard Mohn. Der Buch- und Zeitschriftenkonzern Bertelsmann/Gruner + Jahr plante damals den Einstieg in den Filmlizenzhandel. Zwischen Leo Kirch und Reinhard Mohn kam es zu einem öffentlichen Schlagabtausch.

Am 1. Oktober 1976 verbreitete Kirch folgende Presse-Erklärung:

> Die Zeitschrift »stern« (Gruner + Jahr) berichtet in ihrer Ausgabe vom 29. 9. 76 unter dem Titel »Leos langer Arm« über die angeblich unkorrekten Geschäftsbeziehungen zwischen allen öffentlich-rechtlichen Sendeanstalten in der Bundesrepublik Deutschland und Österreich und uns. Damit setzt der Bertelsmann-Konzern des Reinhard Mohn den Konkurrenzkampf fort, der mit einer Veröffentlichung im »Spiegel«, seinem zweiten publizistischen Medium, am 3. 5. 76 eingeleitet wurde. Der »Spiegel« hatte für seine falschen Behauptungen die Quittung in Form von Einstweiligen Verfügungen in 34 Punkten erhalten – eine gewiß einmalige Sammlung von Falschbehauptungen in einem einzigen Presseartikel. Wenn der »stern« dieselbe Sache gleichwohl aufgreift, so ist es - unabhängig von der Einleitung der erforderlichen juristischen Schritte – an der Zeit, darauf hinzuweisen, daß beide

Artikel in einem unmittelbaren Zusammenhang mit folgenden Vorgängen stehen:

1. Die Bertelsmann AG ist mit 74,9 Prozent an Gruner + Jahr, Gruner + Jahr wiederum mit 25 Prozent am Spiegel-Verlag beteiligt. Der »stern« erscheint bei Gruner + Jahr, der »Spiegel« im Spiegel-Verlag.
2. Bertelsmann ist im Film- und Fernsehbereich beteiligt an a) stern TV; b) Bertelsmann Fernsehproduktion; c) Deutsche Buchgemeinschaft; d) Ufa Film- und Fernsehproduktionsgesellschaft; e) Videophon; f) und demnächst: Norddeutsche Filmproduktion GmbH – in Gründung.
3. Im März 1976 hat Bertelsmann über Gruner + Jahr die »Alpha Film« gegründet, die die Aufgabe hat, im Wettbewerb mit uns den Handel mit Spielfilmlizenzen aufzunehmen.
4. Am 3. Mai 1976 erschien unter dem Titel »ZDF im Würgegriff?« der erste Spiegel-Artikel, der das ZDF und unsere Geschäftsbeziehungen diskreditieren soll.
5. Mitte Juni 1976 ersuchte Herr Mohn über Mittelsmänner Herrn Dr. Kirch um ein Gespräch, das am 24. Juni stattfand. In diesem Gespräch unterstrich Herr Mohn seine Entschlossenheit, in den Markt des Spielfilmlizenzhandels einzusteigen, und stellte Herrn Dr. Kirch offen vor die Wahl, entweder seine Firmengruppe – und zwar vollständig – an ihn, Herrn Mohn, zu verkaufen oder einen Konkurrenzkampf unter Einsatz aller Mittel des Bertelsmann-Konzerns auf sich zu nehmen [...]

Die Artikel in »Spiegel« und »stern« sind aus unserer Sicht nichts anderes als ein offenbarer Mißbrauch der Pressefreiheit zur Bekämpfung eines Konkurrenten und zur Erweiterung der eigenen wirtschaftlichen Machtposition. Wenn wir, so unzutreffend »Spiegel« und »stern«, im Filmlizenzhandel eine Monopolstellung hätten – was für ein Medienmonopol müßte dann erst entstehen, wenn Bertelsmann mit seiner bekannt starken Machtstellung im Pressebereich nun auch noch ein »Monopol« im TV-Bereich erhalten sollte und den Verkauf von Lizenzen an die Sendeanstalten mit Presse-Kampagnen des jetzigen Stils begleiten könnte.

[Gez.] Dr. Leo Kirch

Reinhard Mohn antwortete in einem offenen Brief:

Sehr geehrter Herr Dr. Kirch,
in Ihrer Presseerklärung vom 1. Oktober beziehen Sie sich auf das zwischen uns geführte Gespräch. Sie werden es als angemessen empfinden, daß ich Ihnen in der Form eines offenen Briefes antworte. – Mit Ihrer Presseerklärung versuchen Sie, den Eindruck zu erwecken, daß es in Wirklichkeit gar keinen »Fall Kirch« gebe, sondern vielmehr einen »Fall Bertelsmann«. – Sie erwähnen sechs Firmen des Hauses Bertelsmann, die im Filmgeschäft tätig sind [...] Mir scheint, der Sachverhalt wird deutlicher, wenn ich feststelle, daß der Filmumsatz unserer Firmen im Geschäftsjahr 1975/76 10,3 Millionen Mark betragen hat, das dürfte ca. drei Prozent Ihres Firmenumsatzes ausmachen.

Aus den Publikationen im »Spiegel« und im »stern«, die sich mit Ihrem Hause befassen, konstruieren Sie dann einen Mißbrauch der Pressefreiheit und unterstellen mir, mit solchen Mitteln den Weg für eigene Aktivitäten frei machen zu wollen. Dazu ist festzustellen, daß von meiner Seite noch niemals Einfluß auf Publikationen des »Spiegel« und nicht einmal des »stern« genommen worden ist. Ich selbst habe von den Publikationen im »Spiegel« erst durch die Lektüre der betreffenden Hefte erfahren. – Die Tatsache, daß der »stern« einen Kirch-Artikel plante, war mir vorher bekannt. Ich habe dem Verlag Gruner + Jahr geraten, von der Publikation abzusehen, um nicht in falschen Verdacht zu geraten [...]

Noch eine Anmerkung zu unserer Gesprächsführung am 24. Juni. – In der Tat habe ich Ihnen gesagt, daß es zwischen uns zu einem außerordentlich harten Konkurrenzkampf kommen würde. Die von Ihnen behauptete Alternative des geschlossenen Ankaufs Ihrer

Firmen habe ich nie ausgesprochen. Hier muß ich Sie der glatten Lüge bezichtigen. – Nachfolgende indirekte Kontakte wurden von interessierter dritter Seite betrieben. Dabei gewann ich den Eindruck, daß man sich um Sie Sorgen machte. Diese Kontakte endeten nach der Publizierung des »stern«-Artikels über Ihre Firma. – Nachdem unser Haus im Bereich des Filmhandels selbst keine eigenen Pläne mehr hat, werden Sie mich nicht eines Konkurrenz-Manövers bezichtigen können, wenn ich die abschließende Bemerkung mache.

Die Beschäftigung mit dem Thema Filmhandel mit den Rundfunkanstalten hat mir klar werden lassen, in welchem Umfang es Ihnen gelungen ist, eine quasi-Monopolstellung aufzubauen. Ihre Machtstellung und Ihre Geschäftsmethoden lassen konkurrierende Bestrebungen aussichtslos erscheinen. Für die öffentlich-rechtlichen Rundfunkanstalten ist diese Situation ein Skandal, und da es sich um ein öffentliches Problem handelt, muß selbstverständlich jetzt und in Zukunft darüber geredet werden. Aber beim Reden darf es nicht bleiben. Gerüchteweise vernahm man vor einiger Zeit, daß die öffentlich-rechtlichen Rundfunkanstalten daran dächten, die Problematik des »Falles Kirch« zu mildern durch eine Beteiligung an Ihrer Firma. Ein solcher Plan hieße aber doch wohl, den Teufel mit Beelzebub auszutreiben.

Alternativ bieten sich für die öffentlich-rechtlichen Rundfunkanstalten zwei Lösungsmöglichkeiten an:

1. Die Rundfunkanstalten übernehmen selbst die Funktion des Filmeinkaufs.
2. Durch ihre Einkaufspraxis sorgen die Rundfunkanstalten für das Entstehen eines echten Wettbewerbs im Filmhandel.

Die Verantwortung für die Realisierung solcher Lösungsvorschläge liegt bei den Rundfunkanstalten; deren Aufsichtsgremien haben jetzt zu agieren. – Und bis das geschieht, wird der »Fall Kirch« wohl ein »Fall« bleiben.

Mit freundlichem Gruß

Reinhard Mohn

Danach wurde es wieder still um Kirch. Die Geschäfte mit dem ZDF entwickelten sich ungestört weiter. Beta/Taurus gedieh zu einem Firmen-Imperium, das in Europa nicht seinesgleichen auf dem Gebiet des Einkaufs und der Auswertung von Spielfilmen und Fernsehprogrammen hat. Die Verbindungen reichen in eine Vielzahl von Ländern, an erster Stelle in die USA. Überall sind Kirchs Aufkäufer am Werk.

Beim ZDF blieb Kirch so unangefochten, daß sich seine Stellung am besten mit der eines »Hoflieferanten« vergleichen läßt. Enge Kontakte sicherten das Einvernehmen. »Die Sache ging nun großartig voran. Schon ein paar Jahre nach Gründung des ZDF war ein Zustand erreicht, bei dem sich auch Branchenkenner schwertaten bei der Entscheidung darüber, ob Kirch nun mehr auf das ZDF angewiesen war oder das ZDF mehr auf Kirch. Unbestreitbar ist, daß die Beziehung, ungeachtet der wechselnden Programmdirektoren, immer enger wurde. Anders formuliert: Kirch – ständig für Filmnachschub sorgend in Amerika, aber auch sonst in der Welt – begann ein gewaltiges Beziehungsgeflecht zu knüpfen und das so entstandene Netz auszuwerfen über die Sender, damit die Ware, die er da erworben hatte, auch gut an den Mann kam.« (*Süddeutsche Zeitung*, 13. 8. 1987)

Bis etwa 1980 hatte die Kirch-Gruppe ARD und ZDF noch in ungefähr gleichem Umfang beliefert. Dann änderte sich die Geschäftspolitik zugunsten des ZDF. Das hing damit zusammen, daß weltweit die neuen Fernsehübertragungstechniken Kabel und Satellit zum Einsatz kamen und absehbar war, daß sich das letztlich auch in Deutschland durchsetzen würde. Kirch verlagerte deshalb den Schwerpunkt seiner Tätigkeit auf die Beschaffung möglichst vieler Programmrechte auf dem Weltmarkt.

In dieser Situation zeichnete sich die Möglichkeit eines großen Paketgeschäfts mit dem ZDF ab. 1981/82 begannen die Gespräche mit Mainz über den Ankauf von 750 Spielfilmen. Diese Transaktion erhielt bei Kirch einen vorrangigen Stellenwert, weil ihm die rund 130 Millionen Mark, die das ZDF für das Paket zahlte, finanzielle Manövrierfähigkeit für die geplanten Vorratseinkäufe verschafften. ZDF-Intendant Dieter Stolte hatte damals, 1984, insgesamt 1264 Spielfilme für seinen Sender eingekauft. Der Kirch-Anteil betrug sechzig Prozent.

Dabei hatte sich schon 1976 nach den öffentlichen Auseinandersetzungen um Kirchs Rolle beim ZDF der damalige Programmchef Stolte verpflichtet, künftig keine höhere Quote als vierzig Prozent der Spielfilme aus dem Kirch-Fundus zu beziehen. Auch die Aufsichtsgremien hatten sich auf diese Größenordnung festgelegt. Allerdings sollte die Quote gar nicht erst für andere Programmarten wie Serien, Zeichentrickfilme sowie Kinder- und Jugendsendungen gelten. Und bei dem sorgfältig verschachtelten Firmenimperium war die tatsächliche Quote auch nie ganz genau zu ermitteln. Denn ob eine andere Anbieterfirma wiederum mit der Kirch-Gruppe zu tun hatte, ließ sich nicht ohne weiteres zweifelsfrei feststellen. Die ARD hatte einmal sogar eine Wirtschaftsauskunftei beauftragt, hinsichtlich möglicher Verbindungen zwischen den Firmen Taurus und Janus zu recherchieren.

Über die Janus-Film schrieb der *Spiegel* (12. 10. 1987):

> Wenn man Geschäfte machen will und die Öffentlichkeit davon nichts erfahren soll, gibt es ein Verfahren, das spätestens mit dem Namen Albert Vietor und seiner Neuen Heimat zu breiterer Berühmtheit gelangte: Ein Strohmann wird eingeschaltet.

Genau das tat Kirch bereits Mitte 1965. In Frankfurt tauchte im amtlichen Handelsregister eine Firma namens »Janus Film und Fernsehen Vertriebsgesellschaft mbH« auf. Der Name hätte Verdacht erregen können: Janus und Taurus, beides Wesen aus der antiken Mythologie, deuteten auf denselben Besitzer. Doch im Handelsregister trat ein Filmjournalist namens Klaus Hellwig auf. Hinter dem Vorhang freilich gehörte Janus zu Kirchs Taurus. Hellwig hatte mit der Taurus einen Treuhandvertrag geschlossen, stiekum, versteht sich.

Fortan kaufte die Janus in Amerika und Europa ein oder übernahm Filme direkt von Kirch, die anschließend an ZDF und ARD, zuweilen auch an einzelne Rundfunkanstalten weiterverkauft wurden. Leo Kirch tauchte nie auf. Nur am Jahresende ließ er sich den Gewinn der Janus an Stammvater Taurus überweisen. Für Kritiker, die Kirch dessen Marktmacht vorhielten, war die Janus-Camouflage nicht erkennbar [...]

Zum Thema Janus nahm Kirch selbst in dem *Spiegel*-Interview (12. 10. 1987) Stellung:

*Spiegel:* Leo Kirch, so lautet ein gängiger Vorwurf, hat oder hatte zumindest nahezu ein Monopol im Filmhandel mit ARD und ZDF. Was sagen Sie dazu?

*Kirch:* Das ist mir nie gelungen.

*Spiegel:* Eine Methode, das Quasi-Monopol zu verschleiern, ist die Einschaltung von Firmen, die juristisch selbständig sind, im Innenverhältnis wirtschaftlich aber zu Kirch und Beta/Taurus gehören. Ist das geschehen?

*Kirch:* Nein.

*Spiegel:* Uns liegen Unterlagen vor, aus denen zweifelsfrei hervorgeht, daß die Janus Film und Fernsehen Vertriebsgesellschaft mbH eine solche Firma war. Wie erklären Sie das?

*Kirch:* Janus war nicht eine solche Firma. Sie war jahrzehntelang eine der wichtigen Filmhandelsfirmen, die sich auf den modernen Film konzentriert hatte. Der

> Janus-Geschäftsführer Klaus Hellwig ist einer der besten Filmkenner in der deutschen Szene. Ich habe mit der Janus ständig Geschäfte abgewickelt, von Janus Filme gekauft und an Janus Filme verkauft. Ich war an der Janus beteiligt bis Anfang der siebziger Jahre, bis Klaus Hellwig seine Geschäftspolitik veränderte und in das Produktionsgeschäft einsteigen wollte. Das hielt ich nicht für richtig. Wir einigten uns dann darauf, daß er die Janus übernehmen sollte. In den letzten Jahren bekam die Janus immer mehr Probleme, das hatte vor allem mit der Marktentwicklung zu tun. Als Hellwig die Firma aufgeben wollte, habe ich sie 1986 wieder übernommen.

Kirch mag bestreiten, daß die Janus-Filmgesellschaft eine »Strohmann-Firma« war. Richtig ist trotzdem, daß sich Janus im Rahmen einer raffinierten Firmenkonstruktion in Abhängigkeit von Kirch befand und von ihm für seine Geschäfte mit den Fernsehanstalten benutzt wurde.

Kirch weiß, daß die Zukunft des Filmhandels schwieriger sein wird. Die Vermehrung der Fernsehprogramme und der weltweit steigende Bedarf nach Spielfilmen und Serien bietet zwar den Vorteil, die eigene Ware teurer verkaufen zu können, aber auch beim Zukauf neuer Ware sind höhere Preise zu zahlen. Da ferner jährlich weit mehr Filme verbreitet als produziert werden, kommt es bei den Sendern zu vermehrten Wiederholungen, und dies wiederum kann beim Publikum zu Ermüdungserscheinungen führen. Die Zuschauer werden nicht jeden Film beliebig oft sehen wollen. In Kirchs Filmlager gibt es bereits viele Streifen, die jetzt schon kaum noch auf Interesse stoßen. Nur höherklassige Titel werden künftig in steigendem Maße gefragt sein.

Gleichzeitig wächst bei den großen Film- und Produktionsfirmen die Neigung, ihre begehrte Ware am Zwischenhandel vorbei direkt und gewinnbringend an das Fernsehen zu verkaufen. Das Problem kann dann aufbrechen, wenn die bestehenden Verträge der Kirch-Gruppe mit ausländischen Gesellschaften auslaufen. Immerhin konnte bereits 1983 die ARD-Einkaufsgesellschaft Degeto in den USA ein Filmpaket im Umfang von 1500 Titeln an Kirch vorbei direkt bei der Studio-Gesellschaft erwerben.

Für Beta/Taurus ist es deshalb lebenswichtig, die marktführende Position beim Einkauf der Programmware zu behaupten. Denn noch stellen Erwerb und Auswertung von Spielfilmen und Fernsehprogrammen das Hauptgeschäft der Gruppe dar. Kirchs Agenten sind auf den internationalen Film- und Fernsehmärkten mehr denn je auf der Pirsch, um neue Lizenzen zu erwerben und potentielle Konkurrenten rechtzeitig aus dem Feld zu schlagen. Der amerikanische Markt ist noch weitgehend unter seiner Kontrolle. Gerade dort ist es für ihn wichtig, Direktabschlüsse zwischen Filmgesellschaften und europäischen Abnehmern zu verhindern. Nach Möglichkeit schließt er deshalb mit den amerikanischen Firmen Exklusivverträge hinsichtlich des deutschen oder europäischen Raumes ab.

Mit Twentieth Century Fox hat die Kirch-Gruppe einen Auswahlvertrag abgeschlossen, mit Warner und Paramount eine Vielzahl von Einzelverträgen. Damit hat sie sich alles, was in diesen Filmstöcken interessant ist, gesichert. 1984 kam die Columbia-Gesellschaft mit dem größten Teil ihrer Spielfilme hinzu. Dagegen blieb das MCA/Universal-Studio im Vertrieb seiner Produkte frei und schloß zumindest zeitweilig mit jedem ab, der als Käufer genehm war. Auch Metro Goldwyn-Mayer/United Artists (MGM/UA), deren Rechte bis Ende 1983 bei Kirch lagen, verkauft inzwischen anderweitig. Ein großer Teil der Filme ging an die ARD; aber auch Kirch verfügt noch über MGM-Filme. Schließlich sind eine Reihe kleinerer Produzenten an Kirch gebunden. Das Disney-Studio wiederum verkauft seine Filme über Bodo Scribas Vertriebsfirma.

Ähnlich ist die Situation in Großbritannien. Im Laufe der Jahre erwarb Beta/Taurus sowohl einzelne Filme als auch ganze Stöcke. In der Bundesrepublik Deutschland werden Spielfilme seit rund fünfzehn Jahren in der Regel als Koproduktionen mit den Fernsehanstalten hergestellt. Die Fernsehrechte liegen deshalb von vornherein bei ARD oder ZDF. An den meisten älteren Filmstöcken hat sich dagegen Kirch die Rechte gesichert.

In einer Anhörung der Kommission der europäischen Gemeinschaft vom 13. Oktober 1987 sagte Bodo Scriba, ehemaliger langjähriger Geschäftsführer bei Kirch und jetzt mit einer eigenen Vertriebsfirma im Lizenzmarkt tätig, als sachverständiger Zeuge auf die Frage nach dem Umfang der Auswertungsrechte, über die Kirch tatsächlich verfüge: »Da kann ich gleich mit einer bekannten Tatsache kommen, das ist nämlich gerade veröffentlicht worden von Herrn Kirch selbst. Er sagt, er hat 15 000 Spielfilme und 50 000 Programmstunden Fernsehen. Ich glaube nicht aus meiner Kenntnis von früher, daß er wirklich 15 000 Spielfilme im Sinne von ›im Keller liegend und bezahlt habend‹ hat, aber in Form von Zugang über Optionen usw. ist die Zahl sicher richtig. Bei den Fernsehstunden weiß ich es nicht so genau. Die Größenordnung kommt aber auch hin.«

Scriba weiter: »Ich habe gesagt, daß es 30 000 verwertungsfähige Spielfilme gibt in Deutschland. 15 000 hat Herr Kirch selbst, da hat er 50 Prozent. Das ist also relativ einfach zu rechnen. Zu der Frage der Bedeutung würde ich sagen, die ist überproportional groß, denn in den meisten Fällen sind die Filme ja aus Stöcken ausgewählt worden. Natürlich gibt es auch den gesamten Stockeinkauf [...]«

Kirch selbst sagte über die Zukunft der Beschaffungsmärkte im *manager magazin* (August 1987):

> Ich glaube, da wir bisher alle Wünsche von ARD und ZDF erfüllen konnten, werden wir sie auch in Zukunft erfüllen können. Für die nächsten fünf bis sechs Jahre ist aufgrund langfristiger Verträge vorgesorgt. Auch danach wird es so sein, daß die Filmrechte da gekauft werden, wo sie sind.
>
> *manager magazin*: An Ihnen und Ihrem Filmlager führt also auch in Zukunft kein Weg vorbei?
>
> *Kirch:* Die Schürfrechte an den wichtigen Dingen sind vergeben. Neuproduktionen sind so rar und so teuer, daß sogar wir, die noch am meisten produzieren, auf europaweite Kooperationen angewiesen sind. Serien und Filme sind so teuer geworden, daß der europäische Markt allein nicht mehr ausreicht: Wir müssen heute schon sicher sein, daß auch Amerika kauft, wenn wir ein Filmprojekt beginnen. Die Tendenz geht eindeutig dahin, daß hier gedrehte Programme auch in die USA verkauft werden.

Um das ZDF bei Laune zu halten, räumte Kirch diesem wichtigen Kunden das Recht der ersten Wahl in seinem umfangreichen Filmstock ein. Doch die Ausübung dieses Rechts kann den Sender teuer zu stehen kommen. Denn die Preise klettern, wenn sich mehrere potentielle Käufer – angenommen SAT 1 oder PRO 7 – für denselben Titel interessieren.

Jahrelang rätselte die Branche, ob Kirch mehr auf das ZDF oder das ZDF mehr auf Kirch angewiesen ist. Inzwischen steht fest, daß die Abhängigkeit des ZDF von den Filmlieferungen aus München so groß ist, daß selbst die offene Konkurrenz, die Kirch als privater Fernsehveranstalter seit 1988 dem Sender bereitet, die Geschäfte nicht beeinträchtigt. 1986 hatte das ZDF aus Kirchs Fundus 178 Filme für 44 Millionen Mark erworben. 1987 waren es Ausstrahlungsrechte für vierzig Millionen Mark. 1988 erwarb Mainz für rund sechzig Millionen Mark Programmware. Die Preise sind happig. So gingen beispielsweise je 26 Folgen à 25 Minuten der Vorabendserien »Alf – Das Weltraummonster« sowie »Inspektor Hooperman« für insgesamt 4,68 Millionen Mark – das sind 90 000 Mark je Folge – über den Tisch, ferner drei Folgen der Serie »Jack Clementi« für 2,25 Millionen. 1990 sollen weitere neun Folgen für 6,75 Millionen Mark gekauft werden. Und 1989 dürften die Verhandlungen über den Abschluß eines »Supervertrages« (rund 1000 Spielfilme) im Volumen von 250 bis 400 Millionen Mark je nach Lizenzzeit und Optionen erfolgreich beendet werden.

Wer ist der Mann, der 1954 mit dem Einkauf des Fellini-Filmes »La Strada« begann und gut dreißig Jahre später über ein Firmenimperium gebietet, das einen Schatz von 15 000 Spielfilmen hortet und weltweit Programme aufspürt? Es gibt kaum Auskünfte, aber zu erfahren ist, daß Leo Kirch in seinem Firmenreich die Fäden weitgehend allein in der Hand hält. Struktur und Organisation sind auf ihn persönlich zugeschnitten. Die Geschäftsführer der einzelnen Gesellschaften können ohne ihn nichts ausrichten. Mit einem runden Dutzend Mitarbeitern der ersten Stunde, die im Unternehmen an verschiedenen Stellen tätig sind, hält er engen Kontakt. Aber im Zweifel entscheidet Kirch selbst. Nur einer spielt eine herausragende Rolle und genießt absolutes Vertrauen: Joachim Theye.

Dieser neunundvierzigjährige Wirtschaftsanwalt aus der Bremer Kanzlei Büsing Müffelmann & Theye, die auch den Namen von Hans-Dietrich Genscher im Briefkopf führt, ist seit 1974 vor allem für zwei Klienten tätig: für den Kölner Versicherungsunternehmer Hans Gerling – dort sitzt er in acht Aufsichtsräten – und für Leo Kirch. In dessen Firmengruppe ist er zum entscheidenden Mann aufgerückt. Der ehrgeizige Jurist agiert als rechte Hand und Vertrauter des Münchner Konzernherrn. Er fühle sich dort »fast schon wie ein Vorstandsvorsitzender«, sagt Teye von sich selbst. Und als Aufsichtsratschef von SAT 1 sorgt er dafür, daß beim Filmeinkauf des Senders Kirchs Interessen gewahrt bleiben.

Im großen Medienspiel um Filme und Fernsehen und beim Griff nach dem Springer Verlag fühlen sich beide abgeschirmt am wohlsten. »Theye [...] ist für Kirch längst unentbehrlich geworden. Das hängt damit zusammen, daß im Hause Kirch vieles im verborgenen geschieht. Die dominierende Lieferantenrolle beim Fernsehen und der Aktienerwerb bei Springer wurden mit systematischer Geheimhaltung und notfalls mit juristischen Kniffen getarnt.« (*Der Spiegel*, 12. 10. 1987)

Politisch scheint Theye die Welt nur in rechts und links einzuteilen. Er ist rechts, links sind seine Gegner. In Wirtschaft und Gesellschaft zählt das Oben. Unten hat es zu funktionieren. Als Anwalt vertritt er erste Adressen in der Wirtschaft, und er pflegt wie Kirch beste Beziehungen zu Führungskreisen von CDU und CSU.

Theye ist auch für die Deutsche Genossenschaftsbank (DG Bank) und deren Vorstandsvorsitzenden Helmut Guthardt als Berater und Bevollmächtigter tätig. Über die DG Bank wiederum läuft der größte Teil der Fremdfinanzierung von Kirchs Geschäften. Guthardt baute insbesondere auf Kirchs Expansionsstreben im Markt des privaten Fernsehens und auf den Einstieg bei Springer. Schon 1987 meinte das *Sonntagsblatt* (9. 8. 1987), daß Kirch bei der DG Bank »in Höhe von einer halben Milliarde Mark verschuldet sein soll«. Inzwischen dürfte die Summe noch höher sein. »Die Branche hält Kirch ohnehin für unsinkbar, seitdem er mit der DG Bank, die für alle Volks- und Raiffeisenbanken steht, einen Financier gefunden hat, der schon soviel Geld für Kirch ausgegeben hat, daß er jetzt wohl auch mitmachen würde, wenn Kirch die Firma Daimler kaufen wollte.« (*Süddeutsche Zeitung*, 13. 8. 1987)

Gelegentlich taucht Kirch überraschend in den verschiedenen Betriebsstätten und Niederlassungen auf. Die meiste Zeit verbringt er jedoch in seinem Büro in München. Dort plant und entscheidet er, erteilt Anweisungen und telephoniert die meiste Zeit. Denn das wichtigste im Filmgeschäft sind die Kontakte und Beziehungen überallhin. Auch in der Politik fehlte es nicht an den lange Zeit richtigen Freunden. Zu ihnen zählten Helmut Kohl ebenso wie Friedrich Zimmermann oder Edmund Stoiber. Und mit dem verstorbenen Ministerpräsidenten Franz Josef Strauß war er auf du und du.

»Ein Teil des Kirch'schen Wirkens liegt wohl im Nebel: So wird vermutet, daß der Multi-Media-Mann [...] auch TV weiß blau finanziert. Offiziell gehört der Münchner Sender zu 30 Prozent dem Politikersohn Franz-Georg Strauß und zu 70 Prozent dem Filmkaufmann Claus Hardt. Hardt freilich läßt in Münchens Party-Gesellschaft schon mal durchblicken, wer der Financier im Hintergrund sein könnte. Als TV weiß blau im vergangenen Jahr in arge Finanznöte geriet und Gehaltsschecks platzten, wurde gesehen, wie Ministerpräsident Strauß in Unterföhring vorfuhr [...] Über Vertraute und Treuhänder, so vermuten Branchenbeobachter, mischt Kirch incognito bei vielen Medienprojekten mit. Viele Unternehmer in Sachen Film und Funk kommen von Beta/Taurus.« (*Copy*, 1. 9. 1987)

Leo Kirch ist fast pausenlos im Einsatz, in der Regel von morgens bis in die Nacht. Alle wichtigen Verhandlungen führt er selbst. »Nett nach innen, knallhart nach außen [. . .] Bei Versagen greift Kirch, der bis in die unterste Organisationsebene dirigiert, rigoros durch.« (*Copy*, 1. 9. 1987)

Die Verwaltung und der technische Bereich haben ihren Sitz in Unterföhring bei München, einen guten Steinwurf von der ZDF-Niederlassung entfernt. In einem riesigen weißen Block (»Das weiße Haus des Fernsehens«) ist das Filmlager untergebracht. Mehrfach gesichert und bei konstanter Temperatur von zwölf Grad Celsius und einer Luftfeuchtigkeit von vierzig Prozent lagern die unzähligen Filmrollen und Cassetten: Streifen wie »Ben Hur«, »Casablanca«, die »Sissi«-Folgen mit Romy Schneider und die alten Endlosserien »Lassie« und »Bonanza«. Ferner: Nachkriegsfilmserien wie »08/15«, die begehrten Klassiker »Vom Winde verweht«, »Dr. Schiwago«, »High Noon«, aber auch Billigstoffe wie »High Chaparral«, »Daktari«, »Flipper« oder »Fuzzy, der Geisterreiter«. Natürlich fehlen nicht Stummfilme mit Buster Keaton oder Laurel und Hardy und auch nicht die Streifen mit Heinz Erhardt oder Hans Moser.

Neben dem Filmlager befindet sich das technische Zentrum, in dem das Filmmaterial sendefähig aufbereitet und synchronisiert wird.

Der Jahresumsatz der Unternehmensgruppe liegt nach eigenen Angaben Kirchs bei 600 Millionen Mark. Doch diese Zahl dürfte weit überhöht sein. Sie ist in keiner Weise nachvollziehbar. Sechzig Prozent des Umsatzes sollen auf den Lizenzhandel und zwanzig Prozent auf die Produktion entfallen. Die Belegschaft soll sich auf sechshundert Personen belaufen, davon vierhundert, die in München tätig sind.

Die eigentliche Stammgesellschaft der Kirch-Gruppe ist Taurus. Sie kümmert sich um den deutschsprachigen Markt. Bei ihr lagen ursprünglich alle Lizenzrechte. Dann entstand Beta-Film für den weltweiten Vertrieb von Nutzungsrechten, ausgenommen die deutschsprachigen Gebiete. Als weitere zentrale Firmen entstanden die Beta-Technik und Unitel für die Produktion klassischer Musikprogramme. (In zwei Jahrzehnten sollen nach eigenen Angaben mit einem Aufwand von 500 Millionen Mark rund sechshundert Stunden Programm wie Opern und Musikaufführungen hergestellt worden sein.) Diesen Firmen sind wiederum weitere etwa zwanzig Tochtergesellschaften zugeordnet.

In New York und in Los Angeles unterhält Leo Kirch jeweils eine Exklusivrepräsentanz. In Rom, Paris, London und in Tokio bestehen Niederlassungen.

1987 erhielt das Imperium eine neue Ordnung. Kirch schuf drei Geschäftsbereiche:

- Programm mit Einkauf und Verkauf, Produktion und Coproduktion im In- und Ausland. Leitung: Jan Mojto;
- Zentrale Dienste und Beteiligungen mit dem kaufmännischen und administrativen Bereich, der Technik sowie allen Firmenbeteiligungen. Leitung: Reinald Walter, zuvor lange Zeit beim österreichischen Rundfunk unter dem Generalintendanten Gerd Bacher tätig;
- Stabsstellen und Sonderaktivitäten, beides direkt Leo Kirch unterstellt.

Kirch ist in den vergangenen dreißig Jahren Schritt für Schritt vorangekommen: Seine geschäftlichen Aktivitäten reichen von der Filmauswertung im Kino über das Lizenzgeschäft mit dem Fernsehen und das sogenannte Merchandising (der Auswertung von Nebenrechten an Namen, Figuren, Zeichen beispielsweise für Werbeeinsätze oder Spielwaren) bis zur Produktionsaktivität, erst im Inland, dann auch im Ausland. Ferner befaßt sich sein Unternehmen mit dem Videovertrieb von Filmen und dem Abonnement-Fernsehen sowie schließlich mit der Veranstaltung von Privat-TV; schließlich ist Kirch noch am Springer Verlag beteiligt. Selbst in der Verkabelung hat sich die Kirch-Gruppe engagiert. Sie ist an der Kabelmedia-Vertriebsgesellschaft für Kabel- und Satellitenprogramme zur Hälfte beteiligt.

In jüngster Zeit verstärkte Kirch insbesondere das internationale Engagement. Mit der amerikanischen Fernsehgesellschaft Tribune Broadcasting Company, die sechs Fernsehsender und zahlreiche Kabelnetze betreibt, entstand 1987 eine Kooperation zur Produktion von Miniserien und Fernsehfilmen. In Europa bildete Beta/Taurus eine Produktionsgemeinschaft mit dem italienischen Fernsehzaren Silvio Berlusconi und dem französischen Unternehmer Jérôme Seydoux, die beide zusammen in Frankreich die Fernsehkette La Cinq betreiben. Zusammen mit dem Londoner Pressekonzern von Robert Maxwell gründeten die drei Unternehmer 1986 in Luxemburg das Consortium Européen par la Télévision Commerciale mit einem Grundkapital von fünfzig Millionen Dollar. Produziert werden dort Serien und Filme.

Kirchs Teleclub-Programm ist ausschließlich mittels Kabelanschluß und speziellem Zusatzgerät empfangbar. Der Abonnent kann gegen monatliche Zahlung von 34 Mark und eine einmalige Anschlußgebühr von neunzig Mark neuere Spielfilme sehen, die im zeitlichen Wechsel wiederholt angeboten werden. Die Vermarktung des Programms in Deutschland betreibt die Teleclub GmbH in München, die vollständig im Besitz der Kirch-Gruppe ist. Das Programm selbst wird von der Schweizer Teleclub AG übernommen. An ihr hält die Kirch-Gruppe vierzig Prozent, der Ringier Verlag, das Filmunternehmen ML Media Lizenz und die Verkabelungsfirma Rediffusion – alle drei in der Schweiz – jeweils zwanzig Prozent. Das Programm wird über einen Satelliten europaweit verbreitet und in Kabelnetze eingespeist.

Nach dem Aktionärsvertrag der Teleclub AG von 1983 zwischen Taurus-Film und Rediffusion wurde vereinbart, Kapital, Gewinn und Verlust im Verhältnis 75 (Taurus) zu 25 (Rediffusion) aufzuteilen. Dem lag eine Konstruktion zugrunde, wonach Taurus zusätzlich zu zweihundert Namensaktien (200 000 Franken von einem Aktienkapital in Höhe von 500 000 Franken) über Genußscheine für weitere 700 000 Franken verfügte. Künftige Kapitalerhöhungen sollten gleichmäßig in beiden Kategorien vorgenommen werden. Es ist deshalb anzunehmen, daß Kirch auch heute tatsächlich über mehr als vierzig Prozent an der Teleclub AG verfügt und dort das Sagen hat.

Im Teleclub sollen bevorzugt die neueren Filme aus dem Kirch-Bestand gezeigt werden. Für andere Interessenten sind sie damit erst einmal gesperrt. Das betrifft alle Fernsehsender, die in München einkaufen, das ZDF ebenso wie SAT 1 oder PRO 7.

In der Schweiz bemüht sich der Teleclub übrigens um die Erlaubnis, neben dem Pay-TV-Angebot auch ein werbefinanziertes Unterhaltungsprogramm verbreiten zu dürfen. Nach der dortigen Gesetzeslage muß in diesem Fall die Kapitalmehrheit bei schweizerischen Firmen liegen. Die Frage stellt sich, ob deshalb die ML Media-Lizenz ins Leben gerufen wurde. Sie wird bereits öffentlich als »verdeckte Beteiligung von Kirch« verdächtigt. Denn 35 Prozent der ML-Aktien hält der österreichische Kaufmann Helmut Lenhardt (Telebild GmbH, Wien), der als Kirch-Berater gilt.

Seit Leo Kirch nicht mehr nur im verborgenen operiert, ist auch einiges über sein Privatleben bekannt geworden. Der am 21. Oktober 1926 in Würzburg geborene Winzersohn ist 1,85 Meter groß, wiegt um die neunzig Kilo und sieht wegen eines durch eine schwere Zuckerkrankheit verursachten Augenleidens sehr schlecht. Er ist praktizierender Katholik und mit der CSU verbunden. Aus der Ehe mit seiner Frau Ruth (blond, schlank und elegant) ist der einzige Sohn Thomas, Jahrgang 1957, hervorgegangen. Aber ist Thomas Kirch auch der Alleinerbe und Nachfolger in der Unternehmensgruppe? Oder wird an seine Stelle der Wirtschaftsanwalt Joachim Theye, Leos rechte Hand und Vertrauter, treten? »Theye durchschaut Leos Firmengruppe besser als Leo selber. Er ist deshalb auch der einzige, der als Nachfolger in Frage kommt.« (*neue medien*, Februar 1987)

Während Leo Kirch als Unternehmer nach oben strebte und immer mächtiger wurde, blieb sein Bruder bodenständig: Er betreibt das väterliche Erbe in Main-Franken als Weinbauer.

Was weiß man sonst noch? Leo Kirch hat ein Faible für gutes Essen und verbindet diesen Genuß in der Regel mit geschäftlichen Besprechungen. Dazu schätzt er trockene Weine, am liebsten aus Franken. Er trägt gern maßgeschneiderte graue Anzüge. Pullover mag er nicht. Früher sah man ihn gelegentlich die paar Schritte von seinem Stadtbüro zum Restaurant »Schwarzwälder« in der Kardinal-Faulhaber-Straße zu Fuß gehen. Die einzige sportliche Betätigung, die er regelmäßig pflegt, ist das Schwimmen im eigenen Pool in seiner Münchner Villa. Ein weiteres Luxusdomizil gehört ihm in St. Moritz.

Die Freizeit widmet er am liebsten seinen Kunstschätzen. Seine Sammlung mit impressionistischen Gemälden soll ihresgleichen suchen. Schließlich gilt Kirch als aufmerksamer Gastgeber und charmanter Plauderer. Aber er kann wohl auch anders sein, wie in der *Süddeutschen Zeitung* vom 13. August 1987 zu lesen war: »Da war jener ORF-Redakteur, den Kirch aus irgendeinem Grund nicht leiden konnte und den er eines Tages (›Ich zahle das schließlich‹) persönlich aus dem Bus warf, der ihn in Cannes zum festlichen Dinner im Palace-Hotel bringen sollte [...]«

## 2. »Bündnis« mit den Fernsehanstalten: Ausschaltung des Wettbewerbs

Der Aufstieg Kirchs war nur möglich, weil sich im Programmhandel mit den öffentlich-rechtlichen Fernsehanstalten Usancen herausbildeten, die dem Münchner Filmgrossisten wie auf den Leib geschnitten waren. Die beherrschende Marktposition der Großhandelsgruppe Beta/Taurus ist unmittelbar eine Folge des jahrzehntelangen monopolartigen Fernsehbetriebes in der Bundesrepublik Deutschland. Jahr für Jahr bedienten sich ARD und ZDF bei Kirch, der ihnen jederzeit Programmware und zusätzlich einen umfangreichen Service einschließlich der Beschaffung und technischen Bearbeitung der Filmkopien zur Verfügung stellte – natürlich alles gegen gute Bezahlung. Das entsprach dem etatistischen Denken der Anstalten. Sie unterließen es im großen und ganzen, eigenständig und gegebenenfalls auch im Wettbewerb mit der Kirch-Gruppe Spielfilme und Serien im In- und Ausland einzukaufen. So entstand eine enge gegenseitige Abhängigkeit zwischen den Sendern und ihrem Großhändler zum wirtschaftlichen Nutzen von Kirch. Beta/Taurus hatte mit den Fernsehanstalten sichere Abnehmer für die Ware aus dem durch Zukäufe ständig wachsenden Bestand. Der Filmbedarf betrug Mitte der siebziger Jahre bei der ARD (mit erstem und dritten Programmen) rund 320 Titel – ohne Wiederholungen – und beim ZDF 180 Titel pro Jahr. Für Wettbewerb im Filmhandel war kein Platz mehr. Bis Ende der achtziger Jahre erhöhte sich der Bedarf bei der ARD auf rund fünfhundert Spielfilme, beim ZDF auf 250 jährlich.

In dem ersten Interview, das Kirch überhaupt gab (*manager magazin*, August 1987), beschrieb er die Situation so:

Es haben sich in den vergangenen Jahrzehnten Geschäftsbeziehungen und Geschäftsmethoden herausgeprägt, die nun einmal so sind, wie sie sind, und mit denen wir beide (Kirch bezieht sich hier auf die öffentlich-rechtlichen Anstalten) leben können. Es ist doch nicht so, daß sich eine von beiden Parteien ausgebeutet oder hintergangen fühlen müßte. Manchmal ist dabei die eine, manchmal die andere etwas zufriedener. Das gehört dazu.

*manager magazin*: An Ihnen kommt keiner vorbei, der in Deutschland ein Fernsehprogramm machen will. Wo sind denn Ihre Konkurrenten?

*Kirch*: Ich war und bin der wichtigste Anbieter für die deutschen Anstalten. Ich habe den deutschen Anstalten seit 25 Jahren genau das angeboten, was sie selbst nicht machen wollten und auch nicht machen konnten. Wir haben die Filme besorgt, wir haben die Filme für den deutschen Markt aufbereitet, und wir haben immer einen Vorrat bereitgehalten, aus dem die Anstalten auswählen konnten. Wir haben einen Service geboten, und das ist für mich das wichtigste Thema.

*manager magazin*: Gehört es nicht auch zu den Gepflogenheiten des gewieften Filmhändlers Leo Kirch, seine »guten Kunden« zum Kauf ganzer Filmpakete zu zwingen?

*Kirch*: Mir wirft man vor, ich würde einen guten Film mit 99 schlechten zusammen verkaufen. Dieses ist nun einmal eine Gepflogenheit im internationalen Filmgeschäft, das ist richtig, aber genau weil es so ist, waren die Anstalten gut beraten, bei mir zu kaufen und nicht selbst im Filmhandel mitzumischen. Ich biete einen Service, bei dem die Anstalten sich jeden Film einzeln aussuchen können. Sicher, wenn sie einen Kassenfüller haben wollen, dann nehmen sie auch etliche andere Filme ab, die weniger bedeutend sind. Es gibt nun einmal nicht nur bedeutende Filme. Das Fernsehen aber braucht für jeden Tag Programm.

*manager magazin*: Warum hätten das ZDF und die neun ARD-Anstalten sich nicht selbst in Amerika mit Spielfilmen eindecken können?

*Kirch*: Die Folge wäre gewesen, daß zehn Anstalten in der Welt herumgereist wären und sich gegenseitig überboten hätten. Außerdem hätten sie alle Lagerräume anlegen müssen, außerdem hätten sie alle synchronisieren müssen, außerdem hätten sie alle in technische Ausstattungen investieren müssen, mit denen die Filme bearbeitet, aufgefrischt oder fürs Fernsehen umkopiert werden. Das geht in Hunderte von Millionen.

In diesen Ausführungen offenbart sich das typische Denken eines Quasi-Monopolisten. In Wirklichkeit wäre ein eigenständiger Kurs der Anstalten kein Problem gewesen. Die gemeinsame Einkaufsgesellschaft Degeto der neun ARD-Anstalten exerzierte dies 1983 in den USA zum Mißfallen von Kirch vor. Und insbesondere in Berlin, München und Hamburg gibt es unabhängige technische Dienstleistungsbetriebe, die an Aufträgen der Fernsehanstalten interessiert gewesen wären. In keinem Land der Welt, auch nicht in Großbritannien, Frankreich, Italien oder den USA hat ein Filmhändler eine vergleichbare Marktposition errungen wie Kirch in der Bundesrepublik. Besonders in den USA beispielsweise bestehen so strikte Kartellrechtsregeln, daß nicht einmal der gemeinsame Vertrieb von zwei größeren Produktionsgesellschaften (»major companies«) möglich wäre.

Der geschlossene Markt zwischen ARD und ZDF einerseits und der Kirch-Gruppe andererseits hatte ein weiteres Ergebnis zur Folge, das von vornherein jeden neuen Wettbewerber des Münchner Filmgrossisten vom Markt drückte: den Einheitspreis pro Spielfilm.

Im Gegensatz zum Kinoverleihgeschäft, das grundsätzlich auf der Basis einer Umsatz- oder Gewinnbeteiligung arbeitet, wird der Fernsehfilmhandel mit festen Preisen abgewickelt. Jedenfalls galt das bis zur Einführung des Privatfernsehens. In den siebziger Jahren kostete jeder Titel, den die Fernsehanstalten von Beta/Taurus übernahmen, 126 000 Mark. Die Lizenzzeit betrug in der Regel vier bis fünf Jahre und umfaßte zwei oder drei Ausstrahlungen. Das betraf Spitzenfilme, für die beim Einkauf im Ausland vielleicht je 500 000 Mark zu zahlen waren, ebenso wie mittelmäßige oder gar geringwertige Titel, die im Einkauf vielleicht nur 20 000 Mark oder noch weniger kosteten. Das bedeutete jedoch, daß ein Anbieter, der beispielsweise nur drei Spitzenfilme zu verkaufen hatte, mit den Anstalten gar nicht ins Geschäft kommen konnte. Ihm blieb praktisch nur der Weg zu Kirch übrig. Das wiederum stärkte dessen Position und gab ihm freie Hand, bei Filmeinkäufen sämtliche Aufführungsrechte zu verlangen und dann selbst zu entscheiden, ob ein Film im Kino oder im Fernsehen verbreitet werden sollte.

Der französische Produzent Serge Silbermann, der die letzten Filme von Buñuel produzierte, schilderte gegenüber der *Frankfurter Rundschau* (18. 4. 1974) seine Erfahrungen so:

> Man hat mir für den neuen Buñuel-Film ein sehr großes Angebot gemacht. Viel Geld. Auf einmal sagte mir meine Nase: »Paß auf! Die Leute kaufen deinen Film nicht fürs Kino, sondern fürs Fernsehen. Die wollen den Film pauschal aufkaufen. Für sehr viel Geld, so viel, wie der Film im Kino gar nicht machen kann.« Sie

wollten auch meine anderen Buñuel-Filme und ein, zwei von Clement und die »Liebelei« von Ophüls kaufen. Und zwar in Wiederaufführung und fürs Fernsehen. Aber die erste Bedingung war, daß sie den neuen Film von Buñuel (»Le Fantome de la Liberté«) bekamen [...] Und ich habe jetzt erfahren, daß Bergmans »Schreie und Flüstern« in Deutschland nicht im Kino, sondern im Fernsehen herausgekommen ist. Da habe ich ein Telex geschickt: »Hören Sie mal zu, sollten Sie meinen Film haben, dann gibt es in meinem Vertrag einen Passus: der Film muß im Kino herauskommen. Ich arbeite nicht fürs Fernsehen, sondern fürs Kino [...]« Der Skandal in Deutschland ist noch größer; es gibt beispielsweise in Deutschland ein Monopol für das Zweite Deutsche Fernsehen [...]

*Frankfurter Rundschau*: Von Beta-Film?

*Silberman*: Ja, Sie können mit dem ZDF gar nicht sprechen. Sie müssen die Filme an die Beta-Vertriebsfirma in München verkaufen. Das ist unglaublich, daß so etwas in Europa möglich ist. Das ist ein Skandal. Und ich glaube, daß ich das nun gut verstanden habe: Die wollen den Buñuel-Film für viel Geld haben, um zusammen mit ihm 50 andere Filme zu verkaufen [...]

Der Einheitspreis wurde zum festen Bestandteil von Kirchs Geschäftspolitik. Bei den Transaktionen mit ARD und ZDF sicherte ihm das gute Gewinne. Denn verkauft und lizensiert wurden die Filme nie einzeln, sondern immer in einer Vielzahl – in sogenannten Paketen von vierzig, siebzig oder hundert Stück. Die Beta/Taurus-Gruppe mit ihrem Bestand an billig erworbenen Repertoire-Filmen koppelte an attraktive Spitzenfilme jeweils eine Fülle von zweit- oder drittklassiger Ware. Die *Wirtschaftswoche* (7. 11. 1980) beschrieb die Zusammensetzung eines solchen Paketes:

Von der Münchner Taurus-Film GmbH & Co erwarb die Degeto nicht weniger als 250 Streifen. Der Viellieferant aus deutschen Landen gehört zum Imperium des umstrittenen Filmkaufmanns Dr. Leo Kirch [...] Von den 250 Taurus-Titeln sind 125 Zweitlizenzen: »Manche dieser Filme sind in der Vergangenheit bereits mehrfach gesendet worden.« (Degeto) Unter den verbleibenden 125 noch nicht ausgestrahlten Filmen wurden 65 fest ausgewählt. Die restlichen 60 sind sogenannte Leertitel. Diese Filme werden zwar jetzt bereits bezahlt, aber erst später benannt.

Das müssen nicht unbedingt neue Filme sein. Ein Passus im Vertrag sieht vor, 20 Leertitel mit »im Programm bewährten« (Degeto) Hitchcock-Filmen zu füllen. Bei 14 dieser Produktionen handelt es sich um Filme aus der Zeit vor 1949, die bei Cineasten als zweitklassig gelten. Dann käme der Anteil alter Ware an dem Paket auf 145 Titel – mehr als die Hälfte [...]

Unter den Erstlizenzen findet sich kaum eine Lokomotive eines Kalibers (wie »Erdbeben«, »Airport« oder »Der große Grieche«). Statt dessen gibt es neben einer Anzahl unbekannter sowjetischer und schwedischer Filme einen ganzen Block aus japanischer Produktion: schwarzweiß, unsynchronisiert, teilweise über 30 Jahre alt. Aber auch schlichte Rührstücke aus der deutschen Nachkriegszeit wurden in das Paket gestreut: von »Briefträger Müller« bis zu »Drei Männer im Schnee«, von Axel von Ambessers »Der Pauker« bis zu »Gustav Adolfs Page«.

Dennoch wird für jeden Film im Taurus-Paket der Standardpreis gezahlt. Insgesamt müssen die ARD-Anstalten netto 31,5 Millionen Mark aufwenden. Die letze Rate von 12,6 Millionen Mark ist am 1. Januar 1982 fällig. Doch die Lizenzen vieler Filme beginnen wesentlich später. So können fünf Filme erst ab 1991, acht 1990, vierzehn ab 1989 und 21 ab 1988 eingesetzt werden. Nahezu zehn Jahre vor Lizenzbeginn ist die ARD bereit zu zahlen [...]

Die Politik des Einheitspreises schloß jeden anderen Anbieter von Spielfilmen vom Markt aus, wenn dieser nicht ähnlich wie Kirch auf einen Bestand vieler unterschiedlicher Filme zurückgreifen konnte. Bodo Scriba beschrieb diese Situation am 13. 10. 1987 vor der Europäischen Kommission:

> Wenn ich zehn Spitzenfilme habe und 90 Filme dazu verkaufe, die für mich im Anschaffungswert geringer waren, dann gleicht der Mehrgewinn bei den neunzig Filmen den Zusatzaufwand bei den zehn Spitzenfilmen, die mich in aller Regel mehr gekostet haben als den Verkaufspreis, wieder aus [...]
>
> Wenn der Markt vom Einheitspreis geprägt wird, dann entsteht für diejenigen Anbieter, die einen überproportionalen Anteil an herausragenden Filmen haben, ein Problem. Das gilt sicher generell für Verleiher, die am Markt tätig sind. Die haben ständig neue Filme [...] Sie können natürlich mit dem Einheitspreis pro Spielfilm dann nicht zufrieden sein, wenn sie nicht das Kompensationsgeschäft dazu machen können und auch die anderen 90 Filme verkaufen können. Ein Filmlizenzinhaber, der zehn Spitzenfilme hat, muß einen höheren Preis als den Einheitspreis verlangen, hat aber dann das Problem, daß er mit einem Schlag dasteht als derjenige, der verteuert verkaufen will [...]
>
> Im deutschsprachigen Raum gab es einmal einen Versuch einer Unternehmensgruppe (Philips und Siemens), in dieses reine Filmhandelsgeschäft hineinzukommen; das war 1976 die Polygram. Sie hat es aber nach zwei Jahren wieder aufgegeben [...], weil sie den Preiswettbewerb nicht durchgehalten hat [...] Schon bei der Beschaffung mußte sie mindestens immer soviel anbieten wie Herr Kirch und mußte ihn überbieten, um überhaupt an Rechte heranzukommen. Herr Kirch konnte es sich leisten mitzuhalten, weil er immer mischen konnte in dem Bereich des Verkaufs; weil er über einen großen Vorrat an Filmen, die günstig erworben worden waren, verfügte und deswegen eine andere Kal-

kulation vornehmen konnte. Hinzu kommt, daß der Einheitspreis stets konstant gehalten wurde. Also wenn ich mehr aufwenden muß, um das Produkt zu bekommen, es aber hinterher nicht teurer verkaufen kann, dann sind das zwei Steine, zwischen die man gerät. Ich kann den teureren Einkaufspreis nicht weitergeben, weil der Verkaufspreis – der Einkaufspreis der Fernsehanstalten – durch Usance festgelegt ist [...]

# 3. Privatfernsehen: Was Kirch nützt, schadet den Verlegern

Der Anfang des privaten Fernsehens geht auf die 1982 von der Bundesregierung getroffene Entscheidung zurück, durch den Ausbau der Kabelnetze und die Einbeziehung der Satellitentechnik die Verbreitung zusätzlicher Fernsehprogramme zu ermöglichen. Am 1. Januar 1984 ging das rheinland-pfälzische Kabelfernseh-Pilotprojekt in Ludwigshafen in Betrieb. Mainz hatte als erste Landesregierung die gesetzlichen Voraussetzungen für private Programme geschaffen. Ministerpräsident Bernhard Vogel hatte sich außerdem auf der Länderkonferenz am 20. Oktober 1983 die Unterstützung der Unions-Regierungen für das Vorhaben gesichert, einen freien Übertragungskanal des ersten ECS-(European Communication Satellite) Satelliten an eine Veranstaltergruppe zu vergeben.

Schon seit längerem verhandelte Vogel mit der Programmgesellschaft für Kabel- und Satellitenrundfunk (PKS) sowie mit zahlreichen Presseverlagen. Die PKS war schon am 19. Oktober 1981 als indirekte Tochtergesellschaft der Deutschen Genossenschaftsbank in Frankfurt gegründet worden. Sie war durch einen Programmliefervertrag mit der Kirch-Gruppe verbunden (DG-Bank-Chef Guthardt: »Ohne Herrn Kirch wäre die PKS nicht möglich gewesen.«) Als PKS-Geschäftsführer fungierte Jürgen Doetz, ehemaliger stellvertretender Sprecher der rheinland-pfälzischen Landesregierung, ein

Protegé Bernhard Vogels. Die PKS drängte von Anfang an offensiv in das Fernsehen.

Den Verlegern ging die Entwicklung zu schnell. Zwar hatten sie schon seit Jahren den Zugang zum Fernsehen gefordert, aber im Grunde wäre es ihnen lieber gewesen, nicht antreten zu müssen und das Gewerbe der gedruckten Medien weiter voranzubringen. Aber die Gefahr, daß die Ausweitung des Fernsehens das Anzeigenaufkommen der Zeitungen und Zeitschriften negativ beeinflussen könnte, war begründet und zwang zum Handeln.

Um dem Vielfaltsgebot des Bundesverfassungsgerichts gerecht zu werden, bestand Vogel auf einem Zusammengehen der Verlage mit der PKS. Am 28. November 1983 mußten die Interessenten in der Mainzer Staatskanzlei zu Protokoll geben, daß sie sich kurzfristig auf ein gemeinsames Programmschema und auf einen möglichst frühen Sendestart einigen würden. In allen Sitzungen war eine deutliche Unterstützung der PKS seitens der Politik spürbar. Damals wurde das SAT-1-Konsortium geboren. Seine Mitglieder: Aktuell-Presse-Fernsehen (APF) – ein Zusammenschluß von 139 Zeitungsverlagen –, der Axel Springer Verlag, der Heinrich Bauer Verlag, Bertelsmann/Gruner + Jahr, der Burda Verlag, die Kabel-Media-Programmgesellschaft (KMP), der Verlag der *Frankfurter Allgemeinen Zeitung*, der Filmverlag der Autoren, die Verlagsgruppe Georg von Holtzbrinck, die Neue Mediengesellschaft Ulm des *Südwest-Presse*-Verlegers Eberhard Ebner, die PKS sowie der Verlag der *Westdeutschen Allgemeinen Zeitung*.

Wegen seiner Filmgeschäfte mit den öffentlich-rechtlichen Fernsehanstalten, insbesondere mit dem ZDF, hielt Kirch sich selbst in der Gründungs- und ersten Entwicklungsphase von SAT 1 im Hintergrund. Er ließ seine Interessen von anderen wahrnehmen, insbesondere von seinem Vertrauten Joachim Theye. Gleichwohl war die neue Fernsehära, die eine Vermehrung der Programme in Gang setzte und den Zugang Privater zum Fernsehen ermöglichte, der bisher entscheidende Einschnitt in Kirchs unternehmerischer Laufbahn. Er fühlte sich an seine Anfänge in den fünfziger Jahren erinnert, als er mit Erfolg auf die Durchsetzungskraft des Fernsehens gesetzt hatte und zum Hauptprogrammlieferanten von ARD und ZDF aufgestiegen war. Jetzt schien die Chance noch größer und verlockender, bot sie doch die Aussicht, in die Reihe der ganz Großen des internationalen Mediengeschäfts vorzustoßen: als Gleicher unter Silvio Berlusconi, Robert Hersant oder Rupert Murdoch zu gelten – und dies vielleicht als Nachfolger Axel Springers.

In dem *Spiegel*-Gespräch vom 12. Oktober 1987 sagte Kirch: »Ich habe 20 Jahre lang darauf gewartet, daß eines Tages die Konkurrenzlage auf der Kundenseite eintritt, die nun da ist. Für mich als Filmhändler und Produzent ist dies nur eine Verbesserung. Ich werde meine Filme und Serien schon verkaufen. Die ARD kauft von mir, das ZDF kauft von mir, SAT 1 kauft auch von mir, und andere werden es ebenso tun.«

Aber dabei blieb es nicht. Mit der gleichen Ware, die er an die Sender verkaufte, ging er selbst unter die Fernsehveranstalter und trat gegenüber seinen Kunden auch als Konkurrent auf. Die Beteiligung am Axel Springer Verlag sollte dieses Konzept strategisch abrunden. In demselben *Spiegel*-Gespräch sagte er: »Erstens ist der Medienverbund die Zukunftsstrategie. Ich bringe dem Haus Springer das elektronische Know-how. Zweitens bringen Springer und mein Unternehmen zusammen die wirtschaftliche Mindestgröße auf, die der internationale Konkurrenzkampf braucht.«

Der neue Markt des Privatfernsehens zeigte in der Tat trotz der anfänglichen Unwägbarkeiten im politischen Bereich günstige wirtschaftliche Perspektiven auf. Und im Frühjahr 1987 war politisch auch die überregionale Verbreitung der neuen Programme zu weitgehend einheitlichen Bedingungen gesichert. Im Rundfunkstaatsvertrag legten die elf Bundesländer den Rahmen für die Zukunft des Fernsehens fest: »Für den öffentlich-rechtlichen Rundfunk sind Bestand und weitere Entwicklung zu gewährleisten«, heißt es in der Präambel. Und weiter: »Den privaten Veranstaltern sollen der Aufbau und die Fortentwicklung eines privaten Rundfunksystems ermöglicht werden.« Das Ziel sollte sein: »Mit der Vermehrung des elektronischen Medienangebots sollen Informationsvielfalt und kulturelles Angebot im deutschsprachigen Raum verstärkt werden.«

Wirtschaftlich kann sich der neue Markt bereits sehen lassen. Bis Ende 1989 sind rund sechs Millionen Haushalte an die Kabelnetze angeschlossen und mit Satelliten-Programmen versorgt. Fast doppelt so viele Haushalte empfangen inzwischen über drahtlose Frequenzen ein privates Programm. Mit wachsenden Reichweiten werden insbesondere SAT 1 und RTL plus für die Werbewirtschaft interessant.

Die Tendenz zur Werbung in den privaten Programmen ist kräftig im Steigen begriffen. 1989 kann das Privatfernsehen bereits mit einem Werbeaufkommen in Höhe von insgesamt 800 Millionen Mark rechnen. Bei SAT 1 verdoppeln sich die Netto-Einnahmen von 118 Millionen Mark in 1988 auf rund 250 Millionen Mark in 1989. RTL plus erzielt ähnliche Größenordnungen. Weitere werbefinanzierte Programme sind Tele 5 und PRO 7.

Das Potential für zusätzliches Werbefernsehen ist groß. Bisher entwickelte sich das Bruttowerbeaufkommen der vier klassischen Medien Zeitungen, Zeitschriften, Fernsehen und Hörfunk im nationalen Geschäft der Markenartikelindustrie, Dienstleistungsunternehmen und des Einzelhandels – in jenen Bereichen also, die für überregionale Werbeträger relevant sind – folgendermaßen: In der Zeit von 1975 bis 1980 und 1985 stieg das Volumen von 5,1 über 8,2 auf 10 Milliarden Mark. Drei Viertel davon entfielen auf die Printmedien und nur ein Viertel auf Fernsehen und Hörfunk. Bei einem nominellen Werbewachstum von durchschnittlich fünf Prozent pro Jahr wird 1995 der Werbeaufwand für die vier Medien rund 15 Milliarden Mark betragen. Davon wird jedoch weit mehr als nur ein Viertel in die elektronischen Medien fließen.

Bei einem Vergleich mit den USA ist festzustellen, daß dort der Anteil der Fernsehwerbung schon 1970 mehr als dreißig Prozent ausmachte und inzwischen mehr als 35 Prozent beträgt. Dies entspricht im übrigen auch der Situation in anderen Ländern mit privatem Fernsehen wie Japan oder Italien. Für die Ausweitung der Fernsehwerbung in der Bundesrepublik spricht ein weiteres Argument: Aufgrund der Werbebeschränkungen in den vergangenen dreißig Jahren haben bis vor kurzem die Marketing- und Mediafachleute die Nutzung des Mediums Fernsehen nicht umfassend planen können. Eine Folge davon war, daß beispielsweise bei ARD und ZDF jahrelang nur etwa 1300 Produkte beworben wurden, in Großbritannien aber rund 4000 und in den USA mehr als 10 000. Wenn bei uns das Werbevolumen der vier Medien Zeitungen, Zeitschriften, Fernsehen und Hörfunk 1995 bei 15 Milliarden Mark liegt, werden davon voraussichtlich fünf bis sechs Milliarden Mark in die Fernsehwerbung fließen – etwa die Hälfte davon wiederum in private Programme.

Vor diesem Hintergrund waren die Interessen

Kirchs auf der einen und der Presseverleger auf der anderen Seite hinsichtlich des Privatfernsehens von Anfang an gegenläufig. Kirch wollte, nicht anders als zu Beginn seines Filmhandels 1954, möglichst schnell viel Geld verdienen. Sein Vorgehen war deshalb offensiv angelegt. Die anderen wollten an der neuen Fernsehentwicklung teilhaben, sich aber nur vorsichtig vorwärts bewegen, um ihren Zeitungen und Zeitschriften möglichst nicht zu schaden. Denn nach – der durch die Erfahrung gestützten – Ansicht der Fachleute vermehrt sich das gesamte Werbevolumen der Wirtschaft nur unwesentlich durch das Hinzutreten neuer Werbeträger. Vielmehr ist in diesem Fall mit Umverteilungen im Bereich der Medien zu rechnen.

Die Verleger sahen sich von der Vermehrung der Fernsehprogramme besonders betroffen. Schließlich sind Presseunternehmen und Sender wirtschaftliche Gebilde, die sich aus Vertriebserlösen (beziehungsweise ARD und ZDF auch aus Gebühren) sowie aus Werbeeinnahmen finanzieren. Beide Seiten bieten ihre Leistungen sowohl auf dem Markt der Werbeträger als auch auf dem Markt der Käufer (Leser und Zuschauer) an.

Aufgrund der Ausweitung der Fernsehwerbung durch das Angebot der privaten Programme und infolge der wachsenden Aufträge der Wirtschaft ist auf seiten der Zeitungen und Zeitschriften eine Schmälerung des Anzeigenaufkommens bereits zu erkennen. Die Werbebudgets sind härter als jemals zuvor von den Print- und elektronischen Medien gleichermaßen umkämpft.

Anders als die Verleger hat Kirch auf diesem Feld nichts zu befürchten. Ihm bringt die Programmvermehrung nur Vorteile. Die Nachfrage nach seiner Filmware steigt, und von den Abnehmern kann er höhere Preise verlangen. Als Fernsehveranstalter kann er außerdem an den Werbeeinnahmen der privaten Sender partizipieren. Und das Programmkonzept, das er zu bieten hat, ist den Eigenschaften des Mediums bestens angepaßt. Es zielt auf den unpolitischen Menschen, der sich in seiner Freizeit vor allem amüsieren will und mit einigen eingestreuten Schlagzeilen und ausgewählten Informationshäppchen zufriedengibt. Während die Aneinanderreihung von Spielfilmen und Serien rund um die Uhr zur tagesfüllenden Unterhaltung einlädt, signalisiert das mehr beiläufige Angebot kurzer Nachrichten und die Reduzierung auf wenige knappe Aussagen dem Zuschauer, daß er sich um den Zustand der Welt »draußen« keine Sorgen zu machen braucht. Er kann die für ihn ohnehin immer undurchschaubarer gewordenen Verhältnisse ruhig anderen überlassen.

Mit diesem Programmkonzept forciert Kirch eine Entwicklung, die wiederum zu Lasten der gedruckten Medien geht. Denn bei zunehmendem Fernsehkonsum mindert sich mit gleichzeitig zurückgehenden Informationsangeboten auch das Interesse der Zuschauer an gedruckter Information. Wer regelmäßig nur Spielfilme und Serien sieht, befaßt sich nur noch wenig mit dem Tagesgeschehen. Umgekehrt gilt dasselbe. Die Marktforschung hat längst herausgefunden, daß die breite Darstellung und Präsentation interessanter Ereignisse und Menschen im Fernsehen auch die Lektüre von Zeitungen und Zeitschriften, die über diese Ereignisse und Menschen schreiben, fördert.

Die Kommunikationsforschung belegt ferner, daß von allen Medien das Fernsehen am meisten und am liebsten genutzt wird. Der Zuschauer schätzt das TV-Medium insbesondere deshalb, weil das Sehen bequem ist und wenig Anstrengung erfordert. Anspruchslose Programme verstärken diese Neigung. Bei der Frage nach den Motiven der Medienpräferenz stehen grundsätzlich emotionale Bedürfnisse im Vordergrund, und die lassen sich am leichtesten durch Inhalte unterhaltender Art befriedigen.

Die überragende Bedeutung des Fernsehens spiegelt sich auch bei der Mediennutzung wider. Erwachsene von über vierzehn Jahren konsumieren täglich im Durchschnitt zweieinhalb Stunden lang TV-Programme. Das Fernsehen ist somit zum wichtigsten und einflußreichsten Medium überhaupt geworden, das mehr als Zeitungen und Zeitschriften Wertvorstellungen verändern kann. Es wirkt in besonderem Maße auf Vorstellungskraft und Gefühle des Benutzers ein. Inzwischen stagnieren die Auflagen der Publikumszeitschriften. Die Zahl der täglich verkauften Zeitungsexemplare ist rückläufig.

Vieles hat sich in den vergangenen Jahrzehnten verändert. 1952 ging das Fernsehen in der Bundesrepublik an den Start. Aus dem schmalbrüstigen Heimkino der ersten Zeit entstand ein attraktives Massenmedium, das dem Bürger zu Hause einen Logenplatz für das farbige Spektakel der Welt draußen bieten kann und ihm die glitzernde Unterhaltung, die er in früheren Jahrzehnten in Varieté-Theatern und Filmpalästen suchte, daheim in aller Bequemlichkeit beschert. Diese Entwicklung hatte weitreichende gesellschaftliche Auswirkungen. Tagesablauf und Freizeitgestaltung des Durchschnittsbürgers wurden umgekrempelt. Die Printmedien – und auch der Hörfunk – gerieten in einen tiefgreifenden Strukturwandel, erzielten danach jedoch eine neue Blüte mit verändertem Inhalt und Gesicht. Das Kino allerdings mußte weitgehend abdanken und fristet heutzutage nur noch ein hartes Dasein. Die Zahl der Besucher fiel von knapp achthundert Millionen pro Jahr Mitte der fünfziger Jahre auf gut hundert Millionen in den achtziger Jahren. Werden eines Tages auch die Printmedien auf der Verliererseite stehen?

Sicherlich: Zeitungen und Zeitschriften verfügen über unschlagbare Vorteile. Man kann sie lesen, wo und wann es beliebt, schnell oder langsam, flüchtig, gezielt oder wiederholt, und man kann ihre Produkte aufbewahren. »Die Botschaft des Drucks und der Typographie ist in erster Linie die der Wiederholbarkeit.« (Marshall McLuhan *Die magischen Kanäle*, 1968) Die Zeitung und die Zeitschrift, die zwar in der zeitlichen Aktualität nicht mit den elektronischen Medien konkurrieren können, haben die große Chance, Probleme und Fragen der Zeit ausführlich darzustellen, zu vertiefen und zu kommentieren. Zeitungen und Zeitschriften liefern Hintergrundinformationen, und hierin mag ihr stabilstes Moment liegen. Denn in der Komplexität der modernen Welt werden Nachrichten ohne Hintergrund immer weniger verständlich. »Schließlich befriedigt die Zeitung ein Grundbedürfnis der Menschen mehr als jedes andere Medium, nämlich das Bedürfnis, begreifen, verstehen zu wollen; Ursache und Wirkung, Zusammenhänge, Kräfte, Fortgänge, Argumente kennenzulernen.« (Hans Heigert *Die Zukunft der Zeitung*, Hamburger Medientage 1977)

Ob aber die Eigenschaften, die ein Medium auszeichnen, im Wettbewerb mit anderen Medien von Vorteil sind, hängt von den Bedürfnissen der Benutzer und den vorhandenen Angeboten ab. Fernsehen mag eine im Grunde oberflächliche Angelegenheit sein: Ein Wort, ein Bild verjagt das vorangegangene. Aber es beeindruckt durch die Leichtigkeit, mit der es sich als Pseudorealität anbieten kann. Es vermittelt die Illusion, überall Augenzeuge sein zu können. Vor allem aber ist es von hohem Unterhaltungswert.

Doch wie auch immer der publizistische Wettbewerb zwischen Fernsehen und Gedrucktem beim Publikum ausgehen mag, entscheidend für die nächste Zukunft ist die Entwicklung auf den Werbemärkten. Das Wegbrechen relevanter Anzeigenerlöse bei Zeitungen und Zeitschriften ließe sich durch Erhöhung der Vertriebspreise nicht wettmachen.

Kirchs Auffassungen und Zielsetzungen hinsichtlich des privaten Fernsehens stehen in vielfältiger Weise im Gegensatz zu den Interessen der Verleger. Er plädiert für eine Ausweitung des Werbefernsehens und setzt auf ein expansives Vordringen in die Werbemärkte. Damit trägt er zur Gefährdung der wirtschaftlichen Basis der Presse bei.

Schon von der Unternehmensphilosophie her wäre er deshalb, wenn er Einfluß im Springer Verlag erhalten würde, nicht im Sinne, sondern im Widerspruch zu den Intentionen des verstorbenen Verlegers tätig. Kirch erklärt öffentlich, die Presse sei von einer Ausweitung der Fernsehwerbung nicht betroffen. Die Entwicklung des Privatfernsehens und neue Werbemöglichkeiten würden ein zusätzliches Wachstum des Werbemarktes bewirken. Die Furcht vor einer Umschichtung des Werbeaufkommens zu Lasten der Presse sei unbegründet. »Das Privatfernsehen ist der Motor für die Werbemärkte [...] Hier liegt für das Fernsehen ein enormer Entfaltungsraum, ohne daß die Presse an Marktposition einbüßen muß.« (Kirch laut *Handelsblatt*, 16. 11. 1987)

Wie kein anderer Verleger hatte Axel Springer seit der Einführung des Werbefernsehens vor dessen schädlichen Auswirkungen auf die gedruckten Medien gewarnt und hieraus die Forderung nach Beteiligung der Verlage am Fernsehen abgeleitet. Er kannte das Pressegeschäft gut genug, um zu wissen, daß die Existenz der Zeitungen und Zeitschriften nicht auf ihrer gesellschaftlichen Notwendigkeit beruhte, sondern auf ihrer Fähigkeit, Anzeigen zu bekommen. Zugleich wies er auf den Tatbestand hin, daß sich das Werbevolumen insgesamt nicht durch das Hinzutreten weiterer Werbeträger ausweite.

Kirch kann sich bei seinem Vorgehen im Privatfernsehen nicht auf Springer berufen. Die einzige Parallele zwischen beiden bestand in ihrer Einschätzung der TV-Entwicklung in den fünfziger Jahren. Aber als der Jungakademiker Kirch 1954 nach Rom aufbrach, um die ersten Filme einzukaufen, war der vierzehn Jahre ältere Axel Springer in Hamburg bereits ein erfolgreicher und in aller Öffentlichkeit wirkender Verleger. Er hatte *Hör zu*, das *Hamburger Abendblatt* und die *Bild*-Zeitung gegründet, die *Welt* übernommen und ein Verlags- und Druckzentrum in der Hansestadt errichtet. Von Kirch wußte er damals allerdings noch nichts. Aber wie jener war auch er von der Durchsetzungskraft des Fernsehens überzeugt.

Die Affinität des neuen Mediums zum Kino und die emotionale Wirkung der bewegten und vertonten Bilder faszinierten Springer. Mit besonderem Interesse beobachtete er die Ausbreitung der Neuheit: wie auf der Deutschen Industrie-Ausstellung im Oktober 1951 in Berlin der erste Testbetrieb des Nordwestdeutschen Rundfunks stattfand; wie Anfang 1952 Versuchssendungen der »Tagesschau« begannen und am 25. Dezember 1952 der Nordwestdeutsche Rundfunk erstmals ein zweistündiges Programm ausstrahlte. Zu diesem Zeitpunkt standen in den USA bereits in zehn Millionen Haushalten Fernsehgeräte; in Großbritannien waren es immerhin schon 500 000.

Springer ließ die Zeitungsmärkte in den USA und in Großbritannien untersuchen, weil ihn die Frage beschäftigte, wie sich das Gesicht der gedruckten Medien im Fernsehzeitalter veränderte. Es gab dort hochauflagige Blätter, die unter den Gesichtspunkten der Massenpsychologie konzipiert waren. Sie waren reichlich bebildert, vermittelten Informationen in Verbindung mit kurzen Geschichten und waren in einfachster Sprache geschrieben. Als typisches Beispiel für diese Zeitungsart galt der *Daily Mirror*. Springer übernahm das Grundmuster und entwickelte hieraus ein Blatt, das er als vorweggenommene Antwort auf das Fernsehen bezeichnete: die *Bild*-Zeitung.

Die Zeitung, die Springer damals vorschwebte, sollte zehn Pfennig kosten, aus vier Seiten bestehen und ohne Anzeigen auskommen. 1952 zog er sich für drei Wochen in sein Haus am Falkenstein in Hamburg-Blankenese zurück und rutschte auf Knieschonern, mit Schere und Kleistertopf versehen, auf dem Fußboden herum, um einen Prototyp der *Bild-Zeitung* zusammenzubasteln. Ehefrau Rosemarie half ihm dabei, nicht nur beim Zusammenschneiden der Layouts, sondern auch bei der Suche nach dem redaktionellen Konzept. Das Ergebnis: Nachrichten, wenig Politik, Crime, nur mäßig Sex (weil das Ehepaar Springer glaubte, daß dieses Thema gleich viele Leser anziehe wie abstoße). Das wichtigste waren ihm Bilder und Geschichten »mit Herz, Gefühl und Liebe«. Zu diesen drei Stichworten sagte er 1973: »Diese Eigenschaften sind eigentlich das Revolutionärste, was es gibt. Gucken Sie sich bitte die Welt an, in der wir leben, in Bronze und Stahl und organisierten Supermärkten. Und wo bleibt das Herz? Mit vielen Hippies stimme ich völlig überein, die einfach einen Protest gegen diese Zeit loslegen durch ihre – zugegeben – etwas alberne Kleidung. Aber es ist ja eigentlich nichts anderes, als zu zeigen, daß sie sich nach etwas anderem sehnen.«

Als Springer das Konzept beifallheischend den engsten Mitarbeitern vorstellte, stieß er auf einhellige Skepsis. Er erinnerte sich später: »Die oberste Heeresleitung guckte mich also sehr kritisch an und meinte, ob ich wohl da ernsthaft dran glauben würde. Und da kam eine etwas geradezu zynische

Frage: Haben Sie denn auch schon einen Titel? Als ich dann *Bild* sagte, war das Lachen allgemein. Ich wäre glatt durchgefallen mit dieser Zeitung, wenn ich nicht selbst zu entscheiden gehabt hätte. Und so kam dann am 24. Juni 1952 die *Bild*-Zeitung [...]«

An diesem Tag hing das neue Massenblatt an allen Kiosken, in Tabak- und anderen Läden. Die Startauflage betrug 250 000 Exemplare. Es war der Beginn eines unwahrscheinlichen publizistischen und geschäftlichen Erfolges. Im April 1953 wurden 500 000 Exemplare verkauft, im Juni 700 000 und am Jahresende täglich 1,2 Millionen. 1955 überschritt *Bild* die Zweimillionengrenze, 1956 die Dreimillionengrenze, und in den sechziger Jahren stieg die Auflage auf fünf Millionen und mehr.

Allerdings hätte es wohl auch die Unruhen und Ausschreitungen gegen Springers Verlagshäuser und Zeitungen an den Ostertagen 1968 ohne die tägliche Allgegenwärtigkeit der *Bild*-Zeitung nicht so verbreitet gegeben. Das Blatt hatte das Konzept der Massenpresse bis an die Grenze des Zynismus perfektioniert. Manche Schlagzeile, mancher Kommentar und viele Verkürzungen in der Berichterstattung stießen ab oder provozierten.

In den Gründerjahren lief die Grundvorstellung Springers auf eine Mischung aus prägnanten Schlagzeilen und Bildern sowie informativen und unterhaltsamen Meldungen und Geschichten hinaus. Das Ganze zielte auf die Gefühle, die Erregungsfähigkeit und die Neugier eines breiten Publikums. Dabei blieb zunächst die Politik völlig im Hintergrund, obwohl damals so strittige Fragen wie Wiederbewaffnung, Neutralisierung Deutschlands und Westintegration der Bundesrepublik sowie der Aufstand in der DDR die Öffentlichkeit bewegten.

Der Erfolg von *Bild* bestätigte Springer in der Auffassung, daß mit zeitgerecht gestalteten Zeitungen der Wettbewerb mit dem Fernsehen gut zu bestehen wäre. Er reagierte jedoch alarmiert, als das Medium für die Werbung geöffnet wurde.

Am 3. November 1956 hatte der Bayerische Rundfunk mit dem Werbefernsehen begonnen. Es hieß zunächst, die Dauer von sechs Minuten werktäglich werde nicht überschritten. Die anderen Rundfunkanstalten zogen nach, als letzte im April 1959 der Nord- und der Westdeutsche Rundfunk. Aber es blieb nicht bei sechs Minuten. In der Zeit zwischen achtzehn und zwanzig Uhr wurde zwischen regionaler Information und Unterhaltungssendungen immer mehr Werbung ausgestrahlt.

Inzwischen standen die für alle Fernsehfragen zuständigen Bundesländer im Konflikt mit der Bundesregierung in Bonn unter Konrad Adenauer wegen der Errichtung eines zweiten Fernsehprogramms. Adenauer hatte im Dezember 1959 die Freie Fernsehen GmbH mit den Vorbereitungen für ein solches Programm beauftragt; ein halbes Jahr später gründete er die Deutschland Fernsehen GmbH. Die Länder klagten daraufhin beim Bundesverfassungsgericht, und 1961 entschied Karlsruhe, daß ausschließlich die Länder für die Organisation des Rundfunks zuständig seien. Diese beauftragten daraufhin die Rundfunkanstalten des ersten Programms, provisorisch die neue Senderkette mit einem Programm zu belegen, und schlossen 1962 den Staatsvertrag über die Gründung der Anstalt des öffentlichen Rechts Zweites Deutsches Fernsehen. Außerdem legten sie fest, daß die Fernsehwerbung im ersten und zweiten Programm werktäglich je höchstens zwanzig Minuten für sich beanspruchen dürfe. Im April 1963 nahm das ZDF den eigenen Sendebetrieb auf.

»Diese Situation verlangt nach einem Gegenzug, der nur darin bestehen kann, nach einer gründlichen

Überprüfung der rechtlichen Situation die Forderung der Verleger auf eine angemessene Mitbeteiligung am Fernsehen zu erfüllen, um in der Bundesrepublik eine wirtschaftlich gesunde, möglichst vielgestaltige Zeitungslandschaft zu erhalten«, schrieb Springer 1963 in einem Beitrag in der Festschrift zum siebzigsten Geburtstag des Düsseldorfer Verlegers Anton Betz.

Seit 1960 hatte sich Springer öffentlich dagegen gewandt, daß die öffentlich-rechtlichen Rundfunkanstalten, aus der Kulturhoheit der Länder geboren und mit Privilegien versehen (Springer: »Monopolstellung, Vorteile des Zwangsabonnements, Steuerfreiheit und die damit verbundene Sicherheit einer risikolosen Etatisierung«), Werbetöchter schufen und sich auf diese Weise auch privatwirtschaftlich im Werbemarkt betätigten.

Um diese, wie er es nannte, Verzerrung der Wettbewerbsverhältnisse wieder auszugleichen, forderte er die Beteiligung der Verlage am Fernsehen. Seiner Auffassung nach war durch die Entwicklung das Anzeigengeschäft, das wirtschaftliche Fundament der Presse, gefährdet. Nicht anders als heute galt schon damals der Grundsatz: Die Kosten einer Zeitung werden nur zu einem Drittel durch den Verkaufspreis gedeckt; zwei Drittel müssen durch Anzeigenerlöse aufgebracht werden.

1961 beriet sich Springer mit zwei einflußreichen Politikern, die einer Verlegerbeteiligung am Fernsehen grundsätzlich aufgeschlossen gegenüberstanden. Josef-Hermann Dufhues (CDU), Innenminister von Nordrhein-Westfalen, und Alex Möller, Mitglied des SPD-Bundesvorstandes. Mit beiden zusammen entwickelte er die Grundstruktur eines Senders, der mit einem »grünen Plan für die Presse« gekoppelt war. Die Gewinne sollten allen Verlagen zweckgebunden für ihre Zeitungen zufließen.

Der Verlegersender sollte zu einem wesentlichen Teil Nachrichten (Springer: »Den größten Zuspruch im Fernsehen haben die Nachrichtensendungen«) und unterhaltende Programme bringen und natürlich Werbung betreiben.

Gegenüber einer vom Bundestag eingesetzten Kommission zur Untersuchung von Presse und Fernsehen vertrat er das Konzept eines Pressefernsehens, das genossenschaftlich von möglichst allen Zeitungsverlegern veranstaltet werden sollte. Bei einem Besuch der Kommissionsmitglieder im Hamburger Verlagshaus im Oktober 1965 sagte er: »Davon ausgehend, daß das Werbefernsehen der öffentlich-rechtlichen Anstalten, diese privatwirtschaftliche Betätigung der öffentlichen Hand, nicht zu rechtfertigen ist, hier meine Idealvorstellung, ein wenig nach englischem Muster, aber doch anders: Das erste Programm bleibt bei der ARD, selbstverständlich ohne Werbung. Ich will nicht zu ketzerisch sein, aber geben Sie mir einen Rotstift, lassen Sie mich den Haushalt der öffentlich-rechtlichen Anstalten zusammenstreichen. Glauben Sie mir, sie können es auch ohne Werbung machen. Vielleicht könnten sie auch 50 Pfennig Gebührenerhöhung dazubekommen. Das zweite Programm: ein echtes Bildungsprogramm, eine wirklich öffentliche Aufgabe, die jetzt im dritten Programm anlaufen soll [...] Und ein drittes Programm, das von der Gemeinschaft der Verleger in Deutschland veranstaltet wird. In England gibt es die Independent Television Association, die wird von freien Kräften betrieben, und es sind einige große Zeitungsverleger dabei. Nun bitte ich Sie, meine Herren, aufmerksam zu sein. Das entspricht nicht meiner Vorstellung. Ich möchte nicht, daß hier nur einige große Verleger beteiligt sind, sondern alle Verleger in Form einer Genossenschaft. Wir haben das ja bei dpa bereits exerziert. Genossenschaft geht hier nicht, aber um Ihnen in etwa die Möglichkeit zu nennen. Jedenfalls sollen alle Zeitungen am Betreiben dieses dritten Fernsehprogramms beteiligt sein.«

1984 kam die Gründung der Aktuell-Presse-Fernsehen-Gesellschaft durch 139 Verlage den damaligen Vorstellungen am nächsten. Daß sich diese Gruppierung im Machtkampf um SAT 1 zwischen Film- und Verlagsinteressen nicht durchsetzen konnte oder wollte, lag sicherlich auch daran, daß Axel Springer wegen seiner Krankheit nicht mehr in der Lage war, den Kurs dieser Gruppierung entscheidend mitzubestimmen.

Axel Springer hatte auch von der Gestaltung eines Fernsehprogramms andere Vorstellungen als Kirch und Theye, für die aus naheliegenden Gründen Spielfilme und Serien absolut im Mittelpunkt stehen. Springer stellte sich vor, daß beim Privatfernsehen die Verlage – und nicht ein Filmgrossist – das Bild beherrschten. Er sagte: »Mein Ziel ist es immer gewesen, im Verbund mit anderen Zeitungen und Zeitschriften das elektronische Medium für die Presse insgesamt aufzuschließen. Die publizistischen Impulse unserer immer noch vielgestaltigen Presse, sie kämen den Zuschauern zugute.«

Springer sagte weiter: »Die Verleger haben zwei spezifische Argumente für ihre Beteiligung an den elektronischen Medien: Ihre publizistische Fachkompetenz und ihre existenzielle Abhängigkeit von der Werbung.« Und: »Was man bei der Diskussion um Zeitungsunternehmen auch immer vergißt, ist die Tatsache, daß ein Verlag nicht ein reines Erwerbsunternehmen ist wie etwa eine Mantelfabrik oder eine Großmetzgerei oder ein Industriebetrieb.« Hinzufügen ließe sich: oder wie ein Filmhandelskonzern.

Im April 1982 rief mich Axel Springer in sein Arbeitszimmer im neunzehnten Stock des Berliner Verlagshauses. Die Einführung des privaten Fernsehens zeichnete sich am politischen Horizont ab. Wir saßen übereck in den weißen Ledersesseln gegenüber seinem Schreibtisch.

Das Arbeitszimmer ist nicht groß. Die Wände sind mit Eichenholz getäfelt, die eingebauten Bücherregale prallvoll. Auf dem Schreibtisch lagen Bücher, Briefe, Manuskripte. Erinnerungsfotos standen zum Fenster hin, daneben ein Strauß Moosröschen. Von hier aus war Springer seit 1966, dem Jahr der Einweihung des Berliner Verlagshauses, verlegerisch, publizistisch und politisch tätig gewesen. »Hier kann ich mit einem Blick in zwei Welten schauen«, sagte er, »in die Welt der Freiheit und des Erfolges und in die Welt der Unterdrückung und des wirtschaftlichen Mißerfolges.«

Das Gespräch drehte sich um die Chancen und Risiken einer Beteiligung am Privatfernsehen. Dabei legte er Wert auf zwei Punkte:

- Da es um Investitionen und Ausgaben gehe, die erst viele Jahre später Rendite tragen würden, und Unwägbarkeiten bei der Beteiligung an einem solchen Sender eine große Rolle spielten, sei Vorsicht angebracht.
- Das Programm, das er sich vorstelle, sei nicht einfach eine Kopie dessen, was bereits verbreitet werde. Er strebe den Einstieg in das Fernsehen zusammen mit möglichst vielen anderen Verlagen an. Daraus könne dann, so meinte er, publizistisch eine Art Pressefernsehen, nicht zuletzt mit guten Nachrichtensendungen und viel Sport, entstehen.

# 4. Gründerzeit: Konfrontation statt Partnerschaft

Der einflußreiche, am liebsten geräuschlos operierende Wirtschaftsanwalt Joachim Theye stellte in der schwierigen und oft undurchschaubaren Gründerzeit des Privatfernsehens die Weichen für Kirchs Filmgeschäfte mit SAT 1. Durch ihn waren sowohl der Münchner Filmgrossist, dessen wichtigster Berater und Manager er ist, als auch der DG-Bank-Chef Guthardt, den er in Medienfragen berät, am Verhandlungstisch vertreten. In einem hartnäckigen Machtkampf veränderte er das ursprüngliche SAT-1-Konzept, ein Pressefernsehen mit Spielfilmen und Serien zu kombinieren, zugunsten einer einseitigen Abspielschiene für Filmware zum wirtschaftlichen Nutzen der Kirch-Gruppe.

An der Entstehung und Ausformung von SAT 1 war ich von Anfang an beteiligt und verfolgte drei Jahre lang, wie Theye für seine Auftraggeber tätig war. In Dutzenden von Sitzungen erlebte ich ihn eloquent, sprunghaft, launisch, freundlich, ungeduldig und rüde. Beharrlich strebte er auf das eine Ziel zu: aus dem dezentralen SAT-1-Konsortium eine zentral steuerbare Kapitalgesellschaft zu zimmern und gleichzeitig die Voraussetzungen dafür zu schaffen, daß in diesem Fernsehsender nichts mehr gegen den Willen der Kirch-Gruppe möglich wäre. Und SAT 1 sollte den Bedarf an Spielfilmen und Serien ausschließlich über die PKS decken.

Was zunächst für SAT 1 vorteilhaft erschien, von

der PKS mit der Unterhaltungsware aus Kirchs Fundus beliefert zu werden, entwickelte sich zum Nachteil, als damit eine einseitige Programm-, Haushalts- und Preispolitik verbunden werden sollte. Das SAT-1-Projekt, das alle Gesellschafter auf Jahre hinaus mit Verlusten belastete, eröffnete der PKS/Kirch-Seite frühzeitig die Möglichkeit, aus Filmverkäufen Erlöse zu erzielen.

Aus dieser unterschiedlichen Ausgangslage ergaben sich unterschiedliche Programmauffassungen und auseinandergehende Vorstellungen über die Konstruktion des Senders. Während Theye danach strebte, das Programm vor allem auf Filme und Serien auszurichten, war den Verlagen auch an publizistisch anspruchsvolleren Sendungen gelegen. Nachrichten und andere eigenproduzierte Programmteile sollten nicht vernachlässigt werden.

Theye wiederum wollte Beteiligungsverhältnisse an SAT 1, die es ihm erlaubten, das Filmgeschäft unumkehrbar festzuschreiben. Die Verlage dagegen suchten nach einer Lösung, die eine Fremdbestimmung des Senders durch PKS/Kirch nicht zulassen würde.

Ich erlebte Theye, wie er in Verhandlungen und Gesprächen auf die Verlage Druck ausübte, indem er drohte, die PKS werde notfalls alleine ein Vollprogramm bestreiten. Er brauche die Verlage nicht, sagte er. Ich wußte, daß er beste Verbindungen zum CDU/CSU-Lager unterhielt, insbesondere auch zu den Regierungen in Mainz, München und in Bonn. Oft fiel mir auf: Theye operierte verdeckt, verhandelte selektiv, tauschte mal mit diesem, mal mit jenem Partner Unterlagen aus, führte auf die gleiche Weise Vorgespräche und versuchte so Gesellschafter gegeneinander auszuspielen.

Schließlich wußte kaum noch ein Teilnehmer der Runden, wer mit wem zuletzt über welchen Punkt gesprochen hatte. Allgemeine Unsicherheit belastete die Verhandlungsführung. Schon nach wenigen Monaten hatte Theye es geschafft, daß im Konsortium ohne ihn nichts mehr ging. An jeder Sitzung, an jeder Arbeitsgruppe nahm er persönlich teil. Kein Termin schien ihm zu unwichtig.

Während die Vorbereitungen für den Sendestart am 1. Januar 1985 auf Hochdruck liefen, waren die SAT-1-Gesellschafter noch in vielen Fragen uneinig. Theye versuchte, seine Vorstellungen mit Macht durchzusetzen. Die Vertragsverhandlungen zogen sich hin. Es ging um den SAT-1-Grundvertrag, um die Satzung der SAT-1-Satelliten-Fernsehen-GmbH (Betriebsgesellschaft) sowie um einen Dienstleistungsvertrag zwischen der Betriebsgesellschaft und den einzelnen Konsorten. Auf Drängen Theyes wurde die Gründung der SAT-1-Betriebsgesellschaft vorgezogen: bis zur Klärung anderer Fragen erst einmal als hundertprozentige Tochter der PKS. Die anderen Gesellschafter könnten dann später hinzutreten, sagte er.

Aber dazu kam es dann nicht. Obwohl das Einvernehmen aller Gesellschafter einschließlich der PKS hinsichtlich der Verträge protokolliert wurde, bestritt Theye nach einiger Zeit, allen vorliegenden Vertragsfassungen zugestimmt zu haben. Die SAT-1-Gesellschaft und damit auch der Titel des inzwischen ausgestrahlten Programms und der Name des Senders verblieben zu hundert Prozent bei der PKS.

Nicht weniger rigoros versuchte er, sein Programmkonzept durchzudrücken. Das SAT-1-Konsortium hatte sich Anfang 1984 für die weitere Planung auf ein Programmschema geeinigt. Dabei hatte Doetz für die PKS mitverhandelt. Die Verlage sollten ganz bestimmte Programmteile wie Spielshows, Sport, Jugendsendungen, Talk-Shows und Informationssendungen in eigener Verantwortung erstellen.

Auch Spielfilme und Serien waren vorgesehen. Sie sollten von der PKS und von den Großverlagen zugeliefert werden. Für die Nachrichtensendungen waren die APF und der Springer Verlag zuständig. In dieser Situation übernahm Theye die Interessenvertretung der PKS im SAT-1-Gründerkreis.

22. Januar 1984: Erstmalig tauchte der Anwalt bei einer SAT-1-Sitzung auf. Er betrat den dunkel getäfelten Salon Priwall im Hamburger Ramada-Hotel, grüßte, ohne die Miene zu verziehen, und nannte wie nebenbei seinen Namen. Niemand hatte ihn zuvor gehört, und niemand kannte den hochgewachsenen, etwas schlaksigen Mann. Er steuerte auf das Kopfende des Konferenztisches zu, legte den Mantel über eine Stuhllehne, setzte sich und beschäftigte sich mit dem Inhalt seines Aktenkoffers.

Schließlich fragte einer aus der Runde, für wen er gekommen sei. Für die PKS sei er da, sagte er, jetzt und in Zukunft. Er fuhr fort: So wie bisher könne es in diesem Kreis nicht weitergehen. Auch wenn jeder Gesellschafter für einen bestimmten Programmteil in rundfunkrechtlicher, programmlicher und wirtschaftlicher Hinsicht alleinverantwortlich sei, müsse insgesamt zentral geplant werden. Das kürzlich erstellte Programmschema sei jedenfalls mißlungen und müsse geändert werden.

Was damals noch keiner wußte: Theye verfolgte Kirchs Interessen. Gleich beim ersten Auftritt verlangte er ein anderes Konzept mit Spielfilmen und Serien im Mittelpunkt – ganz so wie inzwischen bei SAT 1 und auch bei PRO 7. Widerspruch kam auf. Ein kurzer, harscher Wortwechsel beendete das Gespräch. Man ging auseinander. Doch von nun an mischte Kirchs engster Vertrauter regelmäßig im SAT-1-Konsortium mit.

8. Februar 1984: Das SAT-1-Konsortium tagt im Kempinski in Gravenbruch. Es geht ausschließlich um die Frage, ob Bertelsmann/Gruner + Jahr wegen der RTL-plus-Beteiligung ausscheiden sollen. Die Mehrheit ist der Auffassung, daß ein Mitglied der SAT-1-Gruppe nicht gleichzeitig Veranstalter oder Mitveranstalter eines anderen zur bundesweiten Verbreitung geeigneten Konkurrenzfernsehprogramms sein könne. Bertelsmann/Gruner + Jahr scheiden aus, ebenso die *WAZ*.

Das deutschsprachige Fernsehprogramm RTL plus ist am 2. Januar erstmalig von Luxemburg aus mittels eines herkömmlichen Senders ausgestrahlt worden. Das Programm kann anfangs nur im Saarland und in Teilen von Rheinland-Pfalz mit Hausantennen empfangen werden. Geplant ist die Verbreitung über einen Satelliten. Getragen wird das Projekt von einer Gesellschaft, an der Radio Télé Luxembourg (RTL) mit sechzig und Bertelsmann/Gruner + Jahr mit vierzig Prozent beteiligt sind.

9. Februar 1984: Die Verlage im SAT-1-Konsortium verlangen im Sheraton am Frankfurter Flughafen von der PKS die Zusage, daß diese sich in dem angestrebten Kooperationsvertrag mindestens bis Ende 1988 fest verpflichtet. Theye lehnt ab. Er binde sich nur bis Ende 1986, erklärt er.

11. Februar 1984: Im Konferenzraum 101 im Frankfurter Flughafen wird stundenlang gestritten. Theyes Verlangen nach einem neuen Programmschema stößt auf Ablehnung. Er fordert mehr und bessere Sendezeiten für Spielfilme und Serien und kritisiert den vorgesehenen Umfang der Informationssendungen. Mit den Sendeplätzen und dem Volumen des Nachrichtenprogramms ist er überhaupt nicht einverstanden. Alles bleibt wie geplant.

28. Februar 1984: Im Ballsaal des Frankfurter Sheraton-Hotels zeichnen 139 Zeitungsverlage Anteile an der APF, die das Nachrichtenprogramm »Blick« für SAT 1 erstellen und hierfür Studio, Sendebetrieb und Redaktion aufbauen soll. Das zusammengekommene Kapital in Höhe von 66 Millionen Mark liegt um etwa fünfzehn Millionen unter den errechneten Vorlaufkosten des Projektes bis zur Wirtschaftlichkeit.

3. März 1984: Der APF-Aufsichtsrat tagt in Köln im Verlagshaus des *Stadtanzeigers* bei Neven DuMont. Auf der Tagesordnung steht der Aufbau des SAT-1-Nachrichtensenders. Der Springer-Vorstandsvorsitzende Peter Tamm nimmt mich im Firmenjet mit. Treffpunkt ist um 7.30 Uhr die Halle F des Hamburger Flughafens. Das Wetter ist ruhig. Über der Landschaft liegt streckenweise dünner Schnee. Tamm, der die Probleme erkennt, die sich aus dem Zeitdruck ergeben, ist entschlossen, schnelle Entscheidungen herbeizuführen. Die Position der Verlage gegenüber der PKS ist von vornherein aussichtslos, wenn wir das »Blick«-Programm nicht bis zum Jahresende auf die Beine stellen.

Eine halbe Stunde vor Sitzungsbeginn treffen wir in der Kölner Breite Straße ein. Kurze Wartezeit im Konferenzraum. Ich befürchte Schwierigkeiten beim Aufbau des Senders, weil im APF-Aufsichtsrat unterschiedliche Interessen vertreten sind. Der Springer Verlag sieht die Chancen und Risiken, die das Privatfernsehen für die Presse-Unternehmen darstellt. Die großen Regionalverlage geben dem Mißtrauen gegenüber Springer Priorität und ignorieren die Macht im Hintergrund von SAT 1: die Kirch-Gruppe. Und die vielen kleinen Verlage sind Mitläufer und sorgen für verbandsähnliche Verhältnisse in der Gesellschaft.

Auch die Mitglieder des Aufsichtsrats sind von unterschiedlicher Art. Da ist vor allem Tamm, der den Springer-Konzern zu seiner heutigen Bedeutung geführt hat, erfahren auch in stürmischer See. Privat ist er ein international anerkannter Sammler maritimer Kostbarkeiten: 15 000 Schiffsmodelle, 30 000 Bücher, Gemälde und vieles andere, wie beispielsweise ein Brief Lord Nelsons vom 4. April 1800, hat er zusammengetragen. Da ist ferner Alfred Neven DuMont, ein Verleger vom alten Schlag, liberal und zuweilen streitfreudig. Im Rheinischen sieht er sich mit seinen Zeitungen im Abwehrkampf gegen Springer. Und da ist schließlich Eberhard Ebner, Zeitungsverleger aus dem Schwäbischen mit Sinn für Kunst und Geschäft gleichermaßen, liberal, reisefreudig und ein Kenner anspruchsvoller Küche.

Die Sitzung verläuft kontrovers. Standort und Umfang des geplanten Senders sind ebenso wie die Vorgehensweise beim Aufbau umstritten. Aber die Mehrheit für Hamburg zeichnet sich schon ab. Ebner wird zum Aufsichtsratsvorsitzenden gewählt und ich zum Geschäftsführer berufen.

8. März 1984: Die technische Generalplanung für den Nachrichtensender, der in Hamburg entsteht, übernimmt die Firma g.t.c. Hamburg/München. Die Aspekte der Wirtschaftlichkeit sollen Priorität erhalten. Nur das für das geplante Programm unbedingt Notwendige soll angeschafft, aber Flexibilität und Ausbaufähigkeit für künftige Anforderungen sollen ebenfalls sichergestellt werden. Wir brauchen ein Studio, eine Senderegie, die zentrale Technik, einen MAZ-Pool, Nachbearbeitungseinrichtungen für Bildschnitt, Umspielungen und Mischungen, einen Grafik-Computer, Off-Sprecherräume, Beleuchtung, Meßtechnik, Arbeitsarchiv, Maske, Ausstattung und Requisite sowie den Postübergabe-

punkt, von dem aus die Bild- und Tonsignale über eine Fernsehleitung zur Satellitenstation in Ludwigshafen übertragen werden können.

16. März 1984: Im Frankfurter Airport-Hotel sitzen Theye, ein Jurist vom Springer Verlag und ich zusammen, um den Entwurf einer Grundvereinbarung für das SAT-1-Konsortium zu formulieren. In geschäftsmäßiger Atmosphäre entsteht ein Kompromißpapier. Das Ergebnis: Einerseits soll »die Abstrahlung [. . .] über den Satellitenkanal am 1. 1. 1985 beginnen« (früher kann es die APF unter gar keinen Umständen schaffen!), andererseits wird »bis dahin die PKS/*FAZ*-Gruppe den Satellitenkanal [. . .] nutzen«. Die PKS hat sich mit der *FAZ* verbündet. Das bedeutet, daß die APF verdrängt werden könnte, wenn sich der Termin nicht halten läßt. Die Uneinigkeit im Lager der Zeitungsverleger kommt Theye zugute. Weiter wird in dem Kompromiß einerseits das »Gesamtprogramm charakterisiert als vornehmlich attraktives Unterhaltungsprogramm«, andererseits aber auch als »Informationsprogramm«.

17. März 1984: Knapp vor dem Ende der Antragsfrist stellen die SAT-1-Konsorten gemeinschaftlich den Antrag auf Sendelizenz für den Fernsehkanal des ECS-Satelliten in Rheinland-Pfalz. Unsere Grundvereinbarung wird dem Antrag beigefügt. Bis zuletzt ist gestritten worden: Die PKS wollte, daß jedes Mitglied einzeln den Antrag stellt. Das hätte ihr Spielraum gegenüber den anderen verschafft. Die Verlage hingegen bestanden auf einem gemeinsamen Antrag. Ein Kurier reist in letzter Minute von Hamburg über Frankfurt, München und Stuttgart nach Mainz, holt die erforderlichen Unterschriften ein und liefert den Antrag persönlich ab.

19. März 1984: Für den »Blick«-Nachrichtenbetrieb werden zweieinhalbtausend Quadratmeter in Hamburgs City Nord, am Mexikoring 33, angemietet. Die Räumlichkeiten bestehen aus mehreren Teilflächen in vier verschiedenen Geschoßebenen. Das Erdgeschoß mit einer Deckenhöhe von etwas mehr als drei Metern ist für das Studio vorgesehen. Üblicherweise beträgt die Deckenhöhe in Fernsehstudios mindestens fünf Meter.

27. März 1984: Das Nachrichtenstudio wird als »Newsroom« nach amerikanischem Vorbild geplant. Die Redaktionsatmosphäre soll als reales Hintergrundbild genutzt werden.

1. April 1984: Offizieller Start des Satellitenfernsehens in Deutschland: Die Spielfilme und Serien der PKS werden zusammen mit kurzen Nachrichtenleisten der *FAZ* über den ECS-Satelliten abgestrahlt.

3. April 1984: Die Planungen des Nachrichtenbetriebes orientieren sich an folgendem Programmkonzept: Außer mehreren Nachrichtensendungen ist täglich eine »News-Show« vorgesehen. Ihre Schwerpunkte: Nachrichten, Lifestyle, Sport. Das »Blick«-Programm soll durch breite Themenmischung, populäre Moderation und Redaktionsatmosphäre als Hintergrund einen unverwechselbaren Charakter erhalten. Die Maßstäbe für die Redaktion lauten: objektive Berichterstattung und journalistische Kompetenz.

13./14. April 1984: Das SAT-1-Konsortium tagt in Zürich. Eine Fülle von Problemen ist zu lösen: Organisations- und Koordinationsfragen. Die Verlage interessiert zunehmend die Vorgehensweise und die Zielsetzung der PKS. Anfang April hat deshalb ein

Gespräch im kleinen Kreis mit Helmut Guthardt, dem Chef der DG Bank, Peter Tamm, dem Vorstandsvorsitzenden des Axel Springer Verlages, ferner mit Theye und Ebner stattgefunden. Die PKS drängte dabei auf eine weitgehende Zentralisierung.

In Zürich einigt man sich auf eine gemeinsame Betriebsgesellschaft für die technische Zusammenführung des Programms. Auch die Akquisition der Werbung soll zentral geschehen. Über den Gesellschaftsvertrag kommt eine Einigung nicht zustande. Theye greift die APF an. »Ich will nicht so viele Nachrichten«, sagt er, »und schon gar keine 45minütige ›News-Show‹.« Wir geraten aneinander. Theye fordert ein Programm, das im wesentlichen aus Spielfilmen und Serien und einigen kurzen Informationsleisten zwischendurch bestehen soll.

2. Mai 1984: Im Industrie-Club in der Elberfelder Straße in Düsseldorf tagt der APF-Aufsichtsrat. Einziges Thema ist die Berufung eines Chefredakteurs für die geplanten »Blick«-Nachrichtensendungen. Beim Mittagessen mit Kraftbrühe und Kalbsmedaillons wird das Programmkonzept erörtert. Man ist sich einig, daß neue Akzente gesetzt und nicht allzuviel von »Tagesschau« und »heute« kopiert werden soll. Nach dem Essen beim Kaffee stellen sich fünf Kandidaten vor. Sie warten verteilt in der Bibliothek des Clubs und im nahe gelegenen Steigenberger Parkhotel. Ich muß Vorsorge treffen, daß kein Bewerber dem anderen begegnet. Ebner führt die Gespräche behutsam, aber eine Entscheidung fällt an diesem Tag nicht. Das braucht noch Zeit. Meistens versteht es Ebner, die auseinanderstrebenden Auffassungen im neunköpfigen Aufsichtsrat wieder zusammenzuführen.

7. Mai 1984: Der APF-Aufsichtsrat beruft Armin Halle zum Chefredakteur des »Blick«-Nachrichtenprogramms. Halle hat die journalistische Laufbahn als Redakteur beim Bayerischen Rundfunk begonnen. Er war Redakteur bei der *Süddeutschen Zeitung*, wechselte dann als Sprecher in das Verteidigungsministerium nach Bonn und hat unter Helmut Schmidt im Bundeskanzleramt die Leitung der Gruppe Kommunikation und Information übernommen. Nebenbei ist er als Moderator der NDR-Talkshow tätig gewesen.

16. Mai 1984: Das SAT-1-Konsortium tagt bei Burda in München. Theye stellt erneut das verabschiedete Programmschema in Frage. Weniger Nachrichten und mehr Spielfilme und Serien lautet seine Forderung. Die »Blick«-Konzeption lehnt er ab. Ich beharre auf unseren Planungen. Dafür sind keine Fortschritte bei den Beratungen über den Gesellschaftsvertrag zu verzeichnen. Einvernehmen gibt es nur über den Beitritt des Otto Maier Verlages zum Konsortium.

24. Mai 1984: NDR-Redakteur Hans-Jürgen Börner erläutert mir sein Vorhaben, über den Aufbau des Pressefernsehens eine TV-Dokumentation zu erstellen. Regisseur: István Bury. Börner vertritt die Auffassung, das Privatfernsehen stehe und falle mit der Qualität der Nachrichtensendungen. Ich erkläre mich mit dem Projekt einverstanden.

7. Juni 1984: Das SAT-1-Konsortium tagt im Springer-Verlagshaus in Hamburg. Ein neues Programmschema wird ausgehandelt. Theye hat sich durchgesetzt.

Ich habe mich mit ihm schon vor Sitzungsbeginn getroffen. Theye hat in einem Rundschreiben vom

21. Mai die Verlage und insbesondere die APF angegriffen: »Mit dieser Programmstruktur kann eine Gesamtakzeptanz des ECS-Kanals unter gar keinen Umständen erreicht werden.« Er fordert mehr Spielfilme und Serien. In einem Telex vom 1. Juni habe ich mich mit seinen Argumenten auseinandergesetzt: »Die Zuschauerforschung steht im Widerspruch zu Ihrer Behauptung, daß attraktive Unterhaltung vorzugsweise mit Spielfilmen zu erreichen sei. Auch ein Blick auf den amerikanischen Markt widerlegt Ihre Auffassung über die absolute Alleinstellung des Spielfilms im Fernsehen.« Theye ignoriert, daß TV-Nachrichten bei älteren Zuschauern den ersten und bei jüngeren den zweiten Rang auf der Präferenzliste einnehmen. Zwar sind rund achtzig Prozent aller Zuschauer mittel bis stark an Unterhaltung im Fernsehen interessiert, aber immerhin zwei Drittel auch an Informationssendungen. Ich erkläre Theye, daß ich an der 45minütigen »News-Show« festhalte, weil ich von ihrem Erfolg überzeugt bin. Theye will sie um wenigstens fünfzehn Minuten gekürzt haben. Ich bin lediglich bereit, die Sendezeiten anders zu legen. Theye meint: »Eines Tages kriege ich die fünfzehn Minuten doch!«

Nach langen Verhandlungen erreicht die PKS einen Programmanteil von sechzig Prozent. Das SAT-1-Programm soll werktäglich um 13.30 Uhr beginnen und gegen Mitternacht enden. Für die Wochenenden ist eine Programmausweitung vorgesehen. Theye hat sich in einigen wichtigen Punkten durchgesetzt: Die tägliche Sendezeit ist zugunsten von mehr Spielfilmen und Serien verlängert worden. Ohne Leo Kirchs Mann mit der DG Bank im Rücken läuft im Konsortium nichts mehr. An jeder Sitzung nimmt er aktiv teil und pflegt zwischendurch wechselnde bilaterale Kontakte. Mal operiert er aggressiv, mal lauernd, und wo immer möglich versucht er,

Gegner auszumanövrieren. Am Konferenztisch erweckt er den Eindruck eines Mannes, der sicher ist, daß alles so kommt, wie er wünscht. Hinter ihm steht eine Macht, die Rücksichten nicht erwarten läßt.

10. Juli 1984: In Bonn treffe ich mit Postminister Christian Schwarz-Schilling zusammen. Wir nehmen in der Sitzgruppe in seinem Dienstzimmer Platz. Auf einem Podest am Fenster steht eine chinesische Statue. Der Minister ist Sinologe. Das Gespräch dreht sich um unser Projekt in Hamburg. Schwarz-Schilling betont, daß er das Kabel- und Satellitenfernsehen zügig voranbringen wird. Ich bitte ihn darum, für den »Blick«-Sender die erforderlichen Fernsehleitungen bis zum Jahresende zur Verfügung zu stellen. Normalerweise dauert das anderthalb bis zwei Jahre.

Abends finden in einem angemieteten Fernsehstudio Kameratests statt. Wir legen die Grundfarben für das »Blick«-Programm fest: Blau und Sand.

18. Juli 1984: Bei der APF planen wir die Infrastruktur, die für die tägliche Zulieferung von Filmberichten aus dem In- und Ausland in die Hamburger »Blick«-Zentrale erforderlich ist. Transportwege sollen vor allem Luftfracht, Intercity und PKW sowie die Fernsehleitungen Bonn–Hamburg–Ludwigshafen sein. Mehr ist aus Kostengründen nicht möglich.

In Bonn soll es ein eigenes Studio mit kleiner Redaktion und technischen Mitarbeitern für die Produktions- und Sendeabwicklung geben. Ansonsten sollen wichtige und planbare Termine von eigenen Reportern wahrgenommen werden, die von der Hamburger Zentrale zum jeweiligen Ort des Geschehens reisen und entweder mit eigenen oder angemieteten Kamerateams die Berichte erstellen.

Die Postleitungen sind bereits ausgehandelt. In Ludwigshafen werden die in Hamburg live im Studio erstellten Nachrichtensendungen zum ECS-1-Satelliten durchgeschaltet. Dieser strahlt die Signale wiederum zur Erde zurück, wo sie von der Post in Kabelnetze eingespeist werden. Für die Übertragung des Nachrichten-Filmmaterials aus dem Ausland zum »Blick«-Sender in Hamburg sind andere Satellitenverbindungen und Fernsehleitungen erforderlich. Die Nachrichtenfilme sollen im Wege der Kooperation mit ausländischen Fernsehsendern und den Fernsehagenturen Visnews und World Television News (WTN) bezogen werden. Dadurch kann die »Blick«-Redaktion immerhin über rund fünfzig Prozent des Nachrichten-Materials verfügen, das über die Eurovision ausgetauscht wird. Dieses Kartell der europäischen Rundfunkanstalten bleibt für SAT 1 verschlossen.

23. Juli 1984: Halle und ich besuchen Peter von Zahn, den großen alten Mann des deutschen Fernsehens, in seinem Haus an der Außenalster in Hamburg. Wir sprechen vor allem über Konzeption und Chancen unserer geplanten »News-Show«. Auf die Frage, ob unser Vorhaben zu anspruchsvoll sei, meint er: »Ich würde an Ihrer Stelle meinen Appetit nicht zügeln. Fünfundvierzig Minuten sind eine bewährte Zeit, während der man die Aufmerksamkeit eines gemischten Publikums durch verschiedenartige Sendeteile halten kann. Wenn Sie Ihre Dreiviertelstunde in Gelassenheit und mit viel Abwechslung produzieren wollen, dann kommen Sie mit einer halben Stunde eigentlich nicht gut aus. Denn das Verhältnis, das ich bei Ihnen als optimal sehe, ist ein Drittel Fakten, Information und zwei Drittel Zugabe, welche die Information ›einspeichelt‹. Sie braucht ein unterhaltendes, attraktives Umfeld, was

nicht unbedingt heißt, daß alles liebenswürdiges Blabla sein sollte. Im Gegenteil: Unterhaltend, daß es auch herausfordert, daß es den Dialog findet, daß es die Familienmitglieder auch einmal gegeneinander setzt.«

18. August 1984: Stellenanzeigen in verschiedenen Zeitungen (»Der Start des privaten Fernsehens bietet die reizvolle Chance, als Mitarbeiter(in) der ersten Stunde die Zukunft des Fernsehens mitzugestalten.«) bringen zweieinhalbtausend Bewerbungsschreiben. Seit Wochen gibt es Tage, an denen ich von morgens bis abends Einstellungsgespräche im Stundentakt führe.

24. August 1984: Im Hamburger Rathaus empfängt der Erste Bürgermeister, Klaus von Dohnanyi, Halle und mich. Er diskutiert mit uns die redaktionellen Grundüberlegungen des »Blick«-Programms. Dohnanyi wünscht sich eine Betrachtung der Welt, die Entwicklungen deutlich macht und sich nicht mit der Wiedergabe von Politiker-Statements begnügt. Er sagt: »Ich glaube, wir haben in der Bundesrepublik eine Form der Nachrichten-Berichterstattung, die sehr stark darauf zurückzubringen ist: Was hat Herr Kohl zu Herrn Strauß gestern über Herrn Lambsdorff gesagt, was Herr Genscher zurückgewiesen hat, aber Herr Mischnick hat bestätigt, daß er in seinem Gespräch mit Herrn Brandt hat feststellen können, daß, wenn Herr Wehner noch da wäre, die Dinge anders wären. Die meisten wichtigen Ereignisse auf der Welt bestehen aber nicht darin, daß der eine vom anderen oder zum anderen das oder jenes gesagt hat. Da gibt es neue Entwicklungen der Wissenschaft, neue Einsichten in der Wirtschaft, kulturelle Ereignisse im Bereich der Künste oder im Schulbereich. Da gibt es interessante Entscheidun-

gen, die Menschen für ihre Person treffen, die dann auch Vorbilder werden für andere. Und diese Form von Betrachtung der Welt als eine Entwicklung, die nicht in erster Linie von Politikern durch Statements gemacht wird, das wäre ein Schritt! Das fände ich eine gute Sache.«

10. September 1984: Trotz der vielen Einstellungsgespräche sind bisher erst zwei Dutzend Redakteure zu »Blick« übergewechselt. Auch sechs Mitarbeiter für die Verwaltung sind bereits in den provisorisch eingerichteten Räumen tätig. Aber in den Bereichen Produktion und Technik sieht es schlecht aus. Erst sechs Verträge liegen unterschrieben vor. Sollte das Projekt mangels technischen Personals scheitern? Hilfsweise suchen wir deshalb Fachkräfte in Großbritannien, die notfalls als »Feuerwehr« einspringen können.

Viele der Bewerber erfüllen nicht die speziellen Anforderungen: fachliche Qualifikation, Flexibilität und den Hang zum konstruktiven Abenteuer. Schließlich ist Pionierzeit!

17. September 1984: Im »Blick«-Studio am Mexikoring hat heute der Architekt die Technikräume übergeben, die alle mit einem aufgeständerten Montageboden versehen sind. Jetzt beginnt das plangenaue Verlegen von mehr als 26 Kilometern Starkstrom-, Bild- und Tonkabel und 1,5 Kilometer Antennenleitungen. Sechshundert Anschlußstellen müssen eingerichtet werden. Diese Arbeiten hat die technische Beraterfirma mit Rechnerunterstützung vorbereitet. Auch der Einbau der Klimakanäle, die sich durch die Räume ziehen, ist inzwischen abgeschlossen.

21. September 1984: Das SAT-1-Konsortium tagt bei Burda in München. Theye meint, aus kartellrechtlichen Gründen solle alles vermieden werden, was bei SAT 1 wie ein »Closed Shop« der Verleger aussieht. Man solle sich deshalb mit dem Abschluß der geplanten Verträge Zeit lassen. Um dennoch handlungsfähig zu sein, werde die PKS die SAT-1-Betriebsgesellschaft als hundertprozentige Tochtergesellschaft gründen. Sitz sei Mainz und Geschäftsführer Jürgen Doetz. In der Mainzer Hegelstraße seien kurzfristig und günstig Räume zu mieten. Die anderen Konsorten könnten später der SAT-1-Gesellschaft beitreten. Niemand widerspricht. Alle sind mit den Vorbereitungen für ihre Programmteile vollauf beschäftigt. Der Zeitdruck wirkt sich aus.

29. September 1984: Auf der Jahrestagung des Studienkreises Rundfunk und Geschichte referiere ich im Sender Freies Berlin über das geplante SAT-1-Nachrichtenprogramm:

> Wir stellen uns vor, daß »Blick« sehr viel breiter angelegt sein wird als die herkömmlichen Nachrichtensendungen. Wir wollen aktuell über das Tagesgeschehen in Politik, Wirtschaft, Sport und Gesellschaft berichten. Aber wir wollen mehr als nur Nachrichten und Reportagen über die Ereignisse in Deutschland und der Welt bringen. Bei uns sollen alle lebensnahen Fragen stattfinden, also Themen wie Freizeit, Gesundheit, Reisen, Wohnen, Essen, Mode, Auto, Film und so weiter. Und vor allem wollen wir über interessante Menschen berichten: wie sie wirklich sind, wie sie leben, was sie zu sagen haben. Wir wollen nicht nur aktuell und informativ, sondern auch unterhaltend sein. Aber keinesfalls soll in »Blick« die Nachricht zur Unterhaltung verkommen [...]
>
> Es ist sicher einmalig in der Geschichte des Fern-

sehens, daß ein neuer, täglich sendender Programmbetrieb in allen seinen Teilen – vom Programm und den Mitarbeitern über die baulichen Maßnahmen, die Produktions- und Sendetechnik, die fernmeldetechnischen Leitungen bis hin zur in- und ausländischen Infrastruktur für die Programmerstellung und -zuleitung – in einer so kurzen Zeitspanne geplant und realisiert wird [...]

Lassen Sie mich an die Rundfunkanstalten appellieren: Wir sollten nicht gegeneinander, sondern in einem geordneten Verhältnis nebeneinander und miteinander im Wettbewerb und in publizistischer Unabhängigkeit für die Zuschauer tätig sein, die ein Recht auf interessante und vielfältige Programme haben und die frei sind, aus dem gemeinsamen Angebot auszuwählen.

1. Oktober 1984: Zweiundzwanzig neue Mitarbeiterinnen und Mitarbeiter finden sich im provisorischen »Blick«-Studio ein. Zum Glück haben sich inzwischen auch mehrere Techniker für uns entschieden. Vor den Redakteuren skizziert Armin Halle die Programmvorstellungen. Er sagt unter anderem: »Wir wollen kein alternatives Fernsehen. Wir können auch nicht davon träumen, etwa alternativen Journalismus zu machen. Wir wollen versuchen, die Möglichkeiten, die dieses Medium bietet, gründlicher und mit etwas mehr Bedacht, was das Medium leisten kann, beim Schopfe greifen. Es heißt ja Fernsehen und nicht Fernhören. Ein Beispiel: Wenn Sie den Kommentar, wie er im Fernsehen heute ›zelebriert‹ wird, sich vor Augen halten, dann sehen Sie das, was ich mal gefilmten Hörfunk nennen würde. Da wird ein Text verlesen, von einem Menschen, dessen Kopf man zu allem Überfluß auch noch sieht, meistens mit synchroner Lippenbewegung. Aber dieses ist nun nicht die adäquate Form, Meinung, die sein darf und sein muß, fernsehgerecht an den Mann zu bringen.« Wir planen statt dessen bei wichtigen

aktuellen Themen Gespräche zwischen Redakteuren und wechselnden Meinungsführern aus Politik und Gesellschaft.

15. Oktober 1984: Neun NDR-Mitarbeiter aus den Bereichen Redaktion, Produktion und Technik wechseln zu uns über. Alles erstklassige Leute, die sich bei »Blick« größere Freiheit für den Einsatz ihrer Fähigkeiten versprechen.

19. Oktober 1984: Die Installation der Leitungen im technischen Trakt des »Blick«-Senders konnte heute abgeschlossen werden. Die Montage hat begonnen: Rund tausend Geräte, die von zwei Dutzend Firmen stammen, sind bis Mitte November anzuschließen. Das setzt Improvisationstalent voraus.

10. November 1984: Einziger Tagesordnungspunkt der SAT-1-Konsortiumssitzung im Verlagshaus der *FAZ* in Frankfurt ist die Verabschiedung der Gesellschaftsverträge. Auf dem Tisch liegen die Vereinbarung über die Gründung der Arbeitsgemeinschaft SAT 1, die Satzung der SAT-1-Satellitenfernsehen-GmbH (Betriebsgesellschaft) sowie ein Dienstleistungsvertrag zwischen der SAT-1-Betriebsgesellschaft und den einzelnen Konsorten.

Weil die PKS fortwährend den Umfang der ursprünglich vereinbarten Nachrichtensendungen beschneiden möchte, hat die APF auf einem Vetorecht bei künftigen Veränderungen der SAT-1-Programmstruktur beharrt, soweit sie »Blick« betreffen.

Mit Theye wird wie üblich in gereizter Stimmung gestritten. Ich frage mich immer wieder, warum der Ton zwischen den Verlagen trotz häufig unterschiedlicher Interessen soviel sachlicher ist als zwischen Theye und allen andern.

Schließlich können wir dann doch alle Fragen klären. Die unterschriftsreife Fassung der Verträge soll noch erstellt werden.

15. November 1984: Nach sechseinhalb Monaten Bauzeit haben die Behörden die »Blick«-Studio- und Produktionsräume im Hamburger Mexikoring ohne Beanstandung abgenommen. Bei der Montage der technischen Einrichtungen droht der Zeitplan zu platzen. Erst ein Schnittplatz und ein Teil der Geräte im Regieraum sind bisher in Betrieb genommen.

23. November 1984: Premiere im »Blick«-Studio. Wir haben die erste Pilotsendung live aufgezeichnet. Bei der Bewältigung technischer Schwierigkeiten räumen wir der Funktionstüchtigkeit der Produktionsanlagen und des Senders die Priorität ein. Kleinere Mängel meßtechnischer Art wollen wir erst einmal in Kauf nehmen. Die Zuführung des Nachrichtenfilmmaterials aus dem Ausland hat geklappt.

26. November 1984: Bei der Inbetriebnahme der Geräte im »Blick«-Studio hat es Störungen und Ausfälle gegeben. Manch einer verzweifelt geradezu. In einer Notkonferenz des technischen Bereiches haben wir nach Lösungen für die Schwierigkeiten gesucht. Der technische Direktor, den wir nach langem Suchen gefunden haben, fängt erst zum Jahreswechsel an. Die kleine Crew steht nun vor der Aufgabe, die technische Einrichtung innerhalb von drei Wochen nach Lieferung in Gang zu setzen. Normalerweise liegen zwischen Lieferbereitschaft und Schlußabnahme drei Monate.

3. Dezember 1984: Im »Blick«-Studio hat jetzt die »Hauptprobe« begonnen. Täglich wird nun das Nachrichtenprogramm unter den Bedingungen des

Ernstfalls erstellt und live über die hausinterne Ringleitung verbreitet: fünfzehn Minuten um 18.30 Uhr, 45 Minuten um 21.30 Uhr und fünf Minuten gegen Mitternacht. Am ersten Tag ist fast alles schiefgelaufen. Der technische Betrieb mit den noch nicht voll eingemessenen und deshalb immer wieder stillgelegten Schnittplätzen, MAZ-Einrichtungen, Misch- und Grafiksystemen führt laufend zu Unterbrechungen. Aber auch die redaktionelle Leistung läßt noch zu wünschen übrig. Die Höhepunkte des Programms waren heute eine minutenlange Strick-Aktion im Studio, ein »Weihnachtsmärchen« und ein Bericht über das Absegeln auf der Alster! Ich sagte mir: Wenn du eine Pistole hättest, müßtest du dich jetzt erschießen!

7. Dezember 1984: Das SAT-1-Konsortium hat heute erstmalig in den »Blick«-Räumen getagt. Ein Vorschlag meinerseits, das SAT-1-Programm nach den Spätnachrichten zum Sendeschluß mit einer »Kleinen Mitternachtsmusik« statt mit der Nationalhymne ausklingen zu lassen, hat keine Mehrheit gefunden. Vor allem Theye stellt sich dagegen. Professor Hermann Rauhe, Präsident der Hamburger Hochschule für Musik und darstellende Kunst, wäre bereit gewesen, das Vorhaben zu unterstützen und jeden Abend von seinen Schülern ein populäres Musikstück von wenigen Minuten in unserem Studio aufführen zu lassen.

10. Dezember 1984: Der Filmverlag der Autoren ist aus dem SAT-1-Konsortium ausgeschieden. Beim *Spiegel* und bei Rudolf Augstein, die Gesellschafter des Filmverlags sind, hat es zunehmend Widerstand gegen die Fernsehbeteiligung gegeben.

Im Bayerischen Hof in München fand heute eine Pressekonferenz zur Vorstellung des geplanten

SAT-1-Programms statt. Doetz erläuterte das Unterhaltungsangebot der PKS: Westernserien, Krimis und Spielfilme. Die Maxime der PKS sei, »Programmdirektor ist und bleibt der Zuschauer«. Ich sagte, die Nachrichtensendungen »Blick« würden nicht nur über das aktuelle Geschehen in Politik, Wirtschaft, Kultur und Sport berichten, sondern vor allem auch lebensnahe Themen aufgreifen und wichtige Trends in der Gesellschaft aufzeigen. Der Burda-Verlag hat ein Männermagazin angekündigt, das »Männern Spaß und Frauen neugierig macht«, ferner das Unterhaltungsmagazin »Extrablatt« über »Leute von heute, gestern und morgen« sowie die »Bunte-Talk-Show« und eine Kino-Rückblende. Der Axel Springer Verlag stellte seinen Programmteil als eine Mischung aus Information und Unterhaltung vor: ein »Konzentrationsspiel: Zahlen und Buchstaben«, ein Sportmagazin, eine Talk-Show sowie Spielfilme, Konzerte und die unterhaltende Magazinsendung »Tele-Kiosk«. Die Verlagsgruppe Bauer, so deren Vertreter, will »Bravo-TV« mit Videos, Starporträts und Tips anbieten, außerdem das Frauen-Magazin »Aufgeblättert«. Holtzbrinck kündigte ein Wirtschaftsmagazin und eine eigenproduzierte Serie an. Die KMP plant Videoclips und Infos aus der Musikszene, die FAZ ein Mittagsmagazin und der Otto Maier Verlag Kindersendungen. Ebners Neue Mediengesellschaft möchte ein Filmmagazin machen.

18. Dezember 1984: Heute habe ich zum bevorstehenden Sendestart der SAT-1-Nachrichten in Hamburg eine Pressekonferenz gegeben. Vierzig Journalisten sind erschienen und haben das »Blick«-Studio und den Produktionsbetrieb besichtigt. Ich sagte: »Wir haben dieses Projekt in einem Wettlauf gegen die Zeit entwickelt und umgesetzt. Wir gehen flexi-

bel an den Start und wissen, wie wichtig es sein wird, das Programm in den kommenden Monaten und Jahren weiterzuentwickeln [...] Das schwierigste Problem in der Aufbauphase sind die Menschen. Wenn man qualifizierte Mitarbeiter haben will, stößt man leider immer auf Kündigungsfristen. So kommt es, daß 21 Mitarbeiter erst in diesen Tagen bei uns anfangen [...] Wir haben zum Jahresende 93 feste Mitarbeiter, davon in der Redaktion (Hamburg und Bonn) insgesamt vierzig. Durchschnittsalter ist übrigens 35 Jahre. Rund fünfzig Prozent haben Fernseherfahrung, fünfzig Prozent waren bisher schreibende Journalisten und Journalistinnen. In der Produktion sind vierzehn, im technischen Bereich 27 Mitarbeiter tätig, in der Verwaltung sind es zwölf.«

1. Januar 1985: Seit heute 10.30 Uhr sendet das SAT-1-Programm von Ludwigshafen aus und wird per Satellit verbreitet. Die »Blick«-Nachrichtensendungen werden live aus Hamburg zugespielt. 133 000 verkabelte Haushalte können das Programm empfangen. Dvořáks »Aus der Neuen Welt« bildete den Auftakt, und mit der Ouvertüre zur »Macht des Schicksals« hörte der Premierentag auf. Dazwischen gab es »Die Waltons«, »Hoppla Lucy«, »Der Unverbesserliche« mit Jean-Paul Belmondo, »Vier für ein Ave Maria« mit Terence Hill und Budd Spencer sowie viermal »Blick«. Die Hauptnachrichtensendung um 18.30 Uhr moderierte Armin Halle. Um 21.30 Uhr wurde die 45minütige »News-Show« in Dreier-Moderation präsentiert. Gast im Studio war Eartha Kitt.

Am Abend hat der NDR die Dokumentation »Die private Tagesschau« von Hans-Jürgen Börner und István Bury ausgestrahlt – eine authentische Darstellung des »Blick«-Aufbaues.

7. Januar 1985: Der *Spiegel* berichtet über den Start des SAT-1-Programms. Das Blatt schreibt: »Nach knapp einwöchigem Sendebetrieb steht fest, daß allein die Unterhaltung mächtig in die Breite gegangen ist [...] Nein, machtvolle Konkurrenz erhebt da noch nicht ihr schreckliches Haupt gegen die Altvorderen von ARD und ZDF. Gefahr droht, wenn die SAT-1-Kundschaft nennenswert gewachsen ist, von der gefälligen Nachrichten-Revue ›Blick‹ [...], Proporz- und öder Bonner Verlautbarungsjournalismus werden geschickt vermieden. Die Moderatoren, voran der launige Halle, sind immer zu Scherzen geneigt. Selbst die Wetterkarte – babyblau mit weißen Schäfchenwolken – verspricht ewigen Sonnenschein.«

Das erste Jahr ist geschafft. Theyes Versuche, das geplante SAT-1-Programmschema zu Lasten der Nachrichtensendungen zu verändern, sind erst einmal abgewehrt. Aber »Blick« ist zum Ärgernis der PKS/Kirch-Seite geworden.

# 5. Kirch: »Mit Springer die Zukunft von Springer gestalten«

Am Axel Springer Verlag hält der Filmgrossist Leo Kirch unmittelbar zehn Prozent der Aktien. Er will diese Beteiligung auf 26,1 Prozent aufstocken, verlangt zwei Sitze im Aufsichtsrat und möchte im Verlagsunternehmen Einfluß ausüben. Doch Aufsichtsrat und Vorstand bei Springer verweigern die erforderliche Zustimmung und berufen sich auf den Willen des 1985 verstorbenen Verlegers. So kann Kirch bei 16,1 Prozent, die heimlich an der Börse zugekauft wurden und im Besitz von Treuhändern liegen, nur über deren Stimmverhalten disponieren. Er kann also beispielsweise in der Aktionärshauptversammlung dafür sorgen, daß insgesamt 26,1 Prozent des Kapitals nach seinen Wünschen stimmen. Kirch läßt jedoch gegenüber dem Springer Verlag nicht locker und sucht nach Wegen, sein Ziel doch noch zu erreichen.

Warum Kirch die Springer-Beteiligung einging, sagte er in einem Presse-Interview (*manager magazin*, August 1987): »Printmedien und Fernsehen wachsen in aller Welt zu Unternehmen zusammen, die einander stützen, die einander befruchten und miteinander gemeinsam in Größenordnungen wachsen können, die es vorher nie gegeben hat.« Ein Pokerspiel um Macht und Milliarden war in Gang gekommen, der »wohl spannendste Medienkrimi der deutschen Nachkriegsgeschichte.« (*neue medien*)

Ausgangspunkt waren das Heraufziehen des Privatfernsehens in der Bundesrepublik und die Neuordnung des Springer-Verlagskonzerns Anfang der achtziger Jahre. Axel Springer hatte sich in den letzten Lebensjahren vorrangig mit der Frage befaßt, wie sicherzustellen sei, daß sein verlegerisches Lebenswerk in seinem Sinn weitergeführt wird.

Nach dem Tod des ältesten Sohnes Axel im Januar 1980, der unter dem Pseudonym Sven Simon internationale Anerkennung als Pressefotograf errungen hatte, suchte Springer eine Nachfolgeregelung in Partnerschaft mit einem »pressenahen« Interessenten. In der eigenen Familie sah er keinen, dem er das Unternehmen anvertrauen wollte. Er strebte den Zusammenschluß mit dem Verlagshaus Burda an. Mit dem Offenburger Verleger Franz Burda verband ihn eine enge Freundschaft. Zu dessen 75. Geburtstag am 24. Februar 1978 hatte er geschrieben: »Es ist nicht so dahingesagt, wenn ich ausspreche, wie sehr ich Dein Werk respektiere, Deine Originalität bewundere und weiß, daß über unseren Beziehungen eine immerwährende, zu oft unausgesprochene Freundschaft liegt.« Die drei Burda-Söhne Franz, Frieder und Hubert sollten Springers verlegerisches Erbe übernehmen. Aber das Bundeskartellamt untersagte 1981 die Fusion. Auch der Versuch, eine Ausnahmegenehmigung des Wirtschaftsministers für die Übernahme einer zunächst 26prozentigen und später 51prozentigen Beteiligung des Burda-Verlages am Springer-Konzern zu erlangen, scheiterte. So blieb die Burda-Beteiligung auf 24,9 Prozent beschränkt.

Springer legte nun fest, daß in jedem Fall 26,1 Prozent bei der eigenen Familie unter Führung der Ehefrau Friede verbleiben müßten, damit auch in Zukunft eine »verlegerische Mehrheit« im Konzern gesichert wäre.

Neunundvierzig Prozent des Grundkapitals sollten an der Börse breitesten Anlegerschichten zum Kauf angeboten werden. Keinesfalls sollten Banken oder andere Unternehmen Einfluß auf das Pressehaus nehmen können. Er befürchtete, daß beispielsweise eine Zeitung wie die *Welt* von Inhabern, die nur am Geschäft interessiert wären, eingestellt würde. Springer betonte: »Ein Zeitungshaus ist nicht nur da, um Geld zu verdienen. Seine wesentlichen Aufgaben liegen auf anderem Gebiet. Andererseits muß natürlich auch bei uns die Kasse stimmen. Denn Zeitungen können nur dann frei sein, wenn ihre Verleger weder von einer Regierung noch von einer politischen Partei noch von irgendeiner Interessengruppe noch gar von einer Bank abhängig sind.«

Um unerwünschten Einfluß auf die verlegerische und unternehmerische Führung des Verlages oder gar eine Machtergreifung von außen von vornherein zu verhindern, sollten die Aktien vinkuliert sein. Das heißt: Jeder Aktionär, der Dividende beziehen und Stimmrecht ausüben will, muß sich registrieren lassen. Die Übertragung von Aktien auf einen Dritten ist von der Zustimmung der Gesellschaft abhängig. In § 68 Absatz zwei des Aktiengesetzes heißt es: »Die Satzung kann die Übertragung (von Aktien) an die Zustimmung der Gesellschaft binden. Die Zustimmung erteilt der Vorstand. Die Satzung kann jedoch bestimmen, daß der Aufsichtsrat oder die Hauptversammlung über die Erteilung der Zustimmung beschließt. Die Satzung kann Gründe bestimmen, aus denen die Zustimmung verweigert werden darf.«

Springer ging es seit 1983 gesundheitlich schlecht. Immer häufiger litt er unter Erschöpfungs- und Krankheitszuständen. Seine Lebenskräfte schwanden. Die unternehmerischen und verlegerischen Angelegenheiten traten für ihn in den Hintergrund. Ihn beschäftigten jetzt vor allem Fragen des christlichen

Glaubens. Aber auch die von ihm jahrzehntelang vertretenen politischen Anliegen verlor er nicht aus dem Auge: Die Aussöhnung zwischen Juden und Deutschen, die Frage der Menschenrechte im Osten und die Zukunft Berlins (»Das freie Berlin ist die ideelle und geistige Hauptstadt unseres Landes«).

Die Aktienemission über 49 Prozent des Kapitals der Axel Springer Verlag AG übernahm die Deutsche Bank, die Hausbank des Konzerns. Einen Teil der Aktien plazierte die Bank bereits vor der Zuteilung an der Börse. Einer der Interessenten war Leo Kirch. Für ihn war der Pressekonzern aus drei Gründen von Bedeutung: erstens wirtschaftlich (wegen der guten Gewinnsituation), zweitens politisch (um seinen Verbindungen zur CDU/CSU mehr Gewicht geben zu können) und drittens strategisch (zur Schaffung eines Medienverbundes zwischen Film, Fernsehen und Presse). Die Bank befürwortete eine Aktientransaktion in Höhe von zehn Prozent zugunsten des Filmgrossisten.

Der Beginn des Privatfernsehens hatte 1984 zu Kontakten zwischen Kirch und dem Vorstand des Springer Verlages geführt. Die SAT-1-Gründung brachte Berührungspunkte, und im übrigen ging es um die Bereinigung eines einseitigen, die Beziehung zwischen beiden Unternehmen belastenden Filmgeschäfts (worüber im einzelnen in einem späteren Kapitel berichtet wird). Der Verlag war an SAT 1 offen und Kirch indirekt als Filmlieferant der PKS beteiligt. Im Springer-Konzern setzte sich die Auffassung durch, daß es für die Veranstaltung eines Fernsehprogramms von Vorteil sein könnte, eine Partnerschaft mit dem Filmgrossisten einzugehen.

Axel Springer dagegen wollte Kirch zunächst nicht als Aktionär akzeptieren, stimmte aber schließlich auf Drängen der Bank zu. Allerdings bestand er darauf, jede Einflußmöglichkeit Kirchs auf den Verlag auszuschließen. Es dürfe keine Präsenz im Aufsichtsrat geben, und außerdem müsse sichergestellt werden, daß keinesfalls eine spätere Erhöhung über zehn Prozent hinaus möglich werde. Im Juli 1985 gab die Bank zehn Prozent der Springer-Aktien an Kirch ab.

Die *Frankfurter Allgemeine Zeitung* (24. 9. 1985) schrieb: »Der größere Teil der neuen Aktien soll bereits vor der Zuteilung plaziert gewesen sein. Vorstandssprecher Christians hatte zuvor in der Hauptversammlung der Deutschen Bank erklärt, daß sich die Beteiligungsquote einzelner Anleger, Unternehmer wie Privatpersonen, auf einer Höhe bewegen werde, aus der sich weder unternehmerischer noch gar medienpolitischer Einfluß ableiten lasse. ›Von der Bildung eines Konsortiums unter Führung der Deutschen Bank kann daher keine Rede sein.‹ Inzwischen wurde auch erklärt, daß die Unternehmen, denen einige Mitglieder des Aufsichtsrates angehören, selbst keine Aktien der Springer AG besitzen.«

Im neunköpfigen Aufsichtsrat waren drei Gruppen vertreten: Springer mit drei Sitzen (Rechtsanwalt Professor Bernhard Servatius als Vorsitzender sowie Friede Springer und Ernst Cramer), die Burda-Beteiligung mit zwei Sitzen (Frieder und Hubert Burda) sowie die Deutsche Bank in neutraler Rolle als Depot-Institut der vinkulierten Springer-Aktien mit vier Sitzen (Bank-Vorstandssprecher Friedrich Wilhelm Christians, Horst Kramp, Vorstandsmitglied der Schering AG, Michael Otto, Vorstandsvorsitzender des Otto-Versands und Johannes Semler, Vorstandsmitglied der Mercedes-Automobil-Holding). Das Gremium trat erstmalig am 4. September 1985 in der großen Bibliothek des Zeitungshochhauses an der Berliner Kochstraße zusammen. Mit letzter Kraft schaffte es Axel Springer, kurz an dieser Sitzung teilzunehmen. Er dankte Peter Tamm. Und er verpflichtete die Mitglieder des Aufsichtsrats auf sein Vermächtnis.

In einem Brief an die Belegschaft seines Verlagsunternehmens hatte Springer im Juli 1985 die Motive für die Neuordnung erläutert. Er schrieb:

> Ich bin 73 Jahre alt. Nachdem mein Sohn Axel von uns gegangen ist, habe ich keinen direkten Erben mehr, der den Verlag kurzfristig persönlich weiterführen könnte. Das Haus Burda ist mit 24,9 Prozent am Axel Springer Verlag beteiligt. Eine höhere Beteiligung der Familie Burda, mit der ich seit Jahren befreundet bin, oder eine entsprechende Zusammenarbeit mit anderen Verlagsunternehmen in unserem Land wurde uns vom Kartellamt verwehrt. Deshalb will ich nun durch den Verkauf von 49 Prozent meiner Anteile unser Haus auf eine breitere Grundlage stellen. Dabei habe ich sichergestellt, daß es keinerlei Einflußnahme von seiten unerwünschter Interessen auf die Journalisten, die Objekte und die Politik unseres Hauses geben wird [...]
>
> Die verlegerische Verantwortung bleibt nach wie vor in meinen Händen. Ich behalte 26,1 Prozent der Aktien. Zusammen mit den 24,9 Prozent, die die Familie Burda hält, wird es also in Zukunft eine verlegerische Mehrheit von 51 Prozent geben. Im neunköpfigen Aufsichtsrat der AG werden die Familie Burda und ich fünf Sitze besetzen [...]
>
> Die Entwicklung des Hauses tritt mit dieser breiteren Absicherung in eine Phase ein, die wir aus der Geschichte der großen Wirtschaftsunternehmen kennen: Nahezu alle bedeutenden Unternehmen wurden einmal von einzelnen Personen gegründet und mit vollem persönlichen Einsatz und Risiko zu Größe und Ansehen gebracht. Um ihre Dauer zu garantieren, wurden sie dann aber nach einer gewissen Zeit in Aktiengesellschaften umgewandelt, mit fähigen Managern und Mitarbeitern an der Spitze. Nur so kann auch das Fortleben unseres Hauses über Generationen gewährleistet werden [...]

Am 22. September 1985 starb Axel Springer, der sicher bedeutendste, aber auch umstrittenste Zeitungsverleger der deutschen Nachkriegszeit. Aus kleinsten Anfängen hatte er einen der größten Presseverlage Europas aufgebaut. Zeitlebens stand er im Blickpunkt der Öffentlichkeit. Dabei fehlte es ihm nicht an Gegnern.

Einiges im Leben und Verhalten von Axel Springer war widersprüchlich. Seine Person war vielschichtig, und manches, was ihm vorgeworfen wurde, stimmte, auch wenn es nur einen Teil seines Wesens ausmachte. Manches, was seine Freunde und Anhänger an ihm faszinierte, war nicht weniger Teil von ihm. Gängige Klischees und scharf umrissene Freund- oder Feindbilder trafen auf ihn nie zu. Diejenigen, die ihn denunzierten, leisteten sowenig einen Beitrag zum Verständnis dieses legendären Mannes wie diejenigen, die ihn verherrlichten.

Rudolf Augstein, der fast zeitgleich mit Axel Springer seine Verlegerlaufbahn begonnen hatte und ihn nicht nur aus der Sicht des Konkurrenten, sondern vor allem auch durch vielfältige gesellschaftliche und persönliche Verbindungen kennenlernte, erinnerte sich: »Mal waren wir Freunde, mal waren wir Feinde, zu Anfang und zu Ende nur Freunde [...] Aber wie kompliziert unser Verhältnis von damals bis zum Ende blieb, sieht man daran, daß ich mit eigener Feder drei ›Spiegel‹-Titelgeschichten über Axel Springer geschrieben habe. Veröffentlicht worden ist keine, und das lag nicht daran, daß er interveniert oder ein ›Spiegel‹-Angehöriger es mir verboten hätte. Ich kriegte ihn nicht in den Griff.« (In: Friede Springer [Hg.] *Axel Springer. Die Freunde dem Freund.* Berlin 1986)

Unstreitig ist auch, daß für Axel Springer Geschäft und unternehmerische Expansion nicht alles waren. Seine Lebensleistung wird heute von Freund

und Gegner gleichermaßen anerkannt. Er war »eine der großen Figuren der Nachkriegsgeschichte, ebenso umstritten wie Adenauer, Schumacher und Dehler oder wie Nordhoff, Sohl und Augstein – aber ebenso bedeutend«, so Helmut Schmidt. Bundespräsident Richard von Weizsäcker hat einmal gesagt: »Axel Springer hat wie kein zweiter der Stadt Berlin, dem Bündnis mit den Amerikanern und der Verständigung mit dem jüdischen Volk gedient.« Und Willy Brandt, dessen Ostpolitik Springer heftig bekämpft hatte, erklärte: »Ich weiß zu würdigen, was er für die wirtschaftliche Sicherung West-Berlins und nicht zuletzt für die Aussöhnung mit Israel und den jüdischen Nachbarn getan hat.«

Am 22. September 1986, dem ersten Todestag Axel Springers, fanden Gedenkfeiern in den Eingangshallen des Hamburger und des Berliner Verlagshauses statt. Erinnerungstafeln wurden enthüllt. Die Inschrift in Hamburg lautet: »Die Einheit des Vaterlandes in Freiheit. Das ist unser Auftrag. Wir sind aufgerufen, dem Unrecht zu widerstehen und dem Recht Geltung zu verschaffen. Axel Springer.« Auf der Tafel in Berlin heißt es: »Wenn wir in die Kochstraße gegangen sind, dann gingen wir nicht nur in das historische Zeitungsviertel von Berlin, sondern auch einen Weg nach Deutschland. Es lohnt sich nicht, auf dieser Welt hohe Häuser zu bauen, wenn man nicht eine Idee hat, die größer ist, als wir es selbst sind: Freiheit für alle Deutschen in einem Vaterland mit der rechtmäßigen Hauptstadt Berlin inmitten eines friedlichen Europa. Axel Springer.«

Der Vorstandsvorsitzende Peter Tamm hielt an beiden Orten Gedenkreden und betonte: »Über ein Jahr ist es her, seit Axel Springer sein Haus neu bestellt hat. Uns, die wir Jahrzehnte mit ihm Schulter an Schulter standen, fiel damit die Verantwortung zu, sein Werk weiterzuführen. Diese Verantwortung zu tragen, fällt nicht leicht. Aber: Wenn wir sein Vermächtnis erfüllen, wenn wir den Geist dieses Hauses bewahren, so wie ihn Axel Springer prägte, dann können wir mit Zuversicht weiter den Weg gehen, den er uns gewiesen hat.«

Auf diesem Weg türmten sich bald Hindernisse auf. Ein »Erbfolgekrieg« setzte ein, der durch die Interessengegensätze zwischen der Verlegerseite und Leo Kirch begründet war, dem es darum ging, die Macht in dem Zeitungskonzern an sich zu bringen. Dabei liegt eine gewisse Tragik in diesen Vorgängen, weil gerade der Filmgrossist Kirch bei Axel Springer viele Jahre lang eine unerwünschte Person war, worüber im einzelnen noch zu berichten sein wird. Außerdem hatte Kirch SAT 1 in der Gründerzeit auf einen Kurs gedrängt, der im Ergebnis die Fernsehpläne des verstorbenen Verlegers konterkarierte.

Auf dem Weg zum multimedialen Großkonzern operierte Kirch, wie hätte es anders sein können, zunächst wieder im verborgenen. Selbst von der zehnprozentigen Direktbeteiligung am Springer Verlag sollte niemand wissen. Die Fachzeitschrift *neue medien* schrieb im April 1986:

> *neue medien* hatte bereits in der November-Ausgabe 1985 behauptet, daß der Münchner Filmgroßhändler Leo Kirch nach den Springer-Erben und Burda der drittgrößte Aktionär sei. Damals wurde dies in der Münchner Betastraße aufgeregt dementiert. So sprach Kirchs Pressesprecherin Armgard von Burgsdorff gegenüber dem *manager magazin* von »gossip«. An einer Kirch-Beteiligung an Springer sei nichts dran. (*manager magazin* 11/85)
>
> In der Aktionärsliste, die *neue medien* jetzt mit Stand vom 6. Februar veröffentlicht, ist Kirch jedoch über seine Firma Taurus-Film mit fünf Prozent eingetragen. Diese Beteiligung wird von Kirch auf Anfragen von

*neue medien* nun plötzlich nicht mehr bestritten, mit einem weiteren Engagement will er jedoch nichts zu tun haben. Trotzdem bleibt *neue medien* bei seiner Darstellung, daß Kirch in Wirklichkeit mindestens zehn Prozent hält. Denn weitere fünf Prozent laufen – wie in Kirchs verschachteltem Firmenimperium so üblich – über Treuhandverhältnisse [...]

Zu diesem Zeitpunkt bemühte sich Kirch bereits, über Mittelsmänner, Freunde und persönliche Verbindungen an weitere Springer-Aktien heranzukommen. Sein Ziel war eine sogenannte Schachtelbeteiligung in Höhe von mehr als 25 Prozent und die Wahrnehmung entsprechenden Einflusses im Verlag. Der Kampf um die Springer-Macht begann mit der Forderung nach Präsenz im Aufsichtsrat. (Kirch: »Ich bin Unternehmer. Eigentum ohne entsprechenden Einfluß strebe ich nicht an.«) Gleichzeitig verstärkte er die heimlichen Bemühungen um weitere Aktien. Damit setzte er sich skrupellos über den Willen von Axel Springer hinweg. Die Burdas wurden offen angefeindet. (Theye: »Wir haben mit Burdas nichts gemein.«)

»In großem Stil hatten sich mittlerweile Kirch-Anhänger, darunter Privatleute und Kapitalfonds, mit Springer-Aktien eingedeckt. Kirchs Hausbank, die DG Genossenschaftsbank in Frankfurt, hat den späteren Aktienverkauf bereits vereinbart. Abgesichert wurde die Eroberung, wie bei Kirch üblich, über gute persönliche Kontakte. Der Kaufmann und sein Anwalt gewannen das Vertrauen der Verlegerwitwe Friede Springer, die über eine Sperrminorität von 26,1 Prozent am Axel Springer Verlag verfügt. Zugleich wurde das verbliebene Burda-Duo, Franz und Frieder, bei ihr gründlich in Mißkredit gebracht: Die beiden Burdas wollten nur Highlife machen [...]« (*Der Spiegel*, 12. 10. 1987)

Kirch und Theye waren nicht zuletzt wegen der Konflikte bei SAT 1 mit Burda über Kreuz. Das Offenburger Verlagshaus leistete Theyes Bestrebungen, aus dem Sender eine Abspielschiene für Spielfilme und Serien zu machen, entschiedenen Widerstand. Hieraus erklärte sich, warum der Filmgrossist bei seinem Kampf um den Springer Verlag zuerst auf die Familie des verstorbenen Verlegers setzte und sich gegen die Burda-Brüder stellte.

Vor allem Theye übernahm die Aufgabe, für Kirch die unternehmerische Mitbestimmung im Verlagskonzern durchzusetzen. Eine Phase der Unruhe und des Unfriedens im Gesellschafterkreis setzte ein. Als Kandidat Kirchs für den Springer-Aufsichtsrat wurde außer Theye zeitweilig auch der ehemalige Generalintendant des österreichischen Rundfunks, Gerd Bacher, ein Berater und Freund Kirchs, genannt.

In einem *Spiegel*-Interview (12. 10. 1987) antwortete Kirch auf die Frage, wie es mit dem Springer-Engagement weitergehe: »Wenn mir heute etwas passieren würde, würde mein Freund Jochen Theye diese Dinge übernehmen. Dem traue ich einiges zu. Vielleicht weiß er nicht soviel von Programmen wie ich, dafür weiß er anderes sehr viel besser. Und Gerd Bacher ist auch da [...]«

Theye und Bacher im Aufsichtsrat bei Springer – ihre Wirkung wäre mit der einer Neutronenbombe vergleichbar.

Aber die Springer-Erben (Witwe Friede, Tochter Barbara, Sohn Nicolaus Raimund sowie die Enkel Ariane und Axel Sven) sowie Aufsichtsrat und Vorstand orientierten sich am Willen des verstorbenen Verlegers und verweigerten Kirch und Theye trotz Drängens ihre Zustimmung.

Im Interview des *manager magazins* (August 1987) präsentierte sich Kirch als der einzige Anteilseigner bei Springer, der wisse, was für die Zukunft des Verlages richtig sei. Er sagte:

> Es sind erhebliche Kräfte dabei, die verhindern wollen, daß wir vorankommen. Sie wollen mit den Planungen, die ich Ihnen erläutert habe, nichts zu tun haben.
>
> *manager magazin*: Sie meinen den Springer-Aktionär Frieder Burda, der weder an SAT 1 noch an dem Springer-Aktionär Leo Kirch Gefallen findet.
>
> *Kirch*: Es gibt einen Springer-Aktionär, der noch nie gesagt hat, was er mit Springer machen will. Ich habe jedermann erklären können und auch erklärt, was ich zusammen mit Springer vorhabe.
>
> *manager magazin*. Wer hat Ihnen denn zugehört?
>
> *Kirch*: Ich habe mit den Erben Springers ausführlich gesprochen. Sie teilen in diesem Punkt meine Meinung und vertreten dies auch. Ich habe meine Vorstellungen auch Herrn Christians von der Deutschen Bank erläutert, die zwar am Springer Verlag so gut wie nicht beteiligt ist, aber immer noch vier Aufsichtsratsmandate besetzt hält. Und auch er hat mir von keinem anderen Konzept berichten können. Wenn ich mein Ziel erreiche und gemeinsam mit Springer die Zukunft von Springer gestalten kann, dann muß sich natürlich jeder andere Aktionär entscheiden, was er tun will. [...]
>
> *manager magazin*: Ist Ihr Engagement bei Springer ein Alleingang, oder sind Sie nur der Repräsentant einer Gruppe, zu der auch die DG Bank gehört?
>
> *Kirch*: Wenn Sie Jochen Theye und mich als Gruppe bezeichnen, stimmt das. Aber er ist mein Freund. Sonst kann ich mir keine Gruppe vorstellen.

In den Gesprächen, die von der Kirch-Seite mit Friede Springer gesucht wurden, tauchte der Vorschlag einer Pool-Vereinbarung auf. Beide Aktionärsgruppen sollten sich verpflichten, im Aufsichtsrat, in dem dann natürlich Kirch vertreten sein sollte, gemeinsam abzustimmen. Das hätte die Burda-Beteiligung einflußlos gemacht.

Die Fachzeitschrift *neue medien* (1. 7. 1987) schrieb: »Der Rechtsanwalt und Aufsichtsratschef von SAT 1 ist in diesem Frühjahr häufig mit Friede Springer gesichtet worden. Dieser beängstigend perfekt agierende Theye, persönlich ein Law-and-Order-Hardliner, muß es gewesen sein, dem es fast gelungen wäre, die Witwe von der Insel Föhr in die neue Pool-Konstruktion einzubringen. Dazu mußte er sie gegen die Ratschläge des Aufsichtsratsvorsitzenden und Testamentsvollstreckers Bernhard Servatius immunisieren – der alerte hanseatische Spitzenanwalt hatte mit Kirch wenig im Sinn.«

Die Beziehung zwischen den Springer-Erben und Burda hatte sich nicht zum besten entwickelt. Von Anfang an litten die Burda-Söhne unter der Kartellamtsentscheidung, die Axel Springer daran hinderte, ihnen die Verlagsmehrheit oder wenigstens eine Sperrminorität zu übertragen. Die Burda-Seite war zwar im Aufsichtsrat mit zwei Sitzen vertreten und dort auch in keinem Fall überstimmt worden. Aber Frieder Burda klagte: »Wir waren rechtlos, wir waren nicht in der Verwaltungs KG bei der Springer-Holding. Ich saß zwar im Aufsichtsrat, aber die Entscheidungen sind alle in der KG getroffen worden.« (*neue medien*, August 1987)

Nach dem Tod des Verlegers und Senators Franz Burda 1986 einigten sich die drei Söhne auf eine Neuordnung des väterlichen Unternehmens und trennten die verlegerischen Aufgaben von den Firmenbeteiligungen. Dann teilten sie das Erbe untereinander auf: Hubert, der Jüngste, erhielt den Großverlag in Offenburg und München mit den Zeitschriften *Bunte, Bild + Funk* und *Freundin*. Franz und Frieder nahmen die Unternehmensbeteiligung im Druck- und Papierbereich sowie das Springer-Aktienpaket. Durch diese Teilung war das kartellrechtliche Verbot, den Anteil am Springer Verlag zu erhöhen, gegenstandslos geworden. Die Burda-Brüder weiteten die Beteiligung nunmehr über die 25-Prozent-Hürde auf eine Sperrminorität aus.

Jetzt wurde das Gerücht lanciert, die Burda-Brüder wollten ihre Aktien ins Ausland an den australo-amerikanischen Medienzaren Rupert Murdoch verkaufen. Auch bezweifelte das Kirch-Lager offen die Verlegereigenschaften von Franz und Frieder Burda. Sie hätten sich schon immer hauptsächlich mit Technik und Finanzen befaßt, hieß es. »Frau Friede Springer und ihr Berater Ernst Cramer schwankten zwischen der Treue zum Vermächtnis Springers, der die Burdas zur zweiten Kraft im Haus bestimmt hatte, und dem Aufbruch zu neuen Ufern.« (*manager magazin*, Oktober 1988)

Frieder Burda hielt dagegen. Theye habe Frau Springer verunsichert und ihr eingeredet, die Burdas meinten es nicht ehrlich mit ihrer Beteiligung am Verlag. Zu den Gerüchten, er und sein Bruder Franz würden aussteigen und das große Geld kassieren, sagte er in einem *neue medien*-Interview (August 1987): »Man wollte uns in die falsche Ecke stellen. Man hat gesagt, wenn wir mal verkaufen wollen, wüßte man nicht, was passieren würde. Man hat Frau Springer gesagt, daß es besser für sie sei, daß ein neuer Gesellschafter – nämlich Kirch – an ihre Seite tritt und daß beide Parteien dann zusammen 51 Prozent hätten. Dann gebe es überhaupt keine Probleme mit Burda mehr. Die Burdas können machen, was sie wollen. Die können auch mitmachen, wenn sie wollen. Aber Frau Springer ist nicht mehr auf Burda angewiesen.«

An anderer Stelle des Interviews hieß es:

> *Frieder Burda*: [...] Auch Kohl hat sich stark gemacht gegen uns. Für den Bundeskanzler sind wir angeblich Vaterlandsverräter.

*neue medien*: Das lief über Kirch und Bacher.
*Burda*: Wissen wir alles.

Bacher steht nicht nur in Kirchs Diensten, sondern ist auch als Berater von Kohl in Erscheinung getreten.

Kirch strebte derweil nach einer Sperrminorität bei Springer. »In großem Stil hatten sich mittlerweile Kirch-Anhänger, darunter Privatleute und Kapitalfonds, mit Springer-Aktien eingedeckt. Kirchs Hausbank, die DG Bank in Frankfurt, hat den späteren Aktienverkauf an Kirch bereits vereinbart.« (*Der Spiegel*, 12. 10. 1987)

Im Juni 1987 informierte Kirch den Aufsichtsrat des Springer Verlages, daß er weitere Aktien bis zur Höhe einer Sperrminorität zukaufen wolle und könne. Er ließ erkennen, daß er bereits über das Stimmverhalten von weiteren 16,1 Prozent der Aktien disponieren könne. Gekauft hatten diese Aktien offensichtlich Freunde, Treuhänder, Dritte, mit denen Kirch in Verbindung stand. *neue medien* veröffentlichte eine Liste solcher Personen und Gesellschaften.

Die Übertragung der vinkulierten Aktien würde die Zustimmung des Aufsichtsrates voraussetzen, und es war kein Geheimnis, daß Kirch genau dies anstrebte. Auch war bekannt, daß er damit den Anspruch auf unternehmerisches Mitspracherecht verband und mit zwei Sitzen im Aufsichtsrat vertreten sein wollte. In der Öffentlichkeit ließ Kirch jedoch verbreiten, er sei nach wie vor nur mit zehn Prozent am Springer Verlag beteiligt.

Auf einer Sondersitzung des Springer-Aufsichtsrates am 25. Juni 1987 im Frankfurter Hochhaus der Deutschen Bank widersprach Frieder Burda den Forderungen der Kirch-Seite. Der Filmhändler solle erst einmal eine konsolidierte Bilanz seiner Unternehmensgruppe vorlegen, wie es unter ehrbaren Kaufleuten üblich sei. »Wer sich bei Springer einkaufen will und Sitz und Stimme im Aufsichtsrat und in den Gremien haben will, der muß auch zeigen, wer er ist«, sagte er.

Christians schloß sich für die Deutsche Bank dieser Aufforderung an. Obwohl es der Bank nicht recht sein konnte, wenn mit Kirch auch die DG Bank Einfluß auf den Springer Verlag erhalten würde, verhielt sie sich in dem Konflikt zwischen den Gruppen Kirch, Burda und Springer im übrigen weitgehend neutral.

Frieder Burda warf ferner die Frage auf, wer die zirka vierhundert Millionen Mark finanziert habe, die zum Erwerb von Kirchs unmittelbarer und mittelbarer Beteiligung im Umfang von zusammen 26 Prozent erforderlich gewesen seien. Diese Frage zielte auf die DG Bank. Das Spitzeninstitut der genossenschaftlichen Banken hatte beim Erwerb der zehn Prozent Springer-Aktien durch Kirch eine außergewöhnliche Konstruktion geschaffen. Das Aktienpaket befindet sich im Besitz der Taurus Vermögensverwaltungs GmbH, deren Stammkapital zu 99 Prozent von der DG Bank gehalten wird, während über die Aktien ausschließlich Kirch verfügt. Als Geschäftsführer der Gesellschaft fungiert Theye. Sollte diese Konstruktion mit der Verschuldung der Kirch-Gruppe zusammenhängen?

Die Haltung der Deutschen Bank veranlaßte Theye, offen den »Rücktritt Deutscher Bank-Leute« im Springer-Aufsichtsrat zu fordern. Sie sollten für zwei Kirch-Vertreter Platz machen. Der *Spiegel* (12. 10. 1987) fragte Kirch in einem Interview nach der Haltung der Deutschen Bank. Kirch antwortete: »[...] Man muß sich mit vielen Ungereimtheiten des Lebens abfinden. Ich war nach meinem Gespräch mit Herrn Christians der festen Überzeugung, es läuft hundertprozentig. Worauf er jetzt noch wartet, weiß ich nicht, vielleicht auf Burda. Na schön, dann muß ich halt damit leben. Ich werde sicher zum Ziel kommen. Man kann doch als Deutsche Bank das Eigentum nicht verhindern.«

Der Aufsichtsratsvorsitzende Servatius bemühte sich inzwischen um eine Verständigung im Aktionärskreis. Die Gesellschafter Springer und Burda hatten im Einvernehmen mit dem Aufsichtsrat vereinbart, nach der Hauptversammlung am 6. August 1987 in gemeinsamen Gesprächen die Voraussetzungen und Konsequenzen des Kirch-Begehrens zu klären. Doch auch Friede Springer erwartete von Kirch zuerst einmal Auskunft über die wirtschaftlichen Verhältnisse seiner Firmengruppe.

Auf dieser Hauptversammlung hatte Kirch erstmals seinen Einfluß auf Aktionärsebene demonstriert. Als Franz Burda (für den zurückgetretenen Hubert Burda) in den Aufsichtsrat gewählt wurde, erreichten die Gegenstimmen rund 26 Prozent des Aktionärskapitals.

Kirch und Theye traten nun mehr und mehr aus der Reserve und taten ihre Vorstellungen und Ansprüche hinsichtlich des Springer Verlages öffentlich kund. Der Medienmogul demonstrierte in mehreren Interviews, daß er über das nötige Gespür für die Belange des Pressehauses nicht verfügte. Die Kirch-Seite beanspruchte eine unternehmenspolitische Einflußnahme, die den Zielsetzungen des verstorbenen Verlegers widersprach.

In einem Interview, das er im August 1987 dem *manager magazin* gab, plädierte Leo Kirch für die Kombination von Film, Fernsehen und Presse. Das Magazin fragte: »Eine Plattform für den Medienmogul Leo Kirch?« Kirch antwortete: »Nein. Eine Plattform für beide. Auch für Springer. Hier liegt die Zukunft für beide Medien. Es gibt ja Verlage, die sich dieser Zukunft verschließen. Sie handeln aus meiner Sicht nicht unternehmerisch. Ich will die Möglichkeiten des Springer Verlags mit den Möglichkeiten unserer multimedialen Auswertung kombinieren. Gemeinsam werden wir besser sein als alle anderen.« In dem Gespräch schloß Kirch auch eine gegenseitige Beteiligung zwischen seiner Firmengruppe und dem Springer Verlag nicht mehr aus.

Je unverblümter der Filmgrossist in der Öffentlichkeit Stellung bezog, desto deutlicher wurde sein Machtwille, und es schien, als sei auch Selbstüberschätzung mit im Spiel. Kirch war zeitlebens nicht so gesprächig wie 1987, als er sich nahe daran wähnte, im Springer Verlag zumindest mitzubestimmen. Die beiden einzigen Interviews, die er gab – und zwar dem *manager magazin* und dem *Spiegel* – fielen in diese Zeit. Er betonte, daß er sich von niemandem auf seinem Weg zum multimedialen Großkonzern aufhalten lasse. Er setze auf den Medienverbund zwischen Printmedien und Fernsehen. »Ich glaube, ich kann sagen, daß ich für Springer das Know-how einbringe, das diesen Weg zum Erfolg führt.« (*Handelsblatt*, 16. 11. 1987)

Schließlich erhob er den Anspruch, in der Nachfolge Axel Springers dessen verlegerisches und unternehmerisches Werk weiterzuführen. Gegenüber dem *manager magazin* (August 1987) erklärte er, er wolle »gemeinsam mit Springer die Zukunft von Springer gestalten«. Und in dem erwähnten *Spiegel*-Interview (12. 10. 1987) gab er folgende Auskunft:

> *Spiegel*: [. . .] Verstehen Sie sich als Erbe oder Nachlaßverwalter von Axel Springer?
>
> *Kirch*: Ich habe Herrn Springer nicht persönlich gekannt.
>
> *Spiegel*: Man kann ja auch jemand gewissermaßen im Geiste nachfolgen.

*Kirch*: Ja, ich möchte das Unternehmen, wenn ich Einfluß bekomme, gemeinsam mit Frau Springer im Sinne von Axel Springer weiterführen.

Diese Erklärungen riefen nicht nur in der Branche Verwunderung hervor. Wer das Haus Springer kennt, wußte, daß sie Friede Springer und ihre Vertrauten verschrecken und abstoßen mußten. Am 26. November 1987 trafen Friede Springer und die anderen Erben nochmals mit Kirch und Theye zusammen. Als diese wiederum ablehnten, den Schleier des Geheimnisses über dem verschachtelten Filmimperium und dessen Bilanzen zu lüften, schwand der letzte Rest an Einvernehmen dahin. Der Kontakt mit München brach erst einmal ab.

# 6. Wie Theye Programm und Geschäfte bei SAT 1 auf Kirch-Kurs brachte

Leo Kirch und Axel Springer werden – oberflächlich betrachtet – gleichmaßen dem konservativen Lager zugeordnet. Aber tatsächlich liegen Welten zwischen dem politischen Wirken des verstorbenen Verlegers und den Vorstellungen des Filmgrossisten.

In seinem *Spiegel*-Interview vom 12. Oktober 1987 meinte Kirch: »An Springer beteilige ich mich neben den wirtschaftlichen Erwägungen wegen des Medienverbundes und weil ich den Verlag in der deutschen Presselandschaft an seinem jetzigen politischen Standort erhalten wissen möchte.« Was immer er damit gemeint haben mag, über seinen eigenen politischen Standort ist nur bekannt, daß er intensiv die persönlichen Verbindungen zu führenden Politikern von CSU und CDU pflegt. Aber es sind keine bestimmten Bekenntnisse, kein Eintreten für ganz konkrete Anliegen öffentlich bekannt. Das paßt auch nicht zu einem Unternehmer, der mehr aus dem Verborgenen heraus seine Geschäfte betreibt.

Bei Springer war das völlig anders. Er handelte zeitlebens in aller Öffentlichkeit und verstand sich zuerst als Journalist und erst in zweiter Linie als Unternehmer. Was er zu sagen hatte, vertrat er in seinen Zeitungen oder auch in Reden und zog deshalb auch viel Kritik auf sich. Sein Eintreten für die Menschenrechte war ebenso bedingungslos wie die Forderung nach dem Selbstbestimmungsrecht für alle Deutschen – auch für die in der DDR – und sein

Engagement für die deutsch-jüdische Aussöhnung. Zur Frage seines politischen Standortes sagte Springer in einer grundsätzlichen Rede am 26. Oktober 1967 vor dem Übersee Club in Hamburg: »Dieses Haus, das meinen Namen trägt, steht weder links noch rechts.« Die durchgehende Linie in seinen Zeitungen und Zeitschriften war antikommunistisch. Axel Springer bekämpfte jenes real existierende System, das inzwischen in Moskau selbst mehr als nur in Frage gestellt wird. Sicher war er ein Wertkonservativer, dem es darauf ankam, »daß der Erhaltung des Wohlstandes und der bürgerlichen Freiheiten gedient wird und daß vom Bestehenden ausgehend alle friedlichen Wege verfolgt werden, die der Einheit Deutschlands dienen können« (so ebenfalls vor dem Übersee Club). Und in derselben Rede räumte er auch ganz allgemein ein: »Gewiß muß ich, wie jeder Verleger, den Einwand gelten lassen, daß Zeitungen zuweilen sündigen, Fehler machen. Aber das ist, bei uns wenigstens, stets nur eine Folge journalistischen Übereifers, aber auf keinen Fall politischen Ehrgeizes oder gar politischer Routine.«

Alles, was Axel Springer politisch vertrat, bekundete er – anders als Leo Kirch – öffentlich. Er selbst setzte sich für seine Anliegen ein, und jedermann wußte, woran er mit Springer war. Kirch wiederum, der »seine Geschäfte gern weitab von der Öffentlichkeit tätigt« (*Wirtschaftswoche*, 17. 7. 1987), setzt sich mit seinen Gegnern gern gerichtlich auseinander. Er ist wohl konservativ in dem Sinne, daß er die ihm genehmen Machtverhältnisse und die Verbindung von Geschäft und Politik erhalten sehen möchte.

Bei der SAT-1-Entwicklung wurden die Unterschiede auch in der Programmfrage deutlich. Während Springer und die anderen Verleger insgesamt ein publizistisch vorzeigbares Programm anstrebten, ging es der PKS/Kirch-Seite um die kommerziell optimale Auswertung der in München eingelagerten Filmware. Begründet wurde die seichte Welle mit der Behauptung, daß das Fernsehpublikum überall und jederzeit Unterhaltung erwarte, Spielfilme und Serien ganz allgemein die beste Art der Unterhaltung darstellten und so die größten Reichweiten zu erzielen seien. Dabei erreichen die Nachrichtenprogramme von ARD und ZDF und überhaupt Aktualität (nicht die einseitigen, drögen Magazin-Sendungen) auch in den Gebieten, wo die privaten Sender empfangen werden können, durchschnittliche Einschaltquoten von fünfzehn bis zwanzig Prozent. Die anfänglich befürchteten Verluste bei der Sehbeteiligung blieben aus.

Aber für die Kirch-Gruppe sind Programme mit möglichst vielen Spielfilmen und Serien und deren Wiederholung gut für das eigene Geschäft. Das setzt allerdings ein Fernsehpublikum voraus, das sich problemlos von den Fragen des Alltags und der Zeit ablenken und mittels einfachsten Amüsements ruhigstellen läßt. Ihm muß suggeriert werden, daß die Welt »draußen« im großen und ganzen in Ordnung ist und Regierende wie Kohl schon alles richten werden. Und sollten dafür nicht ein paar zwischen den einzelnen Unterhaltungssendungen eingestreute Schlagzeilen-Nachrichten gerade ausreichend und richtig sein? Umfangreiche, objektive Nachrichtensendungen würden dagegen nur die individuellen Wertvorstellungen der Zuschauer aktivieren und vielleicht sogar ihre politische Mündigkeit fördern.

Entgegen dieser Auffassung dürfte beim Publikum auf Dauer allerdings nur ein Programm erfolgreich sein, das sich durch ein interessantes, unverwechselbares Profil auszeichnet. Denn die triviale Filmware ist im vermehrten Fernsehangebot inzwischen fast überall zu finden. Sie allein bindet keine Zuschauer an ein bestimmtes Programm.

Für Kirch waren die Verleger, die sich im Privatfernsehen betätigen wollten, potentielle Geschäftspartner, die sich am besten nicht um Programminhalte, sondern um die Finanzierung kümmern und in ihren Zeitungen Reklame für SAT 1 machen sollten. Kirch: »In dem Augenblick, in dem Fernsehen anders betrieben wird als bisher, ist dafür ein Instrument notwendig, um diese Entwicklung zu beschleunigen – und das kann nur die Presse sein. Ich dagegen habe eine Ware, die ich verkaufen möchte, und diese Ware kann ich in der Tat nur an prosperierende TV-Anstalten verkaufen.« (*manager magazin*, August 1987)

Die Vorherrschaft der PKS/Kirch-Seite bei SAT 1 wurde von langer Hand vorbereitet. In drei Jahren schaffte es Kirchs Mann, der »bissige, bisweilen rabiat agierende Anwalt« Theye (*manager magazin*), die Machtverhältnisse bei dem Sendeunternehmen so zu verschieben, daß die Verlage mehr und mehr in eine für sie »ärgerliche« Situation gerieten und schließlich die selbstherrliche Vorgehensweise von Theye nicht verhindern konnten. *Der Spiegel* schrieb am 12. Oktober 1987: »Theye wirkt als Aufsichtsratsvorsitzender mitten in der Manege. Er führt de facto die Geschäfte, stellt Mitarbeiter ein und wirft sie auch wieder raus.« An Konflikten und aggressiven Auftritten im SAT-1-Konsortium hatte es nicht gefehlt. Ein paar Theye-Zitate aus den Konferenzen: »Sie verstehen ja nicht mal, was Sie selbst sagen!« Oder: »Schluß mit dem Blödsinn!« Und: »Sie haben doch keine Ahnung!«

»Den Dialog mit Burdas Medien-Mann Klaus Peter Lorenz erklärte er für beendet [...] Den *FAZ*-Vertreter Dietrich Ratzke fuhr er an: ›Sie sind doch nie da, Sie können gehen!‹ Und die Hamburger APF hält der programmunkundige Versicherungsrechtler sicherlich auch heute noch für ein kleines ZDF, da kann man jede Menge Leute rauswerfen.« (*neue medien*, Februar 1987)

Die Mitglieder des SAT-1-Konsortiums hatten unter großem Zeitdruck den Sendestart des gemeinsamen Programms am 1. Januar 1985 geschafft. Aus der losen Arbeitsgemeinschaft sollte jetzt ein schlagkräftiges, zentral organisiertes Fernsehunternehmen geformt werden. Die Verhandlungen über die neuen SAT-1-Beteiligungsverhältnisse und die Ausgestaltung der Gesellschaftsverträge zogen sich parallel zum laufenden Programmbetrieb bis Ende 1986 hin. Fast in jeder Sitzung verlangte Theye eine Reduzierung des »Blick«-Nachrichtenteils und statt dessen die Berücksichtigung von mehr Spielfilmen und Serien. Ich hatte den Eindruck, daß ihm Fernsehen ein Buch mit sieben Siegeln war. Wußte er wirklich nicht, daß überall auf der Welt, wo Fernsehprogramme erfolgreich betrieben werden, das Profil und Erscheinungsbild eines Senders von dessen Nachrichtenteil geprägt wird?

Die wiederholten Bemühungen der an SAT 1 beteiligten Verlage, mit der PKS/Kirch-Seite zu einem fairen Interessenausgleich zu gelangen, scheiterten an Theye. In zahlreichen Auseinandersetzungen praktizierte er die Methode, SAT-1-Partner auszumanövrieren, bis es schließlich gelungen war, den Sender so auszugestalten und zu organisieren, daß der PKS/Kirch-Gesellschafter seine Interessen durchdrücken konnte.

Parallel zu den SAT-1-Verhandlungen bemühten sich Kirch, Theye und die DG Bank insgeheim, den Zehn-Prozent-Anteil des Filmgrossisten bei Springer auszuweiten mit dem Ziel, Einfluß auf den Verlag zu nehmen. Wäre das gelungen, hätte Kirch das Verhalten des Verlages bei SAT 1 steuern können. Aber auch die zehnprozentige Beteiligung, über die er seit Mitte 1985 unmittelbar verfügte, reichte aus, um in der SAT-1-Entstehungsphase auf die Springer-Seite in seinem Sinn einzuwirken.

Kirchs Mann Theye selbst eröffnete mir am 19. Juni 1985 und erneut am 22. Mai 1986 unter vier Augen in der Kanzlei Büsing, Müffelmann & Theye in Bremen, daß ihm der Springer Verlag als fester Partner wichtig sei. Das Unternehmen sei finanzstark und verfüge über die *Bild*-Zeitung, beides unverzichtbare Voraussetzungen für die Durchsetzung des Privatfernsehens.

Dort, in der Marktstraße 3 mit Blick auf den romanischen Dom und die Renaissancefassade des Rathauses, empfing mich Theye mit einem strahlenden Lächeln, das seine Vorbehalte verdecken sollte. Der gediegene Schreibtisch in dem kleinen Zimmer am Flurende steht schräg zum Fenster. Wir saßen in schwarzen Ledersesseln und tranken Tee. Das Gespräch drehte sich um SAT 1. Theye sagte, er traue den Burdas nicht über den Weg und daß es ihm am liebsten wäre, wenn dieser Verlag bei SAT 1 ausscheiden würde. Mir fiel auf, wie intensiv sich Theye für Interna des Springer Verlages interessierte, dessen vorsichtigen Kurs beim Privatfernsehen er sowenig verstand wie die Entscheidungswege des Hauses. Ich sagte, daß Axel Springer ein Zeitungsverleger sei, der wisse, daß zwei Drittel der Kosten seiner Blätter durch das Anzeigengeschäft aufgebracht würden. Springer befürchte hier Verschiebungen, wenn neue Fernsehprogramme aus den gleichen Werbe-Etats gespeist würden. Deshalb betreibe er das Fernsehengagement des Verlages mit Vorsicht.

Auch bei einem Treffen mit dem DG-Bank-Chef Guthardt am 15. August 1986 im Hochhaus am Platz der Republik in Frankfurt, bei dem das SAT-1-Thema im Mittelpunkt stand, fiel der Name Springer. Bei der Bank sei man zu der Einschätzung gekommen, daß insbesondere von seiten der Verlage

Burda und Bauer bei den SAT-1-Verhandlungen Obstruktion betrieben werde, sagte Guthardt. Er äußerte die Befürchtung, daß im Falle eines Bruchs mit Burda der Springer Verlag über den Aufsichtsrat, in dem zwei der Burda-Brüder saßen, hinsichtlich der SAT-1-Aktivität gelähmt werden könnte.

Um in der Frage der Mehrheitsverhältnisse sicherzugehen, suchte sich Theye einen anderen Verbündeten und fand ihn in der Produktionsgesellschaft AV Euromedia (achtzig Prozent Holtzbrinck und zwanzig Prozent AV-Euromedia-Geschäftsführer Diether Stolze). AV Euromedia war im SAT-1-Konsortium an die Stelle des Holtzbrinck Verlages getreten und erhielt an der neuen SAT-1-Gesellschaft einen Anteil von fünfzehn Prozent. In SAT-1-Kreisen ist es kein Geheimnis, daß zwischen PKS und AV Euromedia wohl Absprachen und Bindungen bestehen. Nachdem AV Euromedia innerhalb des SAT-1-Konsortiums an die Stelle von Holtzbrinck getreten war, waren die Beteiligungswünsche dieses Gesellschafters hochgeschnellt. Immer wieder gerieten die Verhandlungen ins Stocken, weil Theye für die PKS darauf bestand, zusammen mit AV Euromedia eine Mehrheit erreichen zu können.

Theye ging es um eine Position, die es ihm ermöglichen würde, Personal, Geschäfte und Programm des Senders maßgeblich zu bestimmen. »Störfaktor Nr. 1 im SAT-1-Konsortium ist von Anfang an Hauptgesellschafter PKS, offiziell ein Unternehmen der DG Bank, de facto eine Veranstaltung des Münchner Filmhändlers Leo Kirch, der in der Doppelrolle des Gesellschafters und Verkäufers auftritt: Je mehr Ware aus seinem unermeßlichen Film- und Serien-Reservoir Kirch in das SAT-1-Programm drücken kann, desto besser für ihn; die anderen Gesellschafter sind anteilig zahlungspflichtig«, war am 2. Oktober 1986 im *kress report* zu lesen.

Durch die Intrigen, Konflikte und Machtkämpfe zermürbt, schieden die Verlage Bauer, Burda, *Frankfurter Allgemeine Zeitung* sowie die Kabel-Media-Programmgesellschaft aus. Sie waren zu der Überzeugung gelangt, daß es nicht möglich sei, ein attraktives Programm für die Zuschauer unter Bedingungen zu gestalten, die für die Verlage wirtschaftlich vertretbar wären. Der Verlag der *Frankfurter Allgemeinen Zeitung* brachte es mit einer deutlichen Spitze gegen Theye auf den Punkt: »Die Lösung einer derart komplexen Aufgabe« sei »nur in fairem Miteinander und unter Wahrung der üblichen Umgangsformen möglich und erträglich«.

Aber Theye hatte die Weichen in seinem Sinn gestellt. »AV-Euromedia-Macher und -Mitgesellschafter Diether Stolze, vormals Regierungssprecher, segelt in den Verhandlungen erfolgreich im Windschatten der PKS. Theye lobt die Partnerschaft: ›Stolze weiß, worauf es ankommt.‹ Die PKS-Gegner zählen PKS (SAT-1-Anteil 40 Prozent) und AV Euromedia denn auch immer zusammen. Nach dieser Rechnung herrscht im Aufsichtsrat [...] ein Patt: vier gegen vier.« (*manager magazin*, Mai 1987)

Die Methode des Ausmanövrierens gehörte in der SAT-1-Gründerzeit zu Theyes Praxis wie das Amen in der Kirche. Beispielsweise kam es ihm nach der Unterzeichnung der neuen SAT-1-Verträge am 16. Oktober 1986 darauf an, wichtige Fragen des Senders und des laufenden Fernsehbetriebes in seinem Sinne zu präjudizieren. Zur Entscheidung stand insbesondere an, wie das Programm und der Etat für 1987 aussehen sollten. Über die Besetzung des SAT-1-Aufsichtsrates, der sich Mitte November konstituieren sollte, wurde hinter den Kulissen gesprochen, vor allem zwischen Theye und dem APF-Aufsichtsratsvorsitzenden Eberhard Ebner. Theye sah sich bereits als Vorsitzender des SAT-1-Aufsichtsrates.

Gegenüber Ebner äußerte er seine Erwartung, daß beim »Blick«-Nachrichtensender Armin Halle und ich abträten. Ich leitete damals den Produktionsbetrieb in Hamburg, das zentrale Studio bei SAT 1.

Gleich nach dem Abschluß der Verträge hatte Jürgen Doetz, Geschäftsführer der Mainzer SAT-1-Betriebsgesellschaft, deren Anteile bis dahin zu hundert Prozent von der PKS gehalten wurden, ein Programmschema und einen Haushaltsplan für 1987 verschickt. Ich erkannte darin die Handschrift Theyes. Der Etat war ohne jede vorherige Abstimmung mit dem Hamburger Betrieb erstellt worden.

Ich nahm daraufhin Verbindung mit dem Springer Verlag auf, der zu 35 Prozent an der APF beteiligt ist. Wir hatten den Nachrichtensender aufgebaut, in dem die aktuellen Tagesprogramme entstanden. Wir setzten uns in einer fachkundigen Runde zusammen und analysierten die Vorlagen aus Mainz. Der Nachrichtenbetrieb war darin zugunsten des Spielfilm- und Serien-Programms vernachlässigt worden. Auch sollten offensichtlich die geplanten Magazine nicht im Hamburger Betrieb hergestellt, sondern – auch wenn dies aufwendiger wäre – an die AV Euromedia von Diether Stolze vergeben werden. Einige Positionen gingen von überhöhten Ansätzen aus, und auf Einzelnachweise wurde verzichtet.

Ich sprach mit Doetz über die Mängel des Etatentwurfes und schickte ihm Unterlagen für den Studio- und Produktionsbetrieb in Hamburg. Doetz lud daraufhin zu einer Fachbesprechung ein und nannte als Termin hierfür den 29. Oktober 1986. Am 28. Oktober rief mich Theye gegen elf Uhr in meinem Büro im SAT-1-»Blick«-Sender an und sagte in ruhigem, kaltem Ton: »Ich habe die Besprechung morgen an mich gezogen. Sie sind nicht im Aufsichtsrat und werden es auch nicht sein! Ich möchte Sie nicht dabeihaben.« Ende des Telefonats.

Jetzt hatte Theye das Sagen. Er lud nur zwei Personen zu der Sitzung nach Mainz ein: Ebner und Stolze. Der Vorstandschef des Springer Verlages, Peter Tamm, war weder eingeladen, noch wußte er von dem Termin. In Mainz ließ Theye dann Doetz und – im Rollstuhl – den kranken Peter Gerlach antreten und die vorliegenden Programm- und Etatentwürfe erläutern. Wieder einmal schuf er auf diese Weise vollendete Tatsachen: Nach der Besprechung wurde Journalisten die Information zugespielt, daß nunmehr Programm und Etat von der Mehrheit der SAT-1-Gesellschafter gebilligt worden seien. Informant war Diether Stolze.

Ebner sagte mir, er sei nach Mainz gefahren, weil er sich von Theye zu einer ganz anderen Themenstellung eingeladen fühlte. Er habe auch den Vorlagen nicht uneingeschränkt zugestimmt. Das war allerdings auch nicht nötig. Denn PKS und Stolzes AV Euromedia verfügten zusammen über die Mehrheit der SAT-1-Gesellschaftsanteile (insgesamt über 55 Prozent).

Um nach diesem Coup den Springer Verlag wieder zu beruhigen und in die weitere Entwicklung einzubinden, schrieb Theye einen Brief an Tamm, in dem er über die Besprechung vom 29. Oktober informierte. Sie sei notwendig gewesen, weil der voraussichtliche Termin der ersten SAT-1-Aufsichtsratssitzung in der zweiten Novemberhälfte – für die zur Realisierung eines neuen Programmschemas zum 1. Januar 1987 notwendige Beschlußfassung – zu spät angesetzt sei. Tamm akzeptierte Theyes Vorgehen jedoch nicht und bestand auf einer neuen Beratungsrunde.

Tamm lag im Grunde viel an einer fairen partnerschaftlichen Zusammenarbeit mit PKS/Kirch. Für die Veranstaltung eines Fernsehvollprogramms wie SAT 1 versprach er sich vom Zusammengehen mit der Kirch-Gruppe günstige Voraussetzungen: vorteilhafte Auswahlmöglichkeiten und Lieferbedingungen für die wichtige Programmware Spielfilm und Serien. Doch Theye hielt wenig von Interessenausgleich und versuchte immer wieder, die Position von PKS/Kirch zu Lasten anderer durchzudrücken. Obwohl sich beide per du anreden, ist seit Kirchs und Theyes »Putschversuch« gegen Springer ihre Zusammenarbeit im SAT-1-Aufsichtsrat gestört.

Ich habe Tamm während meiner langjährigen Tätigkeit im Springer Verlag und für SAT 1 gut kennengelernt. Schon äußerlich, aber auch hinsichtlich seiner Mentalität unterscheidet sich Tamm grundlegend von Theye. Der zwölf Jahre ältere Tamm, von bulliger Gestalt – mit einem Faible für seemannsblaue Zweireiher –, gibt sich sachlich und zurückhaltend. Seit 1968 steht er an der Spitze des Springer Verlages und führt dort die Geschäfte kämpferisch, aber geradlinig. Wenn er früher in unvermeidliche Konfliktsituationen mit Axel Springer geriet, kam es dennoch jedesmal wieder zu einem neuen Anfang, weil der Verleger in ihm den Garanten für die Kontinuität der Unternehmensführung sah. Die *Frankfurter Allgemeine Zeitung* schrieb am 22. April 1988 über Tamm, ihm müsse »ein enormes Maß an Geschick, Durchsetzungsvermögen und auch Standfestigkeit mit einem ausgeprägten Gespür für Macht« zugesprochen werden. »Dabei kann der Manager auch in der Sache auf eine positive Entwicklung des Konzerns verweisen. Trotz noch vorhandener Schwachpunkte wächst der Medienkonzern kontinuierlich [...] 1986 war der Umsatz auf 2,7 Milliarden Mark und der Überschuß auf 94 Millionen Mark gestiegen.« Auch 1987 und 88 wurden beste Ergebnisse erzielt. Bei einer Umsatzentwicklung von rund drei Milliarden Mark lag der Jahresüberschuß bei hundert Millionen Mark.

Der Verlag zahlt deshalb auch ohne weiteres 24 Prozent Dividende – zwölf Mark pro Fünfzig-Mark-Aktie. »Dabei, versichern Kenner, enthalte die Springer-Dividende ›bislang nicht mal die Hälfte der erzielten Gewinne‹. Der Rest wandert in Rücklagen und Investitionen.« (*Der Spiegel*, 20. 3. 1989)

Über Theye schrieb das *manager magazin* (Februar 1989): »Als Consigliere steckt er hinter dem Comeback von Hans Gerling und der Medienstrategie von Leo Kirch.« Seit 1974 ist er als Anwalt und Berater für beide Unternehmen tätig. Theye, eine hagere und eher schlaksige Erscheinung, wirkt oft entweder zu jovial oder zu kaltschnäuzig. Ein Hang zur Übertreibung scheint ihm anzuhaften. Und er mag es nicht, wenn über ihn geschrieben wird. Aber da er als Aufsichtsratsvorsitzender eines Fernsehsenders fungiert und tief in den Übernahmeversuch bei Springer verstrickt ist, richtet sich die Aufmerksamkeit der Öffentlichkeit auf ihn. Schwächen treten hervor: eine unbändige Neigung zur Macht und zur Schärfe, ausgeprägte Ungeduld und infolge dieser beiden Charakterzüge strategische Fehleinschätzungen.

Bei den SAT-1-Verhandlungen zog es Theye häufig vor, das eine zu sagen, das andere zu meinen und blitzschnell vollendete Tatsachen zu schaffen. Er erwies sich als ein »Partner«, der nicht nachgeben wollte und seine Ziele gegebenenfalls auch außerhalb der Verhandlungen weiterverfolgte. So beanspruchte er für die PKS das ausschließliche Zulieferungsrecht für Spielfilme. Die Großverlage im SAT-1-Konsortium lehnten das ebenso entschieden ab. Seit er als Aufsichtsratsvorsitzender des Senders fungiert, nutzt er die Macht des Faktischen, um den Einkauf bei PKS/Kirch doch noch möglichst exklusiv sicherzustellen.

*neue medien* bezeichnete Theye im Februar 1987 als »einen der mächtigsten Anwälte der Bundesrepublik«. Im übrigen verbreite er gelegentlich »die Jovialität eines erfolgreichen Putschisten«. Er sei »kaltschnäuzig ohne Grund, machtgierig statt machtbewußt (was anginge). Ein Mann ohne soziales Gewissen. Ein radikaler Kleinbürger im Oberhaus der Macht.«

Im folgenden werden die wichtigsten Stationen in dem jahrelangen Machtkampf um SAT 1 – nach dem erfolgreichen Sendestart des Programms am 1. Januar 1985 – anhand von persönlichen Aufzeichnungen dokumentiert:

30. Januar 1985: Der *Funkreport* veröffentlicht die Ergebnisse einer vergleichenden Untersuchung des Kölner Instituts für empirische Medienforschung über die Nachrichtensendungen von ARD, ZDF und SAT 1 in der Woche vom 7. bis 13. Januar. Darin heißt es: »Das Bemühen um Popularisierung der Nachrichtenvermittlung zum Zwecke besserer Verständlichkeit z. B. der häufig kritisierten abstrakten Sprache, durchsetzt mit zahlreichen weithin unbekannten Kürzeln und Begriffen, ist bei ›Blick‹ eine sicherlich begrüßenswerte Neuerung [...]«

8. Februar 1985: Nach einem ganztägigen Besuch bei »Blick« schreibt Franz Barsig, ehemaliger SFB-Intendant, im Bonner *General-Anzeiger*: »Was Zuschauer und professionelle Kritiker meinen, kann auseinanderklaffen. Einhellig waren die Kritiker kurz nach dem Start (von SAT 1) der Meinung, daß bei ›Blick‹ Profis arbeiten, die nicht einfach ›Tagesschau‹ oder ›heute‹ kopieren.«

14. Februar 1985: Das SAT-1-Konsortium tagt bei Burda in München. Obwohl die Bilanz der ersten Wochen sich sehen lassen kann, kritisiert Kirchs Mann Theye die Programmbeiträge der Verlage. Wieder hat er das Hohe Lied der Spielfilme und Serien gesungen.

1. März 1985: Helmut Guthardt, DG-Bank-Chef und PKS-Finanzier, erklärt in einem Interview mit *neue medien* offen, worauf Theye hinauswill: »Ohne Herrn Kirch wäre die PKS nicht möglich gewesen [...] Er hat uns den Start erleichtert, aber nicht im Sinne eines unternehmerischen Engagements, sondern einfach auf Grund schuldrechtlicher Vereinbarungen. Natürlich hat Herr Kirch ein völlig verständliches Interesse am Zustandekommen der SAT-1-Gesellschaft: Er will Filme verkaufen.«

6. März 1985: Das SAT-1-Konsortium tagt erstmalig in der Mainzer Hegelstraße, dem Sitz der SAT-1-Betriebsgesellschaft. Das imponierende Gebäude liegt außerhalb der Stadt gegenüber dem ZDF-Lerchenberg. Die Ausstattung der großzügig angelegten Räume ist erster Klasse, kein Vergleich mit der bescheidenen Einrichtung im Hamburger »Blick«-Betrieb. Von Sparen keine Spur.

Erste Ergebnisse einer telefonischen Infratest-Befragung liegen vor. Insgesamt 3500 Personen sind zwischen dem 30. Januar und 12. Februar erfaßt worden. Dabei hat sich herausgestellt, daß die Einschaltquoten zwischen den Spielfilmen und den »Blick«-Sendungen relativ gering sind. Die Filme *und* die Nachrichten prägten beim Zuschauer das Bild des SAT-1-Programms. 75 Prozent der Befragten hatten »Blick« mehrfach gesehen, und achtzig Prozent dieser Zuschauer haben die Nachrichtensendungen als »sehr gut« bis »gut« bewertet, weil sie

»lockerer«, »legerer«, »informativer« und »nicht so steif« seien wie die Nachrichten bei ARD und ZDF.

4. April 1985: Axel Springer hatte sich für heute nachmittag zu einem Besuch bei der »Blick«-Redaktion angekündigt. Er wollte den Sender und das Pressefernsehen besichtigen. Aber der Termin mußte kurzfristig abgesagt werden. Springer ging es gesundheitlich nicht gut.

10. April 1985: Am hundertsten Tag nach dem SAT-1-Start ist die bauliche Erweiterung des »Blick«-Studios jetzt abgeschlossen. Die »Spielfläche« ist nun 316 Quadratmeter groß. Das reicht für kleinere Produktionen, für Showauftritte und anderes.

17. April 1985: Das SAT-1-Konsortium tagt wieder bei Burda in München. Theye fordert eine völlig neue Programmstruktur bis zum Herbst des Jahres und – so schnell wie möglich – die Umgestaltung von SAT 1 zu einem zentralen Sender mit einer starken Geschäftsführung. Die zehn Gesellschafter sollen auf ihre eigene Programmverantwortung verzichten. Er bekundet, er denke nicht daran, die Kooperation mit den Verlagen über 1986 hinaus fortzusetzen, wenn es nicht zu einer Neukonstruktion des SAT-1-Senders komme. Soll das ein Ultimatum sein?

Daß die »Blick«-Nachrichten in der Öffentlichkeit Aufmerksamkeit erzielen, stört Theye offenbar. Er besteht darauf, daß zur besten Sendezeit Spielfilme und Serien ins Programm gehören. Darüber kommt es zum Streit. Theye droht gegenüber den Verlagen, daß die PKS gegebenenfalls auch allein in der Lage sei, ein Vollprogramm zu verbreiten. Er verweist auf seine guten Verbindungen zu maßgeblichen Politikern von CSU und CDU. Die PKS habe dort einen besseren Stand als die Verlage.

30. April 1985: Im SAT-1-Konsortium herrscht weiterhin Streit. Die unterschiedlichen Interessen blokkieren den normalen Geschäftsgang. Theye setzt alles daran, seine Linie um jeden Preis durchzudrükken. Doetz, der die SAT-1-Betriebsgesellschaft leitet und damit für die gemeinsamen Angelegenheiten aller Gesellschafter zuständig ist, arbeitet eng mit Theye zusammen.

14. Mai 1985: Das SAT-1-Konsortium, das in Mainz tagt, verabschiedet mit allen Stimmen die ausgehandelten Verträge. Sie sollen im Laufe des Sommers unterzeichnet und notariell beglaubigt werden.

10. Juni 1985: Die Zeitungsverleger der APF treffen sich im großen Saal der »Patriotischen Gesellschaft« an der Heiligengeistbrücke in Hamburg zur ersten ordentlichen Gesellschafterversammlung. Einvernehmen besteht in der Einschätzung, daß die Verlage mit der Aktualität bei SAT 1 die interessanteste Marktnische des Privatfernsehens besetzt hätten. Der Aufsichtsratsvorsitzende Ebner meint, die bisherige Entwicklung gebe zu Optimismus Anlaß: »Blick« sei auf dem SAT-1-Kanal der am meisten beachtete Programmteil, der vom Start weg gute Einschaltquoten erziele und überproportional Werbe-Einschaltungen auf sich ziehe. Andererseits bestünden gewichtige Risiken. Sie beträfen die künftige Wettbewerbssituation im Markt und die Zusammenarbeit im SAT-1-Konsortium, wo Fragen einer Änderung des Programmschemas und der Organisationsfragen anstünden.

30. Juni 1985: Die Zeitschrift *Media Perspektiven* veröffentlicht die Ergebnisse einer zweiten vergleichenden Untersuchung über das Nachrichtenangebot von SAT 1, RTL plus, ARD und ZDF, die das

Kölner Institut für empirische Medienforschung in der Beobachtungswoche vom 11. bis 17. Februar durchgeführt hat. Das Fazit: »Ein Gegengewicht zur Herstellung von politischer Öffentlichkeit in den öffentlich-rechtlichen Anstalten haben die kommerziellen Sender durch ihre teilweise am Boulevardzeitungsstil orientierte aktuelle Berichterstattung mit erkennbarer Tendenz zur Entpolitisierung im Grunde schon geschaffen. Es sind überwiegend ›soft news‹, die statt der harten politischen Kontroverse den Strom meist singulärer Fakten bevorzugen und damit wohl den Harmoniebedürfnissen breiter Publikumsschichten entgegenkommen [...] Unter den Hauptnachrichten hat die News-Show von RTL plus mit Abstand vor ›Blick‹ und noch deutlicher im Vergleich zu ARD und ZDF den geringsten Anteil an politischer Berichterstattung [...]« »Blick« hat also das Feld zwischen RTL plus und ARD besetzt.

1. Juli 1985: In einem *neue medien*-Interview unterstreicht der italienische Fernsehzar Silvio Berlusconi die Bedeutung der Nachrichtensendungen für den Erfolg eines Fernsehprogramms: »Die Hauptnachrichten sind die Gewohnheitssendung Nummer eins. Sie strukturiert den gesamten Tag, ist zu einem Fixpunkt im Ablauf des Tages geworden, an den sich die Leute gewöhnt haben wie an die Zeitung am Morgen. Unvorstellbar, daß ein Sender darauf verzichten will. Ein Fernsehen ohne Nachrichten ist nur die Hälfte wert. Sie bilden den direkten Draht zu den Menschen. Darüber hinaus sind sie sehr wichtig für die Werbung. Am meisten verdient man mit den Nachrichten, weil dort die meisten Zuschauer sind.« Wenn Theye auch soviel vom Fernsehen verstehen würde, gäbe es keinen Streit bei SAT 1!

17. Juli 1985: Wieder kommt es in der SAT-1-Konsortiumssitzung in Mainz wegen Theyes Forderung nach Programmänderungen zum Streit. Für den Fall, daß SAT 1 in eine zentral organisierte Sendegesellschaft umgewandelt werden soll, verlange ich für die »Blick«-Nachrichtensendungen einen Sonderstatus. Mir geht es darum, die PKS/Kirch-Bestrebungen nach Reduzierung des Pressefernsehens bei gleichzeitiger Ausweitung des Film-Serien-Programms abzuwehren. Theye hält mein Ansinnen »für verrückt«.

27. August 1985: In der Lüneburger Heide, auf Hof Sudermühlen, finden die ersten Gespräche der SAT-1-Gesellschafter über eine Neukonstruktion des Senders statt. Theye verlangt, daß SAT 1 in eine zentral gesteuerte Fernsehgesellschaft mit Geschäftsführung und Aufsichtsrat umgewandelt wird. Der »Blick«-Betrieb soll voll integriert und nach Mainz verlegt werden. Mit dem letzten Punkt hat Theye erneut bewiesen, daß er vom Fernsehen wenig versteht. Vor allem in zwei Fragen gibt es zwischen der PKS und den Verlagen grundlegende Differenzen. Theye beansprucht für die PKS die Mehrheit der Anteile, die Verlage lehnen dies ab. Ferner meint er, daß künftig nur die PKS Spielfilme und Serien zuliefern soll; aber die Verlage lehnen auch das ab.

20. September 1985: Das SAT-1-Konsortium tagt in Mainz. Doetz berichtet über den Stand der Werbeakquisition. Dabei stellt sich heraus, daß ein Verkaufskonzept fehlt. Man lebt von der Hand in den Mund. Die Verlage vertreten die Auffassung, daß der Verkaufsapparat mangelhaft sei, und zählen Negativbeispiele auf. Theye und Doetz sehen das anders und sprechen von Behinderungen, die angeblich von den Anzeigenabteilungen der großen Verlagshäuser

ausgehen. Theye tut so, als seien alle diese Probleme nur »Kleinkram«. Er sagt, in diesem »Laden« funktioniere so lange nichts, wie jeder Gesellschafter machen könne, was er wolle. Das klingt, als wolle er die Konsorten unter Druck setzen. Schließlich hat er zusammen mit Doetz das Sagen bei der wichtigen SAT-1-Betriebsgesellschaft. Aus SAT 1 soll insgesamt ein zentraler Sender entstehen, betont Theye.

Statt Zusammenarbeit wieder einmal Konfrontation. Bei den Vertretern der Verlage macht sich während der Sitzung zunehmend Resignation breit. Dietrich Ratzke, der die *FAZ* vertritt, steht nach einer Weile wortlos auf und verschwindet. Über Wolfgang Fischers (KMP) Gesicht legt sich ein verklärtes Lächeln, als sei er gedanklich gerade in die Südsee aufgebrochen, wie einst Gauguin auf der Suche nach einem freien und menschlichen Leben. Und Ebner, wenn er überhaupt noch anreist, schiebt sich den letzten Keks vom nächsterreichbaren Teller in den Mund. Theye läßt sich immer neuen Tee servieren. Widerspruch weist er als Unsinn zurück. Müller, Bauer und Lorenz, die Vertreter der Verlagshäuser Springer, Bauer und Burda, unterhalten sich leise, während Rahlenbeck vom Holtzbrinck-Verlag und Hille vom Otto-Maier-Verlag ratlos in die Runde schauen. Derweil redet Doetz mit pastoraler Stimme unverdrossen weiter.

1. Oktober 1985: In einem *Penthouse*-Interview sagt der Medienmanager Hans R. Beierlein: »Der einzige wirklich professionelle Beitrag des privaten Fernsehens in Deutschland ist die Aktualitätensendung ›Blick‹. Gerade auf dem Gebiet, da sich ARD und ZDF unschlagbar fühlten, kam Konkurrenz auf sie zu. Im Bereich der Unterhaltung aber, wo man die Stärke der Privaten vermutete, kam nichts als warme Luft.«

10. Oktober 1985: Das SAT-1-Konsortium streitet sich diesmal in Bonn. Im Steigenberger-Hotel, einen Steinwurf vom »Blick«-Studio entfernt, geht es wieder einmal um die unterschiedlichen Vorstellungen hinsichtlich des Programmschemas, um die Werbeakquisition und die Kontrolle der Finanzen. Theye verlangt von den Verlagen, daß sie ihre Sendeplätze zugunsten von Spielfilmen und Serien räumen sollen. Die News-Show solle verkürzt werden. Außerdem plädiert er für eine Ausweitung des Programms: für ein Frühstücks- und Hausfrauenfernsehen am Vormittag und für Spielfilme auch noch nach Mitternacht. Wie üblich spielt die Frage, ob das wirtschaftlich sinnvoll wäre, keine Rolle. Theyes Vorgehen ist Teil der Strategie der PKS/Kirch-Seite, die alles daransetzt, ihre Vorherrschaft im Programm und im Sender von SAT 1 zu errichten. Hinter Theye steht die Macht der DG Bank und der Kirch-Gruppe. Dagegen setzen die Verlage die Hoffnung, daß mit Theye doch noch eine faire Zusammenarbeit bei der Weiterentwicklung von SAT 1 möglich ist. Sie argumentieren, das Privatfernsehen könne in den schwierigen Anfangsjahren nur Schritt für Schritt aufgebaut werden. Schließlich haben die Werbeeinnahmen im ersten Jahr nur rund fünf Millionen Mark betragen. Die Ausgaben haben längst den ursprünglich festgelegten Budgetrahmen gesprengt. Die SAT-1-Betriebsgesellschaft, die nach wie vor zu hundert Prozent der PKS gehört, fordert von den Konsorten Nachzahlungen.

1. November 1985: Was mir schon als Gerücht zu Ohren gekommen ist, bestätigt sich. In der jüngsten Ausgabe von *neue medien* heißt es, daß Leo Kirch Aktionär des Axel Springer Verlages sei. Kirchs Machtkampf um den Springer-Konzern hat begonnen. In der ersten Phase, die etwa bis 1987 dauert,

entwickelt sich zwischen Kirch, den Springer-Erben und der Konzernspitze ein vielfältiges Geflecht von Kontakten, Erwartungen und auch Abhängigkeiten, und das wiederum lähmt die Abwehr des Springer Verlages gegenüber Theyes Versuch, die Gewichte bei SAT 1 einseitig zugunsten der PKS/Kirch-Seite zu verschieben.

8. November 1985: Das SAT-1-Konsortium findet in der Frage eines neuen Programmschemas für 1986 einen Kompromiß. Die Magazin-Sendungen der Verlage werden auf den späten Abend verlegt. Spielfilme und Serien beherrschen nun die Zeit zwischen 18.45 und 21.30 Uhr. Die »Blick«-News-Show bleibt unangetastet.

16. November 1985: Die SAT-1-Nachrichtensendungen stoßen immer wieder auf öffentliche Anerkennung. Selbst der *Vorwärts* schreibt: »Es ist viel – mit Recht wie mit Überheblichkeit – über den Nachrichtenstil von ›Blick‹ gelästert worden [...] Der Nachrichtenteil, der Magazinteil und der ›Sportblick‹ sind flott und professionell gemacht [...] Macht man sich das Vergnügen und sieht sich hintereinander ›Blick‹ und die ›Tagesschau‹ an, so besticht zwar die Apparatur und die Präzision der öffentlich-rechtlichen Nachrichtensendung, doch man wünscht sich ein wenig von der Lockerheit, die Armin Halle und seine Crew serviert [...]«

3. Dezember 1985: Die explodierenden Kosten bei der SAT-1-Betriebsgesellschaft, die Mängel im Rechnungswesen und unterschiedliche Auffassungen über Zahlungspflichten führten zu einem heftigen Briefwechsel verschiedener Konsorten mit Theye. In keiner Sitzung war über eine Etat-Abweichung beschlossen worden. Der vom Konsortium

mehrheitlich eingesetzte Prüfungsausschuß hat in Mainz nichts ausgerichtet. Inzwischen distanziert sich Theye sogar von dem Dienstleistungsvertrag, der einvernehmlich verabschiedet schien.

11. Dezember 1985: Im Sheraton am Frankfurter Flughafen treffen die Zeitungsverleger der APF zu einer außerordentlichen Sitzung zusammen. Auf der Tagesordnung stehen Berichte über die aktuelle Situation und die weitere Entwicklung sowie die Einschätzung des künftigen Finanzbedarfs. Der Aufsichtsrat hat festgestellt, daß die »Blick«-Sendungen, wie das Zuschauerecho und erste demoskopische Erhebungen gezeigt haben, ihre publizistische Aufgabe erfüllen. Dies gelte um so mehr, wenn man die Sendungen in Relation zu den finanziellen Aufwendungen setze, die wegen nur geringer Einnahmemöglichkeiten äußerst niedrig gehalten werden müßten.

Aus dem Kreis der Verlage ist die Sorge laut geworden, daß bei der voraussichtlichen Neuorganisation von SAT 1 die relative Autonomie der APF und des »Blick«-Programms zerstört werden könnte. Ebner hat im Zusammenhang mit der SAT-1-Neukonstruktion darauf hingewiesen, daß eine Lösung nicht einfach sei, da die PKS etwa sechzig Prozent des ausgestrahlten Programms beherrsche, die Verlage jedoch die Mehrheit dieses Gesellschafters verhindern wollen. Für die großen Verlagshäuser und für die APF komme eine Art Fremdbestimmung durch die PKS in der künftigen SAT-1-Gesellschaft nicht in Betracht. Umgekehrt wolle die PKS allerdings auch ein Übergewicht der Verlage vermeiden. Ebner steuert einen fairen Kompromiß mit Theye an.

31. Dezember 1985: Wie sieht die Bilanz des ersten Jahres aus? Die SAT-1-Gesellschafter sind aufgrund unterschiedlicher Interessen in zwei Lager zerfallen. Darunter leidet die Zusammenarbeit. Erfolg hat sich dort eingestellt, wo das Geschehen von den einzelnen Gesellschaftern autonom bestimmt werden konnte: bei der Herstellung der verschiedenen Programmteile. Der Programm- und Sendestart am 1. Januar ist geglückt. Die »Blick«-Nachrichtensendungen kommen bei den Zuschauern an und stoßen auch in der fachlich interessierten Öffentlichkeit auf Anerkennung.

Dies alles ist nur möglich gewesen, weil die Motivation der Belegschaft im Sender unverändert gut ist und die Grundregeln für eine effiziente Zusammenarbeit gewahrt bleiben: miteinander statt übereinander reden – mitdenken und flexibel sein –, die Freiräume, die mit der gestellten Aufgabe verbunden sind, verantwortungsvoll ausfüllen statt funktionsegoistisch und disziplinlos handeln.

Der »Blick«-Sender arbeitet vergleichsweise kostengünstig. Er verfügt über modernste Technik, unterhält jedoch keine überflüssigen Geräte. Auf Studioeinrichtungen und feste Korrespondenten haben wir – anders als ARD und ZDF – im In- und Ausland verzichtet. Einzige Ausnahmen sind Bonn und Berlin. Die Reporter in der Zentrale sind in der Lage, jederzeit mit dem Flugzeug oder dem Auto an den Ort des Geschehens zu reisen. Wir beschäftigen freie Mitarbeiter und kooperieren mit ausländischen Fernsehsendern.

Zum Jahreswechsel haben wir einen neunzigminütigen »Blick«-Querschnitt mit Beiträgen aus den zurückliegenden zwölf Monaten zusammengestellt und ihn auf Videocassetten überspielt: »Blick« – das erste Jahr. Dieser Querschnitt dokumentiert, wie »Blick« ursprünglich konzipiert war: vielfältige

Themen-Mischung, journalistische Kompetenz und populäre Moderation. Beispiele sind die Berichte über die erste deutsche Weltraum-Mission, über die Abschiebung der Schauspielerin Renate Kroezsner aus der DDR, über den Mitterand-Besuch in Berlin, über Mode aus Paris, über Roquefort-Herstellung in der Provence, über Tagespolitik, Sportereignisse und das Kulturgeschehen, beispielsweise in Bayreuth.

Auch die Künste sind in der »Blick«-News-Show auf vielfältige Weise zur Geltung gekommen. Mit Auftritten und im Gespräch sind unter anderem dabeigewesen: Nino de Angelo, Chris Barber, Howard Carpendale, Franz J. Degenhardt, Falco, Gotthilf Fischer, Patrick Gammon, Götz George, Boy Gobert, Peter Hofmann, Klaus Kinski, Eartha Kitt, Evelyn Künneke, Hans Joachim Kuhlenkampff, Marcel Marceau, Reinhard Mey, Willy Millowitsch, Gunther Philipp, Will Quadflieg, Jennifer Jones, Ernst Stankowsky, Mikis Theodorakis, Georg Thomalla, Felicia Weathers, Konstantin Wecker, Juliane Werding, Margot Werner.

1. Februar 1986: Peter Gerlach, ehemaliger stellvertretender Programmdirektor des ZDF, übernimmt die Aufgaben eines Programmdirektors bei SAT 1.

5. Februar 1986: Mit Ebner habe ich in meinem Büro im Hamburger »Blick«-Sender über die weitere Vorgehensweise der APF gesprochen. Drei ~~Alternativen~~ Möglichkeiten sind denkbar:

- Die APF hält an der Eigenständigkeit des Nachrichtenbetriebes fest und bemüht sich um einen Zulieferungs- und Abnahmevertrag mit der geplanten neuen SAT-1-Gesellschaft. Wegen der bereits entstandenen Vorlaufkosten und des bisherigen Programmerfolges von »Blick« müßten wir aus Wirtschaftlichkeitsgründen am Programmvolumen und an der eigenen redaktionellen Verantwortung festhalten. Der Vertrag müßte außer den Herstellungskosten den Rückfluß des eingesetzten Kapitals plus einen angemessenen Gewinn garantieren.

- Der gesamte Programm- und Produktionsbetrieb von »Blick« wird in den neuen SAT-1-Sender voll integriert, und die APF erhält die bisherigen Vorlaufkosten ersetzt. Mit der verbliebenen Holding-Gesellschaft würden sich die Zeitungsverleger kapitalmäßig an SAT 1 beteiligen.
- Zwischen der APF und SAT 1 kommt es zu keiner einvernehmlichen Regelung. Das »Blick«-Programm verselbständigt sich und wird zu einem »News-Channel« ausgebaut, einem Programm mit Nachrichten, News-Shows, Hintergrundberichten, Interviews, Musik-Sendungen, Sport und Quiz und ähnlichem.

Die Beurteilung der Lage hat ergeben, daß die erste Möglichkeit nicht durchsetzbar ist. Die Zusammenfassung aller Programm- und Marktaktivitäten in einer zentralen SAT-1-Gesellschaft ist nicht aufzuhalten. Für die dritte Variante fehlt die Bereitschaft der Zeitungsverlage, sich von der PKS zu trennen und im Wettbewerb mit ihr das Wagnis des Privatfernsehens einzugehen. Insofern bleibt nur die zweite Möglichkeit übrig. Sie sichert der APF den Rückfluß des eingesetzten Kapitals und entspricht den Zukunftsinteressen von APF und SAT 1 gleichermaßen. Denn SAT 1 kann damit über einen eigenen funktionierenden Studio- und Produktionsbetrieb einschließlich kaufmännischer Verwaltung als Basis für die weitere Entwicklung verfügen.

12. Februar 1986: Beim Abendessen im Atlantic-Grill an Hamburgs Außenalster habe ich mit Phil Boyer, dem Vizepräsidenten des US-Senders American Broadcasting Companies (ABC), der für die internationalen Angelegenheiten seiner Gesellschaft zuständig ist, über die Fernsehentwicklung in Deutschland gesprochen. Boyer betonte die Bedeutung von Nachrichtensendungen und Sportbeiträgen für den Erfolg eines Vollprogramms. Er sagte, daß in den USA bei den neuen Kabel- und Satellitenprogrammen das Aktuelle die höchsten Einschaltquoten erziele. Dann folgten Sportsendungen und Spielfilme.

14. Februar 1986: Der neue SAT-1-Programmdirektor Peter Gerlach hat heute den »Blick«-Nachrichtensender besucht und sich über den Produktionsbetrieb informiert. Wir stimmten hinsichtlich der bestehenden Probleme überein und erörterten Möglichkeiten einer besseren Zusammenarbeit. Gerlach war vom »Blick«-Sender und der Arbeitsweise dort beeindruckt. Bei uns hat er nach eigenem Bekunden das vorgefunden, was er in Mainz vermißt.

17. Februar 1986: Im Sheraton-Hotel am Frankfurter Flughafen entscheiden die Zeitungsverleger über eine Aufstockung des Grundkapitals der APF. In der Aussprache wird einhellig gefordert, daß eine Lösung angestrebt werden soll, die eine wirtschaftliche Perspektive aufzeigt und die publizistische Mitwirkung der APF hinsichtlich der »Blick«-Sendungen auch künftig wahrt. Beschlossen wird die Erhöhung des Haftkapitals um weitere 34 Millionen Mark. Wegen der noch ungeklärten Lage bei SAT 1 wird jedoch keine Zeichnungspflicht der Gesellschafter festgelegt – was die Position der Zeitungsverleger im Konflikt mit PKS/Kirch nicht gerade stärkt. Die APF

setzt sich selbst unter Druck: Das bisherige Kapital wird bis zur Jahresmitte verbraucht sein. Die Verknüpfung des Kapitalerhöhungsbeschlusses mit dem Verhandlungsergebnis in Sachen SAT 1 bedeutet, daß dem »Blick«-Betrieb bei einem Sich-Hinziehen der Verhandlungen das Geld ausgehen könnte.

21. Februar 1986: In der Lobby des Hotels Vier Jahreszeiten in Hamburg trafen für die APF Ebner, Niemann (DuMont Schauberg) und ich mit Theye zusammen. Kirchs Mann wirkt gereizt. Er ist gerade von der Verleihung der »Goldenen Kamera« am Vorabend in Berlin gekommen und schimpft auf »die Leute im Springer Verlag«, die nicht begriffen hätten, daß diesmal SAT 1 hätte bedacht werden müssen. Auch beim Mittagessen ist der Ton aggressiv. Jede Sonderrolle der APF lehnt er kategorisch ab. Im Grunde interessiere ihn nur ein Partner, der Axel Springer Verlag, sagt er; mit ihm zusammen strebe er die Mehrheit an. Theye unterstreicht die Finanzkraft des Springer-Konzerns. Und auch die *Bild*-Zeitung sei für ihn unverzichtbar, um SAT 1 im Markt durchzusetzen. Wer weiß zu diesem Zeitpunkt schon von den Bemühungen Kirchs, Einfluß im Springer Verlag zu gewinnen, ja von dem Versuch, die Macht dort zu erringen!

28. Februar 1986: Im Interconti-Hotel in Frankfurt findet die erste Verhandlungsrunde über die Umwandlung des SAT-1-Konsortiums in eine zentral organisierte Kapitalgesellschaft statt. Erstmalig tritt für den Holtzbrinck-Verlag Diether Stolze auf. Er ist Geschäftsführer der AV Euromedia Produktionsgesellschaft (achtzig Prozent Holtzbrinck, zwanzig Prozent Stolze). Die AV Euromedia werde künftig anstelle von Holtzbrinck die Gesellschafterrolle bei SAT 1 übernehmen, erklärt er.

Die Konsorten nennen die Höhe ihrer Beteiligungswünsche. Dabei ergeben sich so hohe Forderungen, daß eine Einigungsmöglichkeit in weiter Ferne scheint. Die APF erklärt ihre Bereitschaft, über den Verkauf des »Blick«-Nachrichtensenders an SAT 1 zu verhandeln. Und Theye sieht in der PKS-eigenen SAT-1-Betriebsgesellschaft den Kern des neuen SAT-1-Senders.

6. März 1986: Die SAT-1-Runde trifft sich im Verlagshaus Burda in München, um weiter über die Einzelheiten der SAT-1-Umgestaltung zu verhandeln. Als die Höhe der Anteile und die Stimmverhältnisse im geplanten Aufsichtsrat zur Sprache kommen, sind keinerlei Fortschritte zu verzeichnen. Theye beansprucht für die PKS mehr als vierzig Prozent, Springer, Burda und Bauer wollen jeweils nicht weniger als fünfzehn Prozent, Stolze besteht darauf, daß seine Gesellschaft den gleichen Anteil wie diese Verlage bekommt, und die APF fordert für sich in jedem Fall mehr als fünfzehn Prozent. Theye beharrt auf einer Lösung, die der PKS erlaube, mit jedem anderen zusammen die Mehrheit bilden zu können. Während die meisten an eine Achse PKS/Kirch und Springer denken, peilt Theye vermutlich bereits das Bündnis mit Stolzes AV Euromedia an.

27. März 1986: Aus Mailand sind Abgesandte des italienischen Fernsehzaren Silvio Berlusconi nach Hamburg gekommen: Carlo Bernasconi, Generaldirektor, sowie dessen Mitarbeiter, Giancarlo Innocenzi. Sie besichtigen den »Blick«-Sender und informieren sich über die »private Tagesschau« von SAT 1. Bei Seezunge und einem 1981er Chateau de Meursault sprechen wir im Mühlenkamper Fährhaus über die Fernsehentwicklung in Italien und Deutschland. Bernasconi äußert Zweifel, ob sich die

Verleger im Fernsehgeschäft behaupten können. Er sagt: »Bei euch ist es wie in Italien. Verleger gehen nur halbherzig in dieses Geschäft, halten sich mit ihrem Einsatz so lange zurück, wie sich ihre Zeitungen und Zeitschriften noch günstig entwickeln. Derweil setzen sich aber andere durch.«

4. April 1986: SAT-1-Konferenz in Mainz. Peter Gerlach legt seine Vorstellungen dar. Er sagt, SAT 1 bewege sich »als David in dem Wettbewerb der öffentlich-rechtlichen Systeme«. Er verfolge die Programmstrategie, »ein anderes Fernsehen anzubieten als das, was schon da ist«. Flexibilität und schnelle Entscheidungen auf kürzestem Wege seien Voraussetzungen hierfür. Das Unterhaltungsangebot müsse bei SAT 1 zu einer »großflächigen Alternative« gegenüber den Programmkästchen von ARD und ZDF entwickelt werden. Daneben stehe das für die Zuschauer wichtige Nachrichtenangebot der »Blick«-Sendungen. Aktualität solle bei interessanten Ereignissen als »Blick extra« auch außerhalb der festgelegten Sendezeiten im Programm stattfinden. Drittens solle das Sportangebot mit möglichst vielen Live-Übertragungen ausgeweitet werden. Über die erforderlichen Rechte werde verhandelt. Bereits in den nächsten Wochen sollen Bundesligabegegnungen und Pokalspiele exklusiv in SAT 1 zu sehen sein. Viertens brauche SAT 1 ein erweitertes Kinderprogramm sowie schließlich mehr Sendungen im Service-Bereich. Gerlach ergänzt seine Ausführungen durch die Präsentation von Schautafeln über richtige und falsche Programmstrukturen und von Statistiken über die Sehgewohnheiten der Zuschauer.

Ich reibe mir die Augen und denke, ich sei auf der falschen Veranstaltung. Aber als ich in die vertrauten, abwartenden Gesichter rundherum blicke, weiß ich wieder, daß ich mich im SAT-1-Konsortium befinde. Natürlich hat Gerlach recht. Aber als ich nun an den Machtkampf denke, den Theye um die Neukonstruktion von SAT 1 so rücksichtslos führt, befürchte ich plötzlich, daß Gerlach es ist, der vor dem falschen Forum spricht.

Gerlach hat sogar – ein Novum für die SAT-1-Betriebsgesellschaft – einen fundierten Übergangsetat bis zur Gründung der neuen Kapitalgesellschaft ausgearbeitet und vorgelegt. Er drängt auf Entscheidungen, um sich Handlungsspielraum zu verschaffen. Aber auch Gerlach kann nichts bewegen. Es fehlt an allen Voraussetzungen für eine vertrauensvolle Zusammenarbeit auf Gesellschafterebene.

15. April 1986: In der jüngsten Ausgabe von *neue medien* konnte man lesen:

> [...] *neue medien* hatte bereits in der November-Ausgabe behauptet, daß der Münchner Filmgroßhändler Leo Kirch nach den Springer-Erben (26,1 Prozent) und Burda (24,9 Prozent) der drittgrößte Aktionär sei. Damals wurde dies in der Münchner Betastraße aufgeregt dementiert. So sprach Kirchs Pressesprecherin Armgard von Burgsdorff gegenüber dem *manager magazin* von »gossip«. An einer Kirch-Beteiligung sei nichts dran.
>
> In der Aktionärsliste, die *neue medien* jetzt mit Stand vom 6. Februar veröffentlicht, ist Kirch jedoch über seine Firma Taurus Film mit fünf Prozent eingetragen. Diese Beteiligung wird von Kirch auf Anfragen von *neue medien* nun plötzlich nicht mehr bestritten, mit einem weiteren Engagement will er jedoch nichts zu tun haben. Trotzdem bleibt *neue medien* bei seiner Darstellung, daß Kirch in Wirklichkeit mindestens zehn Prozent hält.
>
> Denn weitere fünf Prozent laufen – wie in Kirchs verschachteltem Firmenimperium so üblich – über Treuhandverhältnisse [...]

24. April 1986: Wegen der SAT-1-Ungereimtheiten habe ich um einen Termin bei Peter Tamm gebeten und ihn in seinem Büro im Hamburger Springer-Verlagshaus aufgesucht. Wir sind uns in der Zielsetzung einig, aus SAT 1 ohne weiteren Zeitverlust einen professionell arbeitenden und wirtschaftlich geführten Sender zu zimmern. In der Analyse der Situation gehen unsere Auffassungen auseinander. Tamm sieht den Hauptgrund für die Misere im SAT-1-Konsortium darin, daß die Konstruktion von Anfang an funktionsunfähig gewesen sei. Zehn verschiedene Veranstalter mit jeweils eigener Programmhoheit seien nicht in der Lage, »ein Gesamtprogramm aus einem Guß« auf die Beine zu stellen. Ich setze die Akzente anders. Ich gebe vor allem Theye und den Mängeln in der SAT-1-Betriebsgesellschaft die Schuld.

Wir saßen im elften Stock in der Sitzgruppe vor der großen Fensterfront, die den Blick auf den Hamburger »Michel« und auf die Kräne im Hafen freigibt. Aus dem Casino wurde Kaffee serviert. Tamm beschäftigte sich mit dem Zurechtmachen einer Zigarre und fragte mich, ob ich bei einem Vollprogramm wie SAT 1 eine Alternative zu der Kooperation mit Kirch sehe. Ich verneinte und sagte, der Veranstalter eines Fernsehprogramms mit Spielfilmen sei gut dran, wenn er Kirch zum Partner habe. Voraussetzung sei allerdings, daß von beiden Seiten die Zusammenarbeit fair gestaltet werde. Und da setzten meine Zweifel ein.

10. April 1986: Das SAT-1-Konsortium ist wieder einmal im Kempinski-Hotel in Gravenbruch zusammengetreten. Auf der Tagesordnung stehen die Fragen der Ausgestaltung des SAT-1-Senders, konkret: unternehmerisches Konzept, Programmschema, Budget, Beteiligungsverhältnisse, Organe, Kompe-

tenzen, Quoren. Das Gespräch beginnt in gereizter Stimmung. Theye beschränkt sich auf flapsige Bemerkungen, so als wolle er die Konferenz platzen lassen. Doetz verteilt eine Tischvorlage, bestehend aus einem einzigen Blatt, auf dem in wenigen Sätzen die voraussichtliche Einnahmen-Entwicklung bis 1990 skizziert ist. Fazit: »Ohne die Nutzung zusätzlicher Kommunikationstechniken (gemeint sind drahtlose Frequenzen) wird sich privates Fernsehen in der Bundesrepublik nicht finanzieren lassen.« Damit soll wohl die Rolle der PKS gestärkt werden, die mit hervorragenden politischen Verbindungen in Mainz, München und Bonn prahlt. Dabei hätte man nach der Doetz-Aussage 1984 im Privatfernsehen doch gar nicht antreten dürfen, denn damals bestand nicht die geringste Aussicht auf drahtlose Frequenzen.

Aber inzwischen hat sich die Situation gewandelt. Und bei der Neukonstruktion von SAT 1 geht es der PKS/Kirch-Seite nicht zuletzt um den Verkauf von Spielfilmen und Serien an diesen privaten Sender. Dazu braucht man neue Perspektiven und hohe Budgets. Gerlach kalkulierte für das Programm im ersten Jahr rund 230 Millionen Mark. Mit den Kosten der Betriebszentrale ergibt das insgesamt rund dreihundert Millionen Mark.

Die Gespräche wurden kontroverser. Die Verlage bestanden für den Anfang auf einer Reduzierung des Programmvolumens. Zwischen Theye und den Springer-Vertretern setzte ein Streit über die Höhe der von der PKS geforderten Minutenpreise für die eingeplanten Filme ein. Theye warf ihnen Ignoranz vor: »Sie haben doch keine Ahnung!« Als Theye auch dem Bauer-Vertreter über den Mund fährt, gerät dieser so in Wut, daß er minutenlang Kirchs Mann anbrüllt. Theye zeigt Wirkung und schweigt.

Jemand schlug vor, eine Pause einzulegen. Man vertrat sich die Beine auf dem Flur. Ich traf auf

Gerlach, der sich zurückzog. Er wirkte niedergeschlagen und sagte, es sei für ihn »bestürzend, feststellen zu müssen, daß die SAT-1-Gesellschafter offensichtlich über keinen gleichgerichteten und damit tragfähigen unternehmerischen Willen verfügen«. Nach der Pause begann das Gerangel um die Höhe der Anteile. Theye fordert, daß die PKS in der Lage sein müsse, mit jedem der größeren Gesellschafter, also auch mit Stolzes AV Euromedia, die Mehrheit zu bilden. Offensichtlich ist sich Kirch seiner Sache im Springer Verlag nicht sicher, und Theye bereitet die Achse mit Stolze vor. Eine Einigung in der Beteiligungsfrage ist jedoch nicht zustande gekommen.

22. Mai 1986: In Bremen führe ich mit Theye ein Gespräch unter vier Augen. Er sagt, die PKS halte an ihrer Position fest, daß sie in der neuen SAT-1-Gesellschaft mit jedem anderen Gesellschafter – die »Kleinen« ausgenommen – mehrheitsfähig sein wolle. Keinesfalls würde er sich deshalb mit einer Beteiligungshöhe von 35 Prozent, wie von den großen Verlagen verlangt, zufriedengeben. Die PKS werde sich lieber Ende 1986 von den Verlagen trennen. Er sagt weiter, im Aufsichtsrat beanspruche die PKS drei Stimmen einschließlich des Vorsitzes. Theye gibt zu erkennen, daß er die Verlage Burda und Bauer bei SAT 1 als störend empfindet.

25. Mai 1986: In einem Interview mit der *Welt am Sonntag* hat Gerlach sich kritisch zu SAT 1 geäußert: »Den negativsten Eindruck auf mich hat die mangelnde Professionalität und die erschreckend geringe Sensibilität einiger Verantwortlicher auf Gesellschafterseite auch im Umgang mit hochmotivierten Mitarbeitern gemacht.« War das auf Theye gemünzt?

30. Mai 1986: Wegen der Fußball-Weltmeisterschaft wird das SAT-1-Programmschema geändert. Bis zum 29. Juni waren eigentlich Unterhaltung und Aktualität im Wechsel vorgesehen: Spielfilme und Serien und neunmal täglich Nachrichten und Sportberichte live aus dem »Blick«-Studio in Hamburg. Für Gerlach ist es gleichsam die Hauptprobe für ein neues Programmkonzept, das er seit Monaten plant, aber wegen des fortdauernden Konfliktes auf Gesellschafterebene bisher nicht voranbringen konnte. Er hat mir geschrieben: »Sie wissen, wie ich zu ›Blick‹ stehe, dennoch will ich es noch einmal deutlich sagen: Ich bin froh darüber, daß SAT 1 mit Ihnen und Ihren Mitarbeitern über eine professionell arbeitende, hochmotivierte Nachrichtenredaktion verfügt, und für mich grenzt das schon beinahe ans Wunderbare, daß sich ein solcher Betrieb trotz der vielfältigen und nach meinem Eindruck häufig so unnötigen Schwierigkeiten entwickeln konnte.« Gerlach ist ein Fernsehprofi und damit ein Verbündeter gegen die eigensüchtigen Bestrebungen der PKS/Kirch-Seite.

3. Juni 1986: Peter Gerlach hat heute an seinem Arbeitsplatz in der Mainzer Hegelstraße einen Schlaganfall erlitten und ist in die Universitätsklinik eingeliefert worden.

13. Juni 1986: Im 13. Stock des Axel Springer Verlagshauses in der Hamburger Kaiser-Wilhelm-Straße treffen sich die SAT-1-Gesellschafter in Spitzenbesetzung zu Verhandlungen über die SAT-1-Neukonstruktion: Gastgeber Peter Tamm, die Verleger Heinz Heinrich Bauer, Hubert Burda, Eberhard Ebner sowie Leo Kirch, Diether Stolze und Joachim Theye. Die Konferenz dauert den ganzen Tag. Erstmals ist Kirch im Kreise der SAT-1-

Gesellschafter offen in Erscheinung getreten. Wird der Interessenausgleich zwischen dem Filmgrossisten und den Verlegern gelingen?

Eines ist mir von vornherein klar: Kirch und Theye geht es nicht um Interessenausgleich, sondern um Punktegewinn bei ihrer Strategie, die Vorherrschaft über SAT 1 zu erringen. Was wollen sie denn anderes erreichen, als daß ihre Ware aus München möglichst unbesehen übernommen und aus der gemeinsamen Kasse bezahlt wird? Und das für alle Zeiten. Wenn es ihnen gelingt, SAT 1 zu einer Abspielschiene für Spielfilme und Serien aus dem Kirch-Fundus umzugestalten – garniert mit Werbesendungen und politischen Schlagzeilen –, wird dann nicht die PKS/Kirch-Seite von Anfang an, selbst in der verlustreichen Gründerzeit von SAT 1, Gewinne einfahren?

Das Ergebnis der Verhandlungen hat etliche Fragen offengelassen. Fest steht nur, daß nunmehr die Fernsehaktivitäten der an SAT 1 beteiligten Unternehmen in einer zentralen Programm- und Betriebsgesellschaft zusammengefaßt werden sollen. Die Beteiligungsverhältnisse sollen so aussehen: PKS 35 Prozent, APF dreizehn Prozent, die Verlage Springer, Bauer und Burda sowie die AV Euromedia je zwölf Prozent, die *FAZ*, die Neue Mediengesellschaft, der Otto Maier Verlag und die KMP je ein Prozent. Im Aufsichtsrat sollen die PKS mit drei Stimmen (einschließlich des Vorsitzes), die APF, Springer, Bauer, Burda und AV Euromedia je mit einer Stimme vertreten sein. Der »Blick«-Sender soll in die neue SAT-1-Gesellschaft voll integriert werden. Theye ist also noch nicht am Ziel: Zwar kann er im Aufsichtsrat mit der AV-Euromedia-Stimme künftig ein Patt erzwingen, und das ist angesichts des ihm zufallenden Vorsitzes viel wert. Aber er kann im Kreis der Gesellschafter keine Mehrheit zusammenbringen.

30. Juni 1986: Versuche politischer Einflußnahme auf die »Blick«-Sendungen werden zunehmend spürbar. Doetz hat mir nahegelegt, die Unionsparteien mehr zu berücksichtigen. Halle sei der SPD verbunden, und die Nachrichtensendungen stünden in dem Geruch der Linkslastigkeit. Kohl solle besser dargestellt werden. Geht es hier etwa darum, die begehrten drahtlosen Frequenzen mit politischem Wohlverhalten zu erkaufen? Ich weiß, daß sich Theye um eine Ablösung unseres Chefredakteurs Armin Halle bemüht. Auch auf mich wird »geschossen«. Doetz hat mir etwas süffisant erklärt, in München werde kolportiert, ich sei eingeschriebenes SPD-Mitglied. Ob ich nicht dementieren wolle? Ich habe erwidert, daß ich auf Gerüchte nicht reagieren werde, zumal wenn sie gesteuert seien. Natürlich war ich kein SPD-Mitglied.

Würden die Verantwortlichen in Mainz mehr vom Fernsehen verstehen, dann wüßten sie, daß überall auf der Welt die Nachrichtensendungen das Profil des Programms bestimmen. Und der Erfolg eines Senders setzt ein objektives, journalistisch kompetentes und unabhängiges Nachrichtenprogramm voraus.

2. Juli 1986: Im Sheraton-Hotel am Frankfurter Flughafen kommen die Zeitungsverleger zur APF-Gesellschafterversammlung zusammen. Ebner erläutert die neue SAT-1-Konstruktion und betont, daß nach dem Verhandlungsergebnis kein Gesellschafter die Chance habe, SAT 1 zu beherrschen, selbst dann nicht, wenn man ihm einen möglichen Bundesgenossen andichte. Er räumt allerdings ein, daß noch eine ganze Reihe von Einzelfragen geklärt werden müsse.

3. Juli 1986: Im Hamburger Heinrich-Bauer-Verlagshaus tagt die SAT-1-Runde. Theye hat bereits den Entwurf eines Gesellschaftsvertrages vorgelegt, obwohl vieles noch umstritten ist. Unterschiedliche Auffassungen bestehen vor allem hinsichtlich der Frage, ob in Patt-Situationen im Aufsichtsrat die Gesellschafterversammlung zu entscheiden haben soll. Weitere strittige Punkte sind: die Obergrenzen bei Anteilen und Stimmrechten eines einzelnen Gesellschafters; die Organisation des Aufsichtsrats (Vertretung, Abstimmung, Beratung); Sonderquoren für finanzwirksame Entscheidungen; die Kompetenzen des neu zu bestellenden kaufmännischen Geschäftsführers; die tägliche Programmdauer; der durchschnittliche Minutenpreis für Film- und Serienrechte; die Stellung der APF, insbesondere ihre publizistischen Mitwirkungsrechte am »Blick«-Programm.

18. Juli 1986: Spitzentreffen der SAT-1-Gesellschafter im Bauer-Verlagshaus. Vor allem der Bauer Verlag favorisiert eine Neugründung der geplanten SAT-1-Gesellschaft, um nicht die Altlasten der bisherigen Betriebsgesellschaft übernehmen zu müssen. Theye dagegen verlangt kategorisch den Beitritt der Verlage zur bereits bestehenden SAT 1 GmbH, die immer noch zu hundert Prozent der PKS gehört. Die Runde beschließt die Gründung einer Arbeitsgruppe, die in Mainz die SAT-1-Betriebsgesellschaft durchleuchten soll.

1. August 1986: Ein Gespräch mit dem DG-Bank-Direktor Gernot Schandelmaier vermittelt mir Einblicke in das Pokerspiel der PKS. Schandelmaier sagt, er habe den Eindruck gewonnen, daß der »Ausgang der SAT-1-Umstrukturierung nicht mehr so sicher sei«. Einige Teilnehmer an den Verhandlun-

gen hätten »den Blick für die Realitäten verloren«. Was sich einige Verlage dabei leisteten, sei der PKS/ Kirch-Seite im Grunde nicht mehr zumutbar. Für die PKS seien auch andere Konstellationen denkbar. Er sagt: »Es dreht sich immer etwas weiter, und manchmal geht es mit neu gemischten Karten besser. Vielleicht versuchen wir es mit anderen Karten neu.«

7. August 1986: Die Ausformulierung der SAT-1-Verträge ist ins Stocken geraten. Theye hat gleich nach dem Treffen im Bauer Verlag einen überarbeiteten SAT-1-Vertragsentwurf verschickt. Darin sind jedoch viele Änderungswünsche der Verlage nicht berücksichtigt.

Der Entwurf des Kaufvertrages zwischen SAT 1 und APF über den »Blick«-Betrieb wurde in einer Konferenz am Mexikoring in Hamburg mit den Konsorten Punkt für Punkt durchgesprochen: Präambel, Gegenstand des Kaufvertrages, Kaufpreis, Gewährleistungen, Übertragungszeitpunkt. Der Kaufpreis soll sechzig Millionen Mark betragen und mit den künftigen Verlustanteilen verrechnet werden. Die publizistischen Mitwirkungsrechte der APF-Holding sollen im SAT-1-Gesellschaftsvertrag festgeschrieben werden.

15. August 1986: Ebner hat mich gebeten, ein Treffen mit dem DG-Bank-Vorstandsvorsitzenden Guthardt zu vereinbaren. An dem Gespräch in Frankfurt nahm auch Schandelmaier teil. Guthardt ließ uns spüren, wie sehr ihn die Dauer der Vertragsverhandlungen irritierte. Bei der Bank, so Guthardt, komme man zu der Auffassung, daß auf der Verlagsseite – hier fielen die Namen Burda und Bauer – Obstruktion betrieben werde. Und Schandelmaier meinte, ihm habe man gesagt, daß die APF versuche, in dem Übernahmevertrag Forderungen nachzu-

schieben. Das kompliziere die Verhandlungen zusätzlich. Wenn sich diese Eindrücke bestätigen sollten, könne das SAT-1-Konsortium in Kürze nicht mehr mit der DG Bank rechnen. Die Karten würden dann neu gemischt werden. Der Unmut richtet sich vor allem gegen Bauer und Burda. Ebner und ich widersprachen der Einschätzung von Guthardt. Wir kritisierten die dominierende Rolle von Beta/Taurus bei SAT 1, die Mängel in der Mainzer SAT-1-Geschäftsführung, die von der PKS zu verantworten sei, sowie Theyes Vorgehen.

3. September 1986: Von Mainz aus sind verschiedene Entwürfe eines neuen Programmschemas in Umlauf gelangt und bei den meisten Verlagen auf Kritik gestoßen. Seit Gerlach den Schlaganfall erlitten hat, ist offen, wer sich bei SAT 1 um die Programmfragen kümmert. Die neuen Entwürfe stammen angeblich direkt aus der Kirch-Zentrale. Als Gegenkonzept haben wir bei »Blick« neue Programmteile entwikkelt, die sich – zu Grenzkosten des Hamburger Betriebs kalkuliert – kostengünstig erstellen lassen, beispielsweise regelmäßige Sendungen zu den Themen Kino, Auto, Urlaub, Gesundheit oder ein Programm mit Beiträgen aus dem Show-Geschäft.

11. September 1986: Wegen der fortdauernden Schwierigkeiten mit Theye bei der Ausgestaltung der SAT-1-Verträge und zur Vorbereitung eines weiteren »Gipfeltreffens« mit der PKS/Kirch-Seite zwecks Klärung der noch strittigen Punkte sind die Chefs der Verlage im Hamburger Verlagshaus Bauer zusammengekommen. Das Treffen hat hinsichtlich des weiteren Vorgehens und der Kompromißlinie bei den Schlußverhandlungen mit Theye eine Einigung erbracht. Erörtert wurden auch die Mängel in der SAT-1-Zentrale sowie die sich hieraus ergebenden

Probleme bei der Programm-, Personal- und Etatplanung. Um Theye entgegenzukommen, einigte man sich darauf, der bestehenden SAT-1-Gesellschaft der PKS beizutreten und auf eine Neugründung zu verzichten. Allerdings sollen im Interesse eines ordnungsgemäßen Rechnungswesens künftig die Buchhaltung und das Finanzwesen von SAT 1 im Hamburger »Blick«-Betrieb geführt werden. Der neue kaufmännische Geschäftsführer, der nach Auffassung der Verleger aus dem Axel Springer Verlag kommen soll, müsse die Befugnis erhalten, bestehende Personal- und Sachverträge gegebenenfalls aufzulösen und zu ändern. Die Ergebnisse der Besprechung wurden Theye schriftlich mitgeteilt.

24. September 1986: Der Burda Verlag hat mitgeteilt, daß er aus dem SAT-1-Konsortium ausscheiden wird. Ihm behage die Entwicklung nicht mehr. Damit stellt sich die Frage, wie die freigewordenen Gesellschaftsanteile in Höhe von zwölf Prozent verteilt werden sollen. Theye hat sofort die Ansprüche der PKS angemeldet. Im Berliner Springer-Verlagshaus haben die restlichen an SAT 1 beteiligten Verlage über die Situation konferiert. Der Bauer Verlag bestand darauf, daß die bisherigen Burda-Anteile ausschließlich dem »Verlagslager« zugeschlagen werden sollen. Der Springer-Aktionär Kirch hat wohl bereits versucht, auf Tamm Druck auszuüben, um eine Lösung in seinem Sinne zu erreichen. Niemand wußte genau, über wieviel Prozent des Aktienkapitals Kirch inzwischen verfügt. Insbesondere dem Bauer Verlag war klar, daß es jetzt bei SAT 1 um die Machtfrage geht. Er ließ keinen Zweifel aufkommen, daß er eine Stärkung der PKS/Kirch-Position nicht hinnehmen werde. Die Möglichkeit, daß die PKS zusammen mit einem Bundesgenossen – und dabei dachten alle an Stolzes AV Euromedia und

weniger an den Springer Verlag! – über die Mehrheit der Gesellschaftsanteile verfügen könnte, würde der Bauer Verlag für sich nicht akzeptieren. Die bisherigen Erfahrungen hätten belegt, so lautete die Begründung, daß die PKS unter Theyes Federführung mit Macht nach der Vorherrschaft im Sender strebe und jede Gelegenheit nutzen werde, Entscheidungen vorrangig im Interesse der PKS/Kirch-Seite herbeizuführen.

Die Bereitschaft des Bauer Verlages, notfalls wie Burda aus dem SAT-1-Konsortium auszuscheiden, ist Theye nicht verborgen geblieben. Er nutzt die Situation, jetzt bilateral mit dem Springer Verlag eine Einigung herbeizuführen. Aktionär Kirch hat sich für den 25. November zusammen mit Theye beim Springer-Vorstandsvorsitzenden angesagt.

Die Konferenz am 24. November im Berliner Springer-Verlagshaus zog sich bis in den Abend hin. Tamm hat die SAT-1-Konsorten in den Journalistenclub im achtzehnten Stock eingeladen. Man genoß die ruhige Atmosphäre, die stilvolle Einrichtung, den Blick über Berlin. Axel Springer hat diesen Raum für die Journalisten im Haus geschaffen. Dorthin sollten sie sich allein oder mit Gästen jederzeit zurückziehen können. Bei der Einweihung des Berliner Verlagshauses 1966 hat Springer vor der Presse gesagt: »Ich habe nichts gegen meine tüchtigen Verwaltungsspitzen in Hamburg, die sich über Mittag im dreizehnten Stock um mich scharen, aber eigentlich sollten es doch die Journalisten sein. Deshalb habe ich es hier in Berlin von Anfang an umgedreht und einen Journalistenclub im achtzehnten Stock geschaffen.« An einem Tisch am Fenster wurde das Abendessen serviert. Dazu gab es Chablis.

25. September 1986: Besprechung bei Postminister Schwarz-Schilling über freie terrestrische Frequenzen. Der Minister unterstrich, daß die »neuentdeckten« drahtlosen Frequenzen nichts an der Zielsetzung und den Aktivitäten der Bundespost ändern, die Fernsehverbreitung zügig auf Kabel und Satellit zu verlagern. Die Frequenzen stellten lediglich eine »Überbrückungshilfe« für die privaten Veranstalter dar. Wer glaube, daß weitere Frequenzen, insbesondere aus dem militärischen Bereich, freigemacht werden könnten, sei ein Illusionist. Die Post stehe zwar in Verhandlungen mit den entsprechenden Dienststellen, mit einer Lösung sei jedoch vor dem Jahr 2000 kaum zu rechnen.

Schwarz-Schilling sagte, daß die bisher veröffentlichte Liste von 65 neuen drahtlosen »Erstfrequenzen« sich nur unwesentlich erweitern lasse. Insgesamt könne das Privatfernsehen mit einem zusätzlichen Verbreitungsgebiet von rund acht Millionen Haushalten rechnen. Über die Verteilung der Frequenzen an die verschiedenen Sender hätten allerdings die Bundesländer zu entscheiden.

Spätabends im Bristol-Hotel rief ich in Berlin an. Dort hatte im Springer-Verlagshochhaus das Duo Kirch und Theye mit Tamm einen Kompromiß erreicht. Die freigewordenen Burda-Anteile in Höhe von zwölf Prozent sollen wie folgt verteilt werden: für PKS, Springer, Bauer und APF je eineinhalb Prozent; sechs Prozent sollen für interessierte Regionalverlage »geparkt« werden. Der freigewordene Sitz im Aufsichtsrat soll erst einmal vom Springer Verlag wahrgenommen werden.

26. September 1986: Meine Einschätzung der Lage: Kirch verfolgt eine Dreifach-Strategie; er will sich zur prägenden Kraft bei SAT 1 und zum Großaktionär des Springer Verlages aufschwingen und im dor-

tigen Aufsichtsrat Einfluß ausüben, und zwar mit dem Ziel: erstens möglichst viele Spielfilme und Serien zu möglichst hohen Preisen bei SAT 1 unterzubringen; zweitens den Springer Verlag tiefer und fester in diese SAT-1-Entwicklung hineinzuziehen; drittens aus dem Verlag möglichst hohe Erträge herauszuholen.

Mit dem Verhandlungsergebnis von gestern ist der Bauer Verlag überspielt worden. Der Bruch ist nur noch eine Frage von Tagen.

29. September 1986: In Travemünde hat die Jahrestagung des Bundesverbandes Deutscher Zeitungsverleger (BDZV) begonnen. Auf der gleichzeitig stattfindenden Ministerpräsidententagung der Länder im Hamburger Atlantic-Hotel steht die Frage des Medienstaatsvertrages und der Vergabe drahtloser Frequenzen auf der Tagesordnung. Vor allem deshalb hat Ebner mehr auf die PKS als auf den Bauer Verlag gesetzt. Tamm hat sich am Rande der BDZV-Tagung darum bemüht, den Bruch des Bauer Verlages mit dem SAT-1-Konsortium doch noch zu verhindern. Aber dort ist man bei der negativen Beurteilung der entstandenen Situation geblieben.

Abends traf ich mit Ebner in der Lobby des Vier Jahreszeiten in Hamburg zusammen. Wir zogen uns an einen Tisch im Grillrestaurant zurück. Ebner meinte, SAT 1 habe in dem Verteilkampf um drahtlose Frequenzen ohne Kirch wenig Chancen. Mir war klar: Kirch und Theye haben die besseren Verbindungen zu Kohl, Strauß, Zimmermann und dem Mainzer Vogel. Ebner sagte, politisch hätte ein Bruch der Verlage mit der PKS katastrophale Folgen für das Pressefernsehen. Als Vorspeise gab es Carpaccio vom Angusrind und als Hauptgericht Loup grillé fenouillette. Der Wein war erlesen: Ein Brauneberger Juffer Riesling, Auslese-Trocken.

16. Oktober 1986: Der Tag der Vertragsunterzeichnung. Ohne Burda und Bauer! Ohne *FAZ* und KMP! Der Tag, an dem das Pressefernsehen mit dem vielversprechenden »Blick«-Nachrichtensender in der neuen SAT-1-Gesellschaft aufgegangen ist. Das gewohnte Durcheinander hörte auch während der letzten Stunde vor Vertragsabschluß nicht auf. Die SAT-1-Verträge lagen noch gar nicht unterschriftsreif vor. Denn es gab nach wie vor Punkte, in denen die Auffassungen differierten. Außerdem war nicht mehr transparent, wer in den vergangen Tagen über was mit wem verhandelt hatte.

Man traf sich in Theyes Anwaltskanzlei in Bremen. In der dortigen Bibliothek, die zugleich als Konferenzraum diente, wurde in gereiztem Ton verhandelt. Jemand reichte ein Fernschreiben in den Raum. Es war die Pressemitteilung des Heinrich Bauer Verlages, daß er sich »aufgrund unterschiedlicher Auffassungen über die zukünftige Geschäftspolitik« nicht an der neuen SAT-1-Gesellschaft beteiligen werde. Weiter hieß es: »Verschiedene Komponenten haben den Heinrich Bauer Verlag zu diesem Schritt veranlaßt: Ziel für das Verlagshaus war es, ein attraktives Programm für die Zuschauer zu gestalten und dabei auch aufgrund der Rahmenbedingungen die Wirtschaftlichkeit im Auge zu behalten. Die Verwirklichung dieser Absichten scheint bei der geplanten gesellschaftsrechtlichen Konstruktion und mit den verbleibenden Gesellschaftern nicht realisierbar. Besonders ergibt sich ein Konflikt aus der engen, aber nicht gesellschaftsrechtlichen Verbindung zwischen der PKS, der bisherigen Alleingesellschafterin der SAT-1-Gesellschaft, und der Firmengruppe Kirch, dem größten Lieferanten von Filmrechten in der Bundesrepublik [...]«

Am Nachmittag sind dann die Vertreter der SAT-1-Gesellschafter nach Hamburg gefahren. Im dreizehnten Stock des Axel Springer Verlages, wo bereits der Notar wartete, fand die Unterzeichnung der Verträge statt. Zum erstenmal an diesem Tag gab es etwas zu Essen: Buletten, Würstchen und Schnittchen.

Die Kapitalanteile an der neuen SAT-1-Gesellschaft verteilten sich wie folgt: PKS vierzig Prozent (im Frühjahr 1988 beteiligte sich die Kirch-Gruppe mit 49 Prozent und Theye mit zwei Prozent an der PKS), ferner der Axel Springer Verlag mit fünfzehn Prozent, die APF fünfzehn Prozent, AV Euromedia ebenfalls fünfzehn Prozent, Film + TV Ravensburg (Otto Maier Verlag) sowie die Neue Medien Ulm TV-Gesellschaft (Eberhard Ebner) je ein Prozent. Die übrigen dreizehn Prozent wurden in einen Sonderfonds eingebracht. Sie sollten für Regionalverlage reserviert sein. Aber auch der Springer Verlag und die APF erhielten ergänzend eine Option in Höhe von je fünf Prozent, die PKS von drei Prozent. Die Entscheidungen im achtköpfigen Aufsichtsrat werden mit einfacher Mehrheit getroffen. Beschlüsse über den Jahresfinanzplan benötigen eine Mehrheit von sechs Stimmen.

Da SAT 1 keine Aktiengesellschaft ist, gibt es auch keine Wahl der Aufsichtsratsmitglieder durch eine Hauptversammlung. Vielmehr werden die Aufsichtsräte von den Gesellschaftern entsandt. PKS/Kirch lassen sich von Theye, dem DG-Bank-Chef Guthardt und dem Kirch-Berater Bacher vertreten. In der turbulenten Schlußphase der Vertragsverhandlungen war die Frage des Aufsichtsratsvorsitzes nicht mehr allgemein diskutiert worden. Theye betrachtete das zugunsten seiner Person als entschieden.

Der Kaufvertrag zwischen der APF und SAT 1 regelte die Einbindung des »Blick«-Nachrichtensenders in die neue Konstruktion. Die verbleibende APF-Holding, die jetzt mit fünfzehn Prozent an

SAT 1 beteiligt ist, erhielt eine Gutschrift in Höhe von sechzig Millionen Mark zur Verrechnung der auf sie entfallenden Verlustanteile.

17. Oktober 1986: Um zu verhindern, daß die »Blick«-Belegschaft von der neuen SAT-1-Regelung erst durch Presse und Rundfunk erfährt, habe ich am Vormittag den Betriebsrat und am Nachmittag diejenigen Mitarbeiterinnen und Mitarbeiter informiert, die sich im Haus befanden. Nach so langer Verhandlungszeit erwarten die Mitarbeiter endlich konkrete Auskünfte zum künftigen Programm, zum Produktionsvolumen und zur Sicherheit der Arbeitsplätze. Ich sagte: »In den kommenden Wochen müssen zunächst einmal Planungen erstellt und Entscheidungen im neuen Aufsichtsrat von SAT 1 herbeigeführt werden. Die Interessen des ›Blick‹-Betriebes werde ich dabei mit Entschiedenheit vertreten.«

18. Oktober 1986: Im Branchendienst *epd/Kirche und Rundfunk* heißt es heute: »Auf den Fernseh-Parcours trabt jetzt ein Springer-Fernsehen an der langen Leine von Leo Kirch [...] Wer will, mag Kirch und dessen typischer Tarnkonstruktion ein Kompliment aussprechen: er hat alles im Griff, ist nie zu sehen und doch immer zur Stelle, wenn Entscheidungen im SAT 1-Verbund fallen [...] Publizistische Kapazitäten von Zeitungen und Zeitschriften lassen sich nicht so einfach ins Medium Fernsehen transferieren [...], zumal wenn gezielte Programmkonzeptionen, Fernseherfahrungen und erfolgversprechende Produktionsstrukturen fehlen oder noch nicht im ausreichenden Maß herausgebildet wurden. Vielleicht ist APF mit seinen »Blick«-Nachrichtensendungen ein erfolgreiches Gegenbeispiel [...]«

29. Oktober 1986: Bei SAT 1 in der Mainzer Hegelstraße treffen Ebner, Stolze und Theye auf Initiative des letzteren zu einer Besprechung über Programm und Etat 1987 zusammen. Tamm ist weder eingeladen worden, noch wußte er von dem Termin. Mich hat Theye einfach abgeblockt. PKS und AV Euromedia verfügen mit zusammen 55 Prozent über die Mehrheit der SAT-1-Anteile. Der designierte Aufsichtsratsvorsitzende Theye hat auf seine Weise vollendete Tatsachen geschaffen. Denn wie zu vernehmen war, ist das neue Programmschema auf mehrheitliche Zustimmung gestoßen: täglich vier Serien und ein Spielfilm, freitags bis sonntags zwei Filme; dazwischen kurze »Blick«-Leisten und nur um 18.30 Uhr und gegen 22 Uhr noch jeweils eine Nachrichtensendung. Das »Blick«-Programm ist reduziert worden. Sonntags bis donnerstags sind gegen 22.30 Uhr halbstündige Magazinsendungen vorgesehen. Man hat sie fast alle zur Produktion an Stolzes AV Euromedia vergeben (obwohl das »Blick«-Studio in Hamburg dafür durchaus geeignet wäre und der dortige Betrieb kostengünstiger produzieren könnte).

7. November 1986: Die *Frankfurter Rundschau* kommentiert heute das SAT-1-Ergebnis: »Die Lokomotive des neuen Verbundes ist zweifellos der Springer Verlag. Mit 15 Prozent direkter Beteiligung und einem 35-Prozent-Anteil an der APF, die gleichfalls mit 15 Prozent an SAT 1 beteiligt ist [...], hat die Springer AG eine überaus wichtige Position. Der Lokomotivführer heißt allerdings Leo Kirch. Der Filmhändler wird bestimmen, wohin und mit welchem Tempo die Reise des privaten Veranstalters geht. Seine Machtposition innerhalb dieser Konstruktion ist ebenso unauffällig wie gut abgesichert.«

8. November 1986: Tamm hat die SAT-1-Gesellschafter in den Hamburger Springer Verlag eingeladen. Einziger Tagesordnungspunkt: das neue Programmschema. Aber es ist nichts mehr zu ändern, nicht nur wegen des Zeitdrucks bis zum 1. Januar, sondern weil das neue Schema schon veröffentlicht worden ist und auch der Werbewirtschaft bereits vorliegt. Ich sagte: Die Aneinanderreihung von Serien und Spielfilmen reiche für eine Profilierung des SAT-1-Programms nicht aus. Kaufware sei im Wettbewerb der vielen Programme austauschbar. Es fehlten eigenproduzierte, unterhaltende Sendeleisten; es fehlten Quiz- und Spielserien sowie Sportsendungen. Ich habe auch meine Befürchtungen geäußert, daß wegen der Verweigerung zusätzlicher Mittel die kurzen »Blick«-Leisten zu simplen Wiederholungssendungen degenerieren. Denn die laienhafte Gleichung »weniger Umfang, häufigere Ausstrahlungen, geringere Kosten« werde bei den Fernsehnachrichten nicht aufgehen. Fatal sei schließlich, sagte ich, daß das »Blick«-Journal gegen 22 Uhr, aber auch die kurzen Leisten zu täglich wechselnden Zeiten beginnen sollten; der Zuschauer wisse dann nicht mehr, wann bei SAT 1 Nachrichtenzeit sei. Theye lächelte, während ich sprach. Er wußte, daß er gewonnen hatte.

24. November 1986: 9.15 Uhr im großen Konferenzraum in der Mainzer Hegelstraße: Die erste Aufsichtsratssitzung von SAT 1. Die PKS wird von Theye, Guthardt und Bacher vertreten, der Springer Verlag von Tamm und die APF-Holding von Ebner. Weitere Mitglieder sind Stolze für die AV Euromedia; Wolfgang Müller (Springer Verlag) und Wilhelm Sandmann (Madsack Verlag) nehmen die beiden von Springer und der APF gemeinsam zu besetzenden Mandate wahr. Die Wahl Theyes zum Vorsitzenden

war reine Formsache; Tamm wurde zum Stellvertreter gewählt. Die Tagesordnung war lang: Geschäftsführung, Vertragsfragen, Personalangelegenheiten, Budget, Integration des »Blick«-Senders.

Auch in dieser Sitzung hat Theye seine Neigung zur Schärfe wieder einmal unter Beweis gestellt. Als man über die Kompetenzen des neuen kaufmännischen Geschäftsführers sprach, ist er mit Tamm aneinandergeraten. Gereiztheit und Spannung kamen auf. Guthardt bemühte sich um Vermittlung, und Bacher übernahm die Rolle des erfahrenen Fernsehmannes, der den Verlegern sagen konnte, was Sache ist. Für die Position des kaufmännischen Geschäftsführers hat die Verlagsseite Jürgen Langer aus dem Springer Verlag durchgesetzt. Irgendwie bestand in der Schlußphase der Verhandlungen unausgesprochen Einigkeit über die folgenden Punkte: Theye wird als Aufsichtsratsvorsitzender fungieren, Langer als erster Mann in der Geschäftsführung, ich werde ausscheiden, der »Blick«-Betrieb soll ohne Bruch integriert und sinnvoll von SAT 1 genutzt werden.

Dann drehte sich der Streit um Langers Aufgabenfeld und um seine Entscheidungsbefugnisse. Doetz und der kranke Gerlach sollen Mitglieder der Geschäftsführung bleiben. Theye beharrte auf Regelungen für die sogenannte Geschäftsführerkonferenz, die selbständige Entscheidungen des kaufmännischen Geschäftsführers weitgehend ausschließen. Theye war sich darüber im klaren, daß die Verbindung zwischen Doetz und ihm funktioniert.

Als man auf den »Blick«-Betrieb zu sprechen kam, griff mich Theye frontal an. Ich nahm als Gast an der Aufsichtsratssitzung teil. Wie viele seiner Auftritte ich schon erlebt habe! Er spielt aus, was er im Rükken hat: die Macht des Filmes und die Macht des Geldes. Aus heiterem Himmel wird sein Ton schneidend und böse: »Sie haben im Hamburger Betrieb eine Rebellion angezettelt.« Würde er diesmal außer Kontrolle geraten? Nur mühsam gelang es ihm, sich zu beherrschen. Ich bin ihm von vornherein hinderlich gewesen – deshalb habe ich aus seiner Sicht SAT 1 geschadet. Er hat nichts vergessen in dem Machtkampf, der schon 1984 begonnen hat. Meine Argumente nahm er einfach nicht zur Kenntnis. Aber ich habe nicht im Traum daran gedacht, Demutsgebärden zu zeigen, und habe meine Gegenargumente vorgetragen. Theye redete ständig dazwischen, versuchte, mich zu unterbrechen. Der Eklat war da.

5. Dezember 1986: Im Informationsdienst *rundy* ist über die Pressekonferenz bei SAT 1 in Mainz zu lesen: »Von den 192 SAT 1-Mannen sitzen immerhin 140 in Hamburg bei der »Blick«-Redaktion unter Armin Halle, dessen Thron – so SAT 1-Aufsichtsratsvorsitzender Dr. Theye auf der Pressekonferenz – nicht wackelt. Anders *rundy* vorliegende Informationen, die besagen, daß Halle alsbald das Handtuch werfen wolle oder müsse [...]«

18. Dezember 1986: Mein letzter Tag im »Blick«-Sender. Ich sagte mir, mit dem Vorwurf, daß ich mich unangepaßt gegenüber der PKS/Kirch-Seite verhalten hätte, könne ich ruhig schlafen. Ich hatte meine Pflichten als Geschäftsführer des »Pressefernsehens« und als Herausgeber von »Blick« zu erfüllen. Aber es fiel schwer, das Nachrichtenprogramm und den Produktionsbetrieb in Hamburg einer ungewissen Zukunft bei SAT 1 zu überlassen.

1. Januar 1987: Jürgen Langer nahm seine Tätigkeit als kaufmännischer Geschäftsführer von SAT 1 auf. Er war seit 1972 in verschiedenen Funktionen im Springer Verlag beschäftigt, zuletzt als Leiter des Direktoriumsbereichs Marketing und Vertrieb.

20. Februar 1987: Karl-Ulrich Kuhlo, zuletzt stellvertretender Chefredakteur der »Bild-Zeitung«, löste Armin Halle als Chefredakteur des »Blick«-Programms ab. Kuhlo war bereits von 1984 bis 1986 als stellvertretender Chefredakteur bei »Blick« tätig gewesen. Halle übernahm die Funktion eines »Chefmoderators« bei SAT 1.

26. August 1987: SAT 1 veränderte erneut das Programmschema. Das Nachrichtenprogramm »Blick« wurde weiter gekürzt und zerstückelt: Eingestreut in den flächendeckenden Spielfilm- und Serien-Teppich gibt es jetzt belanglose Nachrichtenschnipsel. Dagegen ist die »Bild-Zeitung« ein umfassendes, kunstvolles Informationsprogramm. Wunderte sich der *Tagesspiegel* (29. 8. 1987): »Ausgerechnet das ehrgeizigste hausgemachte Projekt, die News-Show »Blick«, wird im Umfang reduziert.« Allerdings: »Der SAT 1-Chefredakteur kooperiert reibungslos mit Theye ...« (*neue medien*, Oktober 1987)

1. September 1987: Langer kehrte zum Springer Verlag zurück. Schon kurze Zeit nach Beginn seiner Geschäftsführertätigkeit bei SAT 1 hatte sich eine Frontstellung mit Jürgen Doetz und dem Programmdirektor Rudi Klausnitzer entwickelt. Doetz, für Öffentlichkeitsarbeit, Medienpolitik und Kooperationen mit Dritten zuständig, stand laufend in Kontakt mit Theye. Doetz und Klausnitzer hatten ebenfalls Geschäftsführerrang. Schließlich stellte sich auch Theye offen gegen Langer und wurde im Aufsichts-

rat von Guthardt, Bacher und Stolze unterstützt. Langers Stellung war unhaltbar geworden.

12. September 1987: Für den Springer Verlag gestaltet sich die Wahrnehmung seiner Rechte bei SAT 1 zunehmend schwieriger. Denn der Gegner bei SAT 1 ist zugleich Teilhaber am Verlag. In der *Frankfurter Allgemeinen Zeitung* ist heute zu lesen:

> Mit einer Beteiligung von mehr als 25 Prozent am Aktienkapital will Kirch künftig mitsprechen im Hause Springer, wenn der Springer-Aufsichtsrat zustimmt. Die Erbin des Konzerngründers Axel Springer, seine Frau Friede, billigt Kirchs Absichten, doch die Brüder Franz und Frieder Burda als Dritte im Kreis der Großaktionäre wollen eine höhere Beteiligung Kirchs verhindern. Kirch jedoch will sich weder durch Widerstand auf der Aktionärsseite noch durch politische Debatten beirren lassen. Er hofft, daß sich im Laufe der Zeit alles einspielt [...]
>
> Den Nutzen sieht Kirch keineswegs einseitig. Einfluß bei Springer zu erhalten, bedeute für ihn, mit seinen internationalen Verbindungen und seinen reichen Erfahrungen im Filmgeschäft mitzuwirken, daß das Haus Springer schneller ein Medienkonzern mit »Printprodukten und Elektronikprogrammen« werden kann [...]

1. Oktober 1987: In *neue medien* heißt es: »Langer war bei denen, die bei SAT 1 das Sagen haben, von vornherein unerwünscht. Erst nach monatelangem Hin und Her im letzten Jahr konnte Springer-Chef Peter Tamm ihn gegen Joachim Theye, Leo Kirchs Mann im Aufsichtsrat, durchsetzen. Und das auch nur, indem man Langers Kompetenzen eingegrenzt hat [...]«

1. November 1987: Werner Klatten (Jahrgang 1945), zuletzt Vorstandsvorsitzender der Zigarettenfirma Brinkmann in Bremen, hat mit Wirkung zum 1. Januar 1988 den Vorsitz der SAT-1-Geschäftsführung übernommen. Klatten ist Theyes Mann. Theye: »Ich kenne Klatten seit vielen Jahren. Er hat einen Zigarettenkonzern geleitet, übrigens mit auffallendem Geschick und großem Erfolg. Er hat Managerqualität bewiesen, eine Fähigkeit, die man im Mediengeschäft nicht allzu häufig findet. Und ich sehe in dieser Qualität eine unabdingbare Voraussetzung für die Führung eines privaten Fernsehsenders, d. h. eines Wirtschaftsunternehmens, nicht einer staatlichen Anstalt. Aber das allein war es nicht. Klatten hat Sinn für das Thema Medien. Er hat das Gefühl für die Mischung von Unterhaltungs- und Informationsprogramm, die nach meiner Überzeugung den Erfolg des Privatfernsehens ausmachen wird [...]« (*text intern*, 6. 1. 1988)

Klatten hat genau die Befugnisse erhalten, die Theye dem Springer-Mann Langer verweigert hat. (Theyes Maxime lautet jetzt: »Wir brauchen einen, der das Haus mit kräftiger Hand führt.«)

9. November 1987: Der *Spiegel* schreibt: »Die Machtfrage ist inzwischen geklärt. Die mehr als 140 Zeitungsverleger, die SAT 1 vor drei Jahren gegründet haben, können kaum noch mitreden. Den Kurs bei SAt 1 bestimmt jetzt der Münchner Filmgroßhändler Leo Kirch fast im Alleingang. Vergangenes Jahr brachte er seinen wichtigsten Mann an die Spitze des Aufsichtsrats: den Bremer Anwalt Joachim Theye. Von Anfang an suchte Theye nach einem Topmanager, der die verlustreiche Leichtwelle in seinem Sinne saniert. Er fand ihn im heimatlichen Bremen. Im September präsentierte Theye dem überraschten Aufsichtsrat seinen Klatten.«

15. Dezember 1988: »Blick«-Chefredakteur Karl-Ulrich Kuhlo ist wegen »grundlegender Differenzen« hinsichtlich der Arbeit der Nachrichtenredaktion (so SAT 1) ausgeschieden. »Seit längerem kursieren in der Medienbranche Gerüchte über Meinungsverschiedenheiten zwischen dem Chefredakteur, der vom Axel Springer Verlag kam, und der SAT 1-Geschäftsleitung.« (*Die Welt*, 16. 12. 1988) Theye hat offenbar die Absicht, den Nachrichtenteil des SAT-1-Programms noch mehr in seinem Sinn zu verändern.

31. Dezember 1988: SAT 1 hat 1988 bereits an Netto-Werbeerlösen 118 Millionen Mark erzielt. Dagegen stehen Aufwendungen in Höhe von 235 Millionen. Für 1989 wird mit Werbeerlösen von mindestens 250 Millionen Mark gerechnet. Aber auch das Ausgaben-Budget wird steigen und deutlich über dreihundert Millionen liegen. Besonders erfolgreich ist das Jahr 1988 für die PKS/Kirch-Seite gewesen. Für die zugelieferten Filme hat sie fast hundert Millionen Mark kassiert. Die Zusammenarbeit zwischen Theye und Klatten hat sich bewährt.

# 7. Das »Syndikat« Kirch–Burda: »Putschversuch« bei Springer

Alle Gespräche, Verhandlungen und Vermittlungsversuche zwischen den drei Aktionärslagern Springer, Burda und Kirch sowie dem Aufsichtsrat des Springer Verlages hatten zu keiner einvernehmlichen Lösung geführt. Am 16. Dezember 1987 stellte der Aufsichtsratsvorsitzende Servatius öffentlich fest: »Die in der Hauptversammlung der Axel Springer Verlag AG am 6. August 1987 angekündigten Gespräche der Aktionärsgruppen Springer, Burda und Kirch haben nicht zu der Empfehlung an den Aufsichtsrat geführt, eine Änderung der Aktionärsstruktur einzuleiten. Der Aufsichtsrat sieht deshalb keine Veranlassung, seine Richtlinien für die Übertragung von Aktien neu zu fassen. Ihm liegt auch kein Antrag vor, der auf die Genehmigung einer Übertragung weiterer Aktien auf die Gruppe Leo Kirch gerichtet wäre.«

*neue medien* schrieb im Februar 1988: »Da schäumt Kirch-Intimus Joachim Theye, den viele schon als Tamm-Nachfolger gesehen hatten, über Frau Springer: Der Fisch stinkt vom Kopf her, und aus Berlin tönt es zurück, so lasse man nun wirklich nicht mit sich umspringen.«

Damit war jedoch das Thema nicht erledigt. Kirch selbst hatte im August 1987 gegenüber dem *manager magazin* hinsichtlich des für seine Springer-Pläne geltenden Zeitrahmens sibyllinisch verlauten lassen:

*manager magazin*: Sie sind ja bemüht, über zehn Prozent hinaus noch mehr Einfluß zu gewinnen. Sie wollen runde 25 Prozent. Kommen Sie voran?

*Kirch:* Meine Pläne sind so, wie Sie es beschrieben haben, die Möglichkeiten, voranzukommen, sind gegeben. Welche Zeit notwendig ist, um diese Pläne zu verwirklichen, das weiß ich nicht.

Nach der negativen Entscheidung des Aufsichtsrats richtete der Branchendienst *text intern* (8. 1. 1988) an Theye die Frage: »Wird Kirch sein Ziel bei Springer erreichen – auch nach der negativen Entscheidung des Aufsichtsrats?« Theye erwiderte: »Ich denke ja.«

Heimlich schmiedeten Kirch und Theye ein Bündnis mit den lange Zeit angefeindeten Brüdern Franz und Frieder Burda. Beide Seiten einigten sich auf einen »Pool-Vertrag«, um ihre Springer-Aktien gemeinsam einzusetzen. Die neue Mehrheit sollte die Macht im Springer-Konzern bringen. Im Besitz der Burdas befanden sich inzwischen 26 Prozent der Springer-Aktien. Wieviel Prozent Kirch kontrollierte, war zwar unklar. Aber nach Auskunft des Vertragstextes ging Kirch von einem eigenen Aktienblock in Höhe von ebenfalls 26 Prozent aus. Und sicher war, daß er seinen Anteil in jedem Fall auf mehr als 25 Prozent erhöhen wollte.

Die wesentlichen Bestimmungen des am 3. März weitgehend ausgehandelten Vertrages sahen eine völlige Aushebelung der Organe des Springer Verlages vor. Kirch und Burda wollten mit ihrer Mehrheit alle Beschlüsse von Hauptversammlung, Aufsichtsrat und dessen Fachausschüssen vorab festlegen. Hierfür war ein Abstimmungsgremium vorgesehen, besetzt mit jeweils zwei Vertretern von Kirch und Burda. Als fünfter Mann und Schiedsrichter bei Patt-Situationen sollte der Vorstandsvorsitzende der Genossenschaftsbank, Helmut Guthardt, mit am Tisch sitzen. Auf diese Weise sollte über die Besetzung von Aufsichtsrat und Vorstand sowie über alle Geschäftsführungsfragen des Verlagskonzerns und seiner Beteiligungsunternehmen vorentschieden werden. Die Vertragspartner verpflichteten sich dabei, in allen diesen Fragen Einigkeit herbeizuführen. Sollte das nicht möglich sein, wollten beide Gruppen eine Beschlußfassung in den Organen des Springer Verlages verhindern. Bei Verstößen gegen die Vereinbarung drohte eine Vertragsstrafe in Höhe von zehn Millionen Mark für jeden Fall der Zuwiderhandlung.

Als erster Schritt war vorgesehen, die neue Mehrheit im Aufsichtsrat zu realisieren. Fünf der neun Sitze sollten von den »versöhnten Partnern« besetzt werden, offensichtlich mit Kirch, Theye, Guthardt, Franz und Frieder Burda. Dann sollte die Aktienübertragung aus dem Lager der »Strohmänner« auf Kirch durchgeführt und genehmigt werden. Die Aktienmehrheit von Kirch und Burda im Springer Verlag wäre damit unumkehrbar gewesen.

Im Gespräch war ferner die Ablösung des Aufsichtsratsvorsitzenden Professor Bernhard Servatius und des Vorstandsvorsitzenden Peter Tamm. Der Aufsichtsratsvorsitz wurde angeblich dem damaligen Deutsche-Bank-Sprecher Friedrich Wilhelm Christians angeboten. Auch Professor Ernst Cramer, Nachlaßverwalter des verstorbenen Verlegers und Mitglied des Aufsichtsrates, sollte ersetzt werden. Frieder Burda dazu am 28. März 1988 im *Spiegel*: »Wir wurden von Cramer mit Mißtrauen verfolgt, weil wir Kirch zu Fall gebracht haben. Jetzt bringt der Kirch ihn zu Fall, das ist der Treppenwitz.«

Servatius, ein langjähriger Springer-Vertrauter, der die ablehnende Haltung des Verlegers gegenüber

Kirch kannte, hatte sich bis an die Grenze der Selbstverleugnung um Ausgleich innerhalb des Gesellschafterkreises bemüht. Tamm wiederum war vor dem Hintergrund der SAT-1-Beteiligung durchaus zu einer fairen Partnerschaft mit dem Filmgrossisten bereit gewesen.

Doch Kirchs Coup wurde vorzeitig, das heißt vor der rechtsgültigen Unterzeichnung des Pool-Vertrages, publik und erregte in der Öffentlichkeit beträchtliches Aufsehen. Die Konturen eines Groß-Imperiums aus Film, Fernsehen und Presse waren sichtbar geworden. Und außerdem handelte es sich im Medienbereich um den ersten konkreten »feindlichen Übernahmeversuch« eines Unternehmens in der Bundesrepublik Deutschland. In den USA ist diese Praktik nicht so ungewöhnlich.

Mit diesem spektakulären Schritt gegen die Familie Springer fiel Licht in das Dunkel, das die beiden »Macher« Kirch und Theye immer wieder den Blikken eines breiteren Publikums entzog. Jetzt gerieten sie in den Mittelpunkt des öffentlichen Interesses. Die Schlagzeilen waren eindeutig: »Der Machtkampf bei Springer ist voll entbrannt« (*Frankfurter Allgemeine Zeitung*, 24. 3. 1988), »Machtkämpfe mit harten Bandagen um das Erbe Springers« (*Frankfurter Allgemeine Zeitung*, 24. 3. 1988), »Das Syndikat: Leo und die Burda-Brüder« (*Der Spiegel*, 28. 3. 1988), »Umsturz im Hause Springer« (*Hamburger Morgenpost*, 28. 3. 1988), »Das Syndikat enteignet Springer« (*Die Zeit*, 1. 4. 1988), »Schlimmer als Dallas und Denver« (*stern*, 28. 4. 1988).

Die öffentliche Meinung reagierte fast durchweg ablehnend auf das Bündnis Kirch-Burda. Die *Frankfurter Allgemeine Zeitung* schrieb am 26. März 1988: »Wie es in diesem Machtkampf weitergeht, ist schwer einzuschätzen. Fest steht, daß der Filmkaufmann Kirch, der bei all seiner Verbindlichkeit in dem Ruf steht, seine Ziele ohne Skrupel anzustreben, einer Mitsprache und Einflußnahme im Hause Springer jetzt näher ist.«

Der *Spiegel* schrieb am 28. März 1988:

> Filmgroßhändler Leo Kirch greift nach dem Erbe Axel Cäsar Springers. Der als »zweiter Hugenberg« geschmähte Medienmulti landete einen Coup. Zum Entsetzen der Verlegererben verbündete er sich mit bislang verfeindeten Teilhabern, den Brüdern Franz und Frieder Burda. Im Pool gieren sie nach der Konzern-Macht [...]
>
> Der Machtkampf um Deutschlands größtes Zeitungshaus ist voll entbrannt. Leo Kirch hat sein Vorhaben, das deutsche Privatfernsehen und den mächtigsten Pressekonzern gleich im Paket in den Griff zu bekommen, fast erreicht. Das war sein heimliches Ziel, seit er 1985 mit zehn Prozent bei Springer eingestiegen war [...]

Friede Springer und die Nachlaßverwalter Servatius und Cramer nannten das Bündnis zwischen Kirch und Burda ein »Syndikat«. Das Vorgehen sei gegen den letzten Willen Axel Springers gerichtet und würde alle noch von ihm verfügten Schutzmaßnahmen zum Erhalt und zur Weiterentwicklung seines Unternehmens und zur Gewährleistung der Unabhängigkeit der Zeitungen und Zeitschriften beseitigen. Und Servatius fügte hinzu: »Nach den Rechtsauskünften, die wir bei ersten Adressen eingeholt haben, verstößt der Pool-Vertrag gegen die guten Sitten, gegen das Aktienrecht, gegen das Kartellrecht, gegen die Emissionsbedingungen bei der Ausgabe der Springer-Aktien, vor allem aber gegen den letzten Willen von Axel Springer.«

Die von Friede Springer, Ernst Cramer und Professor Bernhard Servatius unterzeichnete Erklärung vom 22. März 1988 lautete:

Es trifft nicht zu, daß Aufsichtsrat und Vorstand der Axel Springer Verlag AG über das geplante Vorhaben informiert worden sind. Es gibt aber Informationen, nach denen Kirch und Burda beabsichtigen, ihre Aktien an der Axel Springer Verlag AG durch einen Poolvertrag zu verbinden und damit die Macht im Unternehmen zu ergreifen. Burda ist mit 26 Prozent, Kirch mit zehn Prozent am Axel Springer Verlag beteiligt. Die Verfügung Kirchs über weitere 16 Prozent ist bis heute unklar.

Dieses Syndikat beabsichtigt, mit seiner Mehrheit alle Beschlüsse von Hauptversammlung, Aufsichtsrat und seinen Ausschüssen vorab festzulegen. Dies soll insbesondere gelten für Aufsichtsratswahlen und Vorstandsbestellungen. Darüber hinaus streben Kirch und Burda fünf von neun Aufsichtsratsmandaten an, mit denen sie dann den Vorsitzenden im Aufsichtsrat und die Besetzung der Ausschüsse bestimmen wollen [...]

Wenn sich alle diese Informationen bestätigen, wäre die Verlegermehrheit gesprengt, würden alle noch vom Verleger Axel Springer verfügten Schutzmaßnahmen zum Erhalt und zur Weiterentwicklung seines Unternehmens und der Unabhängigkeit der Zeitungen und Zeitschriften beseitigt. Letztlich gilt dies auch für die aktienrechtlichen Schutzbestimmungen zugunsten der Kleinaktionäre [...]

Die Testamentsvollstrecker [...] werden das Vermächtnis Axel Springers verteidigen.

Springer hatte in seinem Testament an die Erben und Nachlaßverwalter appelliert, »stets dessen eingedenk zu sein, daß der wesentliche Gegenstand des Nachlasses mein berufliches Lebenswerk ist. Dieses Werk ist mir Verpflichtung, die mit meinem Leben nicht endet und die auch nicht nur meiner Familie gegenüber besteht. Die Bedeutung meiner Unternehmen und die in ihnen vertretenen Grundsätze verlangen Rücksichten, denen auch meine Erben unterworfen sind.«

Friede Springer zeigte sich entschlossen: »Wir liefern den Verlag nicht Leuten mit reinen Geschäftsinteressen aus. In dieser Frage steht die gesamte Belegschaft hinter uns, auch der Betriebsrat.«

Kirch kannte in der Tat keine Skrupel. Denn noch ein halbes Jahr vor Abschluß des Bündnisses gegen die Springer-Erben hatte er erklärt: »Wenn ich mein Ziel erreiche und gemeinsam mit Springer die Zukunft von Springer gestalten kann, dann muß sich natürlich jeder andere Aktionär entscheiden, was er tun will.« (*manager magazin*, August 1987) Und in seinem *Spiegel*-Interview vom 12. Oktober 1987 hatte er gesagt, er wolle das Unternehmen »gemeinsam mit Frau Springer im Sinne von Axel Springer weiterführen«.

In der *Zeit* konnte man am 1. April 1988 lesen: »Die brachiale Geschäftspolitik, mit der sich jetzt die Brüder Burda und der Filmkaufmann Kirch im Konzern Geltung verschaffen, ist noch zweieinhalb Jahre nach dem Tode von Axel Springer geeignet, Bewunderung für eine Verlegerpersönlichkeit zu wecken, die noch etwas anderes kannte als das Geschäft. Seine Nachfolger sind an der Bilanz interessiert, an sonst gar nichts.«

Auch im Springer Verlag selbst bildete sich eine breite Abwehrfront gegen das »Syndikat«. Auf einer außerordentlichen Betriebsversammlung vom 8. April 1988 verurteilte die Belegschaft einmütig den »feindlichen Übernahmeversuch«. In einer Betriebsräte-Erklärung hieß es: »Wir sind empört über den Versuch einer branchenfremden Gruppe, Machtverhältnisse in einem Unternehmen zu ändern, das seit Jahrzehnten 12 000 Menschen Arbeitsplätze bietet. Wir fürchten, daß ein Teil dieser Arbeitsplätze gefährdet ist.« Dem Filmgroßhändler warfen die Betriebsräte vor, er wolle den Springer Verlag und die von ihm herausgebrachten Zeitungen und Zeitschriften »vordergründig als Werbeträger für seine Filme« nutzen.

Kurz danach nahm das Pokerspiel um Macht und Milliarden eine überraschende Wende. Die Springer-Seite hatte mit Franz und Frieder Burda wieder Kontakt aufgenommen und sie aufgefordert, statt mit Kirch zu paktieren, einer gemeinsam organisierten Verlegermehrheit zuzustimmen. Über Details könne man gerne verhandeln. Doch die Burdas lehnten ab. Andererseits waren sie von dem negativen Echo der Öffentlichkeit überrascht. Mutter Aenne Burda tat ein übriges und mahnte ihre Söhne, den Ruf der Familie nicht zu schädigen. So entschlossen sie sich zum Rückverkauf ihrer Beteiligung an die Springer-Erben, denen ein Vorkaufsrecht an den Aktien zustand. Schließlich mißtrauten sie doch wieder Kirch und Theye, zumal inzwischen in München zu hören war, daß man sich bei Kirch erzähle, die Burdas werde man bei Springer letztlich ganz rausdrängen.

Am 19. April 1988, einen Tag vor der ursprünglich geplanten rechtsgültigen Unterzeichnung des Pool-Vertrages zwischen Kirch und Burda, gelang es dann den Abgesandten von Friede Springer tatsächlich, das Aktienpaket gegen eine horrende Summe zurückzukaufen. Am frühen Morgen dieses Tages reisten vier Herren im Privatjet nach Baden-Baden zur F. + F. Burda Gesellschaft für Beteiligungen. Für den Springer-Aufsichtsrat waren dabei: der Vorsitzende Bernhard Servatius und Testamentsvollstrekker Ernst Cramer; für den Vorstand: Vorsitzender Peter Tamm und Erhard van Straaten.

Den ganzen Tag über verhandelten sie mit Franz und Frieder Burda sowie deren Rechtsbeistand in der Jugendstilvilla der Burda-Firma. Selbst in der Mittagspause blieb nur Zeit für ein paar Schnittchen. Am Abend war man sich einig: Rückkauf des

Aktien-Paketes durch die Erben des verstorbenen Verlegers. Die Burda-Brüder kassierten für den Deal 530 Millionen Mark.

Um ganz sicher zu gehen, bestanden die Abgesandten aus Berlin und Hamburg darauf, an Ort und Stelle vollendete Tatsachen zu schaffen. Der Rückflug wurde auf den späteren Abend verschoben. Denn zuvor mußten noch zahlreiche Unterschriften geleistet werden. Auf die Rückseiten der vinkulierten Aktien setzten jeweils Aufsichtsrat und Vorstand ihren Übertragungsvermerk zugunsten der neuen Eigentümer. Damit war die Transaktion rechtsverbindlich vollzogen. Die Springer-Leute steckten die Wertpapiere auch gleich in ihre Aktenkoffer und flogen damit zurück nach Hamburg. Das Bündnis Kirchs mit den Burdas war zerschlagen. Die beiden Burda-Brüder entschwanden ins Ausland.

Kirch und Theye erfuhren erst am Morgen des 20. April, kurz vor ihrem geplanten Abflug nach Baden-Baden, von der veränderten Situation. Frieder Burda rief Leo Kirch in München an und teilte ihm am Telefon lakonisch mit: Wir haben gestern verkauft.

Kirch und Theye hatten ihr Pokerspiel verloren.

Die Rückgabe der Springer-Aktien durch Franz und Frieder Burda war letztlich in der Erkenntnis geschehen, daß Pool-Partner Kirch eigene Ziele verfolgte und die Chance für eine verlegerische Mitverantwortung bei Springer vertan war. Daß sie mit 530 Millionen Mark doppelt soviel erlösten, wie sie 1983 für den Erwerb der Aktien bezahlt hatten (255 Millionen Mark), war ein glänzender finanzieller Trost für den aufgegebenen Einfluß bei Springer. Aber die Springer-Familie mußte sich dabei hoch verschulden und reduzierte deshalb auch die Mehrheit auf das gerade Notwendige, auf 50,1 Prozent des Aktienkapitals.

Die *Frankfurter Allgemeine Zeitung* kommentierte am 21. April 1988 das Geschehen so:

> [...] Als der große Patriarch Axel Springer im Herbst 1985 starb, schien sein Haus bestellt. Springer hatte die süddeutsche Verlegerfamilie Burda mit knapp einem Viertel beteiligt und später etwa die Hälfte der Aktien seines Unternehmens durch die Deutsche Bank plaziert [...] Die Brüder Burda erwiesen sich nicht, wie von Springer erhofft, als Wahrer eines publizistischen Erbes, sondern als Kaufleute, denen es letzten Endes um Geld ging. Als fatal stellte sich auch die lange Zeit verheimlichte Beteiligung des Filmkaufmanns Leo Kirch heraus. Schließlich hat die von der Deutschen Bundesbank angeblich so klug ausgetüftelte Aktienemission den Machtkampf nicht verhindern können, obwohl einer ihrer Sprecher im Aufsichtsrat sitzt. Das ist kein Ruhmesblatt für die Bank.
>
> Hat sich die Deutsche Bank nun auf die Seite der Verlegerwitwe geschlagen, um wieder Ordnung zu schaffen? Dürfen Bank und Erben dabei vielleicht sogar auf Unterstützung aus der Politik hoffen? Darüber darf spekuliert werden. Verlierer scheint Kirch zu sein, der mit den beiden Burdas zusammen die Macht bei Springer ergreifen und einen Konzernverbund aus gedruckten und elektronischen Medien schaffen wollte [...]

Kirch freilich ließ auch nach dieser Niederlage nicht locker. Er hielt an der Absicht fest, seine Beteiligung am Springer Verlag aufzustocken und den seit langem angestrebten Einfluß zu erreichen.

Im Mai 1988 wollte das Bundeskartellamt von der Kirch-Gruppe Einzelheiten über die mittelbare Beteiligung am Springer Verlag wissen. Daraufhin ließ Kirch seine »Absicht anzeigen«, die zehnprozentige Beteiligung am Aktienkapital des Springer Verlages auf mehr als 25 Prozent zu erhöhen. Bei Springer bekräftigten Aufsichtsrat und Vorstand ihre Haltung: die Übertragung weiterer Aktien auf Kirch werde abgelehnt.

Im November 1988 wurde die Entscheidung des Kartellamtes bekannt, daß gegen den Erwerb einer mehr als 25prozentigen Beteiligung durch Kirch keine Bedenken bestünden. Die Sprecherin der Filmgruppe sagte, man sei »sicher, daß der Springer-Aufsichtsrat in absehbarer Zeit einer Übertragung von Anteilen zustimmen« werde. Der Vorsitzende Servatius wiederholte dagegen, eine Aufstockung der Kirch-Anteile finde keine Zustimmung im Aufsichtsrat.

Der Versuch, in dem überraschenden Bündnis mit den bis dahin angefeindeten Brüdern Franz und Frieder Burda die Verlegermehrheit im Verlag auszuhebeln und nach dem Erbe Axel Springers zu greifen, ist dort nicht vergessen. Aber Kirch hält an seiner Absicht fest, die angestrebte Sperrminorität im Aktionärskreis zu realisieren.

Setzt Kirch etwa auf den fortdauernden Rechtsstreit, der innerhalb der Burda-Familie im Gange ist? Hubert Burda, der *Bunte*-Verleger, fühlte sich durch den Rückkauf des Aktienpaketes seiner Brüder durch die Springer-Familie übergangen. Er behauptet, ihm stehe gegenüber den Brüdern ein Vorkaufsrecht zu. Unstreitig verfügten wiederum die Springer-Erben über ein Vorkaufsrecht gegenüber Burda. In erster Instanz beim Landgericht Offenburg erhielt Hubert Burda recht. Doch der Prozeß unter den Brüdern geht weiter. Die Springer-Seite stellte fest, die Landgerichtsentscheidung habe »keine Wirkung im Verhältnis zu uns«. Bis zu einer rechtskräftigen Entscheidung nach einem Gang durch alle Instanzen dürfte die Jahrtausendwende erreicht sein mit allen Realitäten, die bis dahin geschaffen sein werden.

Wie will Kirch also sein Ziel erreichen? In München heißt es nach wie vor, man könne über das Stimmverhalten von mehr als 25 Prozent der Springer-Aktien disponieren. Ist daraus bereits eine mittelbare Beteiligung über rechtswidrige »Strohmänner« abzuleiten? An den Aufsichtsrat des Springer Verlages schrieb Kirch am 29. Dezember 1988 in vorsichtiger Form: »Wenn Aktien auf uns übertragen werden sollen, werden wir das der Gesellschaft zur Erwirkung der Zustimmung anzeigen.«

Ist in absehbarer Zeit mit neuen verdeckten Operationen zu rechnen? Will Kirch erneut Druck auf den Verlag ausüben, um so Unsicherheit zu erzeugen und letztendlich doch noch ein für ihn befriedigendes Arrangement herbeizuführen? Solange die Aktienmehrheit in den Händen der Springer-Familie liegt, dürften die Chancen hierfür gleich Null sein. Aber ist das auch sicher?

Schon im September 1987 hatte die Fachzeitschrift *neue medien* gemeint: »Sicherlich ist es für die Springer-Verantwortlichen sehr schwer, Leo Kirch und dessen Geschäfte beurteilen zu können. Im Filmhandel wird gepokert, betrogen und bestochen. Das ist ein bißchen Chicago, ein bißchen Texas. Schwarzgeld und Scheinfirmen in Liechtenstein oder auf den Niederländischen Antillen gehören zur Tagesordnung. Seriosität ist eher hinderlich.«

Der Axel Springer Verlag jedenfalls stellte am 4. Januar 1989 nochmals fest: »Die Kirch-Gruppe ist am Axel Springer Verlag mit zehn Prozent und keiner Aktie mehr beteiligt. Die Übertragung von Aktien bedarf nach der Satzung der Gesellschaft der Zustimmung des Aufsichtsrats, der für den Zuerwerb durch Kirch über zehn Prozent hinaus keine Zustimmung erteilt hat. Ohne diese Zustimmung können weder Aktien noch Stimmrechte aus Aktien erworben werden. Jede Umgehung dieser rechtlich eindeutigen Regelung durch Strohmänner ist rechtswidrig.«

Nach dem Fehlschlag bei Springer tauchte der Medienmogul erst einmal wieder unter. Aber es gab Hinweise, die mit dem Umfeld von Friede Springer zusammenhingen, daß Kirch jetzt eine Verhandlungslösung mit der Springer-Familie anstrebt. Die *Financial Times* schrieb am 7. März 1989 unter der Schlagzeile »Kirch fights to be recognized at Axel Springer« (»Kirch kämpft um Anerkennung bei Springer«):

> Wo und wann ist ein Aktionär kein Aktionär? Antwort: in Westdeutschland, wenn sein Name Leo Kirch ist und er vinkulierte Namensaktien im Axel Springer Verlag besitzt, einem der führenden Zeitungshäuser in Europa. [...]
>
> Wie in einer der Kirch-Fernsehserien ist die Springer-Saga zunächst an einem toten Punkt angelangt. Aber Kirch wird kaum seine Bemühungen aufgeben, seine neuen Aktien auf seinen Namen übertragen zu erhalten [...] »Wir wollen es nicht durch Kampfmaßnahmen oder juristische Schritte schaffen«, sagt Armgard von Burgsdorff, die offizielle Sprecherin des pressescheuen Kirch. »Es muß durch Verhandlungen geschehen.« [...] Die Kirch-Gruppe hofft offenkundig auf einen Riß im Springer-Lager, entweder durch interne Kämpfe oder einen Sinneswandel bei den Erben.

Geht das Spiel weiter? Der jährliche Finanzdienst für die hohen Kredite drückt die Springer-Erben. Sie begannen, nach neuen Partnern Ausschau zu halten. Im Mai 1989 zeigte der italienische Verleger Attilio Monti Interesse an zehn Prozent der Aktien. Aber zu welchen neuen Überraschungen wird es im Aktionärskreis des Verlagskonzerns kommen, wenn die Springer-Erben auf die teuer zurückgekaufte Mehrheit wieder verzichten?

# 8. Leo Kirch bei Axel Springer jahrelang unerwünschte Person

Für eine Verhandlungslösung zwischen Kirch und der Springer-Familie über die Zubilligung von Einfluß des Filmgrossisten auf das Verlagsunternehmen gibt es eigentlich keinen Spielraum mehr: erstens, weil dies nach dem erklärten Willen des verstorbenen Verlegers ausgeschlossen ist; zweitens, weil Axel Springer den Filmhändler viele Jahre lang ablehnte und nichts mit ihm zu tun haben wollte. Durch den öffentlich erhobenen Anspruch Kirchs, in die Nachfolge Springers zu treten, ist diese Vergangenheit wieder aktuell geworden. Wie stand Springer zu Kirch?

Für den Verleger war der Name Kirch ein Reizwort, und es kam deshalb auch nie zu einer persönlichen Begegnung zwischen beiden. Der Filmhändler wurde in der zweiten Hälfte der siebziger Jahre zur Persona non grata bei Springer. Kirch hatte im Mai 1976 dem Pressekonzern ein Spielfilmpaket verkauft und gleichzeitig den Vertrieb übernommen. Aber die bei den Vertragsverhandlungen geäußerten Erwartungen und Zusagen erfüllten sich nicht. Auch Nachverhandlungen führten zu keiner Verbesserung der Situation. Die Verkaufserlöse blieben gering. Axel Springer fühlte sich reingelegt.

Freilich: Im Filmhandel geht es anders zu als im Verlagsgewerbe. Nichts ist transparent oder öffentlich wie bei Zeitungen und Zeitschriften. Ich selbst habe die Usancen kennengelernt, als ich im Springer-Konzern eine Zeitlang auch mit dem Einkauf und Verkauf von Filmlizenzen befaßt war und Einblick in die Spielarten dieses Geschäftes erhielt.

Filmlizenzen sind eine Ware, die der Interessent beim Einkauf materiell nicht sieht. Es werden auch nicht die Eigentumsrechte an den Filmen, sondern »nur« deren Nutzungsrechte übertragen. Dies geschieht getrennt nach den verschiedenen Auswertungsmöglichkeiten wie Kino, Video, drahtloses Fernsehen, Kabel- und Satellitenfernsehen, ferner nach geographischen Zonen (zum Beispiel deutschsprachige Länder) sowie nach zeitlicher Dauer und Häufigkeit der Fernsehausstrahlung. Das alles muß vertraglich festgelegt und preislich ausgehandelt werden. Je öfter die Lizenzen den Besitzer schon gewechselt haben, desto eher können Unklarheiten hinsichtlich einzelner Rechte bestehen. Wenn aber nicht alle vorausgegangenen Verträge vorliegen, so kann es passieren, daß der Interessent von falschen Voraussetzungen ausgeht. Und damit der Erwerber wiederum die Nutzungsrechte selbst wahrnehmen oder aber erfolgreich weiterverarbeiten kann, muß er sich zuerst einmal selbst den Zugriff auf die Bildnegative, Kopien, Tonbänder und Sprachfassungen der Filme beschaffen; sie liegen in speziellen Archiven oder bei Kopierwerken – manchmal weltweit verstreut und nicht immer in einwandfreiem Zustand. Da außerdem Filme generell nur in Paketen gehandelt werden, spielt die Frage der Bewertung und Einschätzung der einzelnen Streifen eine große Rolle, ebenso die Frage, welche Summen sie in den verschiedenen Lizenzgebieten einspielen können. Für einen erstklassigen Spitzenfilm müssen Dutzende von zweit- und drittklassigen Filmen und zahlreiche Nieten mit übernommen werden. Alles spielt sich in diesem Geschäft unter Zeitdruck ab, weil die Nachfrage nach Filmen groß ist und die

Konkurrenz nicht schläft. So kann es leicht geschehen, daß ein unerfahrener Lizenzkäufer über den Tisch gezogen und hinterher mit seinem Vertrag nicht glücklich wird.

Die Verhandlungen und Gespräche vor und nach Abschluß der Filmlizenz- und Vertriebsverträge zwischen den Firmen Beta-Film aus der Kirch-Gruppe und der Springer-Konzern-Tochter Ullstein AV Produktions- und Vertriebsgesellschaft (Ullstein AV) waren im wesentlichen von Leo Kirch persönlich geführt worden. An dem Zustandekommen der Verträge war im übrigen auch der Anwalt Joachim Theye beteiligt.

Ullstein AV erwarb damals die Auswertungsrechte an zweihundert Spielfilmen, insbesondere für Fernsehen und Video, für deutsch- aber auch für fremdsprachige Lizenzgebiete. Der Kaufpreis betrug 5,9 Millionen Mark. Ungewöhnlich an dem Geschäft – für den Springer-Konzern der erste große Filmeinkauf – war, daß mit dem Kaufvertrag sogleich ein Vertriebsvertrag mit dem Verkäufer, Kirchs Beta-Film, geschlossen wurde. Beta-Film übernahm darin »das ausschließliche und uneingeschränkte Vertriebsrecht« für die zweihundert Filme. Nur für das deutschsprachige Gebiet sollte die Ullstein AV den Vertrieb unter bestimmten Voraussetzungen an sich ziehen können.

Der Vertragskomplex hatte durch diese Konstruktion einen kreditähnlichen Charakter erhalten. Allerdings gab es für die Rückzahlung des »Darlehens« von 5,9 Millionen Mark keine Sicherheit außer dem Versprechen Kirchs, für eine optimale Auswertung der Filme zu sorgen. Mit den Vertriebserlösen sollte das »Darlehen« samt jährlichen Zinsen (in Höhe von dreieinhalb Prozent über dem gültigen Diskontsatz) sukzessive getilgt werden.

Die Konstruktion der im Zusammenhang mit diesem »Filmgeschäft« geschlossenen Verträge war merkwürdig. Mußte die Doppelvereinbarung nicht auf eine Interessenkollision bei Beta-Film hinauslaufen? Warum eigentlich sollte sich Beta-Film intensiv um den Vertrieb kümmern, da sie selbst an den Vertriebseinnahmen erst beteiligt werden sollte, wenn die an Kirch gezahlten 5,9 Millionen Mark plus vereinbarte Zinsen vollständig zurückgeflossen wären? Und fielen nicht überhaupt die Auswertungsrechte nach Ablauf der Lizenzzeit wieder der Beta-Film als Eigentümerin der Spielfilme zu? Dann würden die Filme aber doch desto wertvoller bleiben, je weniger sie vorher im Fernsehen zur Ausstrahlung gekommen wären. Oder bestand nicht auch die andere Möglichkeit, die zugkräftigsten Titel aus dem Paket herauszuziehen und mit schwachen Filmen aus dem Kirch-Fundus zum eigenen Vorteil neu zu bündeln?

An der Spitze des Springer-Konzerns kehrte jedenfalls schon im ersten Vertriebsjahr große Ernüchterung ein. Denn die Rückflüsse ließen auf sich warten. Im April 1977 schied der Ullstein-AV-Geschäftsführer Uwe Lucks, der die Vereinbarungen mit Beta-Film geschlossen und bei den Verhandlungen mit Beta-Film Unsicherheiten gezeigt hatte, bei Springer aus und wechselte zur Kirch-Gruppe nach München.

Springers damaliger Generalbevollmächtigte Heinrich Prinz Reuss ließ intern die Frage prüfen, ob die Verträge kündbar oder anfechtbar wären. Denn im ersten Jahr beliefen sich die Erlöse aus dem in- und ausländischen Vertrieb durch Beta-Film auf nur 500 000 Mark. Außerdem gab es Informations- und Abrechnungsprobleme.

Bei den Verhandlungen über die Filmlizenz- und Vertriebsverträge hatte Leo Kirch für die Amortisation der eingesetzten Mittel einen Zeitraum von drei bis fünf Jahren genannt. Danach wären Gewinne zu erwarten. Und das wurde nicht nur einfach so dahingesagt, sondern mit den eigenen Vertriebsmöglichkeiten und den Qualitäten des Filmpaketes begründet.

Diese Annahme hatte denn auch die Geschäftsgrundlage für den Abschluß der Verträge mit Beta-Film gebildet. Als dann die Rückflüsse zu wünschen übrigließen – im ersten Jahr wurden nur drei Filme an die ARD sowie einige Auslandsrechte verkauft –, kam es zu neuen Gesprächen und Verhandlungen. So fand am 17. August 1977 in den Geschäftsräumen der Beta-Film in München ein Treffen zwischen Leo Kirch und dessen Geschäftsführer Bodo Scriba einerseits und der Ullstein-AV-Geschäftsführung andererseits statt. Dabei betonte Kirch, der Handel mit Filmrechten sei ein Geschäft, bei dem man Geduld haben und warten können müsse. Dennoch wiederhole er, was er auch vor Vertragsschluß erklärt habe: Er sei sicher, daß die von Springer getätigte Investition, die aus dem Kaufpreis plus den Kapitalbeschaffungskosten – den Zinsen – bestand, innerhalb von vier Jahren nach Vertragsschluß wieder hereinkommen werde. Das wolle er so feststellen, auch wenn er zunächst von fünf Jahren gesprochen und erst auf die Frage, ob sich diese Frist nicht verkürzen lasse, auf vier Jahre gegangen sei. Um nicht mißverstanden zu werden, wolle er aber auch noch einmal sagen, daß er eine vertragliche Garantie insoweit nicht geben könne.

Auf Veranlassung von Axel Springer, der mit der Angelegenheit unzufrieden war und zu Kirchs Beta-Film auf Distanz gehen wollte, entwickelte die Konzernspitze eine Umwandlung der Verträge. Mit Zustimmung von Kirch wurde der Vertriebsvertrag aufgehoben. Das geschah mit Schreiben der Ullstein AV vom 30. September 1977 und einem Anerkennungsvermerk von Leo Kirch vom 1. Oktober 1977. Gleichzeitig schloß Ullstein AV mit einer Vermögensverwaltung einen Treuhandvertrag. Die Vermögensverwaltung und Beta-Film wiederum unterzeichneten am 1. Oktober einen »Darlehensvertrag« und ergänzend dazu eine Vertriebsvereinbarung. Das Vertragswerk sollte wirtschaftlich weiterhin als Lizenzkauf mit Vertriebsabsprache gewertet werden, aber der Kaufpreis galt nunmehr als ein der Beta-Film gewährtes Darlehen, das zu verzinsen war und durch die Vertriebserlöse zügig getilgt werden sollte. In dem Schreiben der Ullstein AV an Leo Kirch vom 30. September 1977, das dieser bestätigte, hieß es denn auch, daß im Rahmen der vereinbarten Vertragsumwandlung die an Beta-Film gezahlte Lizenzsumme an Ullstein AV zurücküberwiesen werde und die im ersten Jahr erzielten Vertriebserlöse mit den aufgelaufenen Zinsen verrechnet würden. Die 5,9 Millionen Mark Lizenzpreis wurden dann von der Ullstein AV über die Treuhandgesellschaft erneut an die Beta-Film gezahlt, diesmal offiziell als Darlehen.

Aber auch in den folgenden Jahren rührte sich kaum etwas. Die von Kirch zugesagte wirtschaftlich optimale Verwertung des Spielfilmpakets sah so aus, daß der gesamte Vertriebsumsatz nach fünf Jahren netto nur rund fünfzehn Prozent der Summe ausmachte, die für den Erwerb der Filmrechte bezahlt worden war. Axel Springer fühlte sich ausgenommen und sagte das auch.

Springer wollte jetzt mit Kirch nichts mehr zu tun haben; er mochte diese Art von Händlermentalität nicht. Feilschen und Streiten entsprach nicht seiner Art. Er scheute alles Vordergründige, war auf Harmonie und nicht auf Konflikte aus. Für ihn waren im geschäftlichen, journalistischen und privaten Umgang Gewissenhaftigkeit, Glaubwürdigkeit und

Pflichterfüllung wichtige Kriterien. Schon gar nicht lag es ihm, in Streitfällen die Gerichte zu bemühen.

Axel Springer hatte 1980 die Filmfragen in seinem Konzern an sich gezogen. Ein- und Verkäufe wurden von der Ullstein AV abgewickelt. Aber die Entscheidungen auf diesem Sektor behielt sich der Verleger persönlich vor. Soweit Fernsehnutzungsrechte vorhanden waren, sollten die Filme an Fernsehsender im In- und Ausland verkauft werden. Soweit Videorechte bestanden, sollten sie für den Cassettenvertrieb eingesetzt werden. Springer hatte nicht die Absicht, einen umfassenden Filmvorrat für ein künftiges Privatfernsehen anzulegen. Wenn überhaupt, genügten ihm die Kabelfernsehrechte, denn für etwas anderes als Kabelfernsehen waren weder die technischen noch die politischen Voraussetzungen erkennbar. Aber generell beurteilte er damals die Möglichkeit, daß das Privatfernsehen erlaubt werde, eher skeptisch. Dies war auch mit ein Grund für die Überlegung, Programme auf Videokassetten zu vertreiben. Damit hätte sich die Chance ergeben, die von Kirch erworbenen zweihundert Spielfilme, deren Fernsehvertrieb durch Beta-Film kaum etwas gebracht hatte, wenigstens im Videobereich einzusetzen.

Ich hatte damals mit Axel Springer persönlich zu tun. Er selbst kümmerte sich um diese Fragen und faßte alle Tätigkeiten des Konzerns, die »nicht dem Bereich Gutenberg zugehörig« waren, in der Ullstein AV zusammen, insbesondere die Auftragsproduktion für die Fernsehanstalten, den Ein- und Verkauf von Spielfilmlizenzen sowie den geplanten Programmvertrieb mit Videokassetten.

1980 sollte ich aus dem Verlagsbereich ausscheiden und in die Geschäftsführung der Ullstein AV eintreten. »Sie machen das«, sagte Axel Springer zu mir. Als ich zögerte, drängte er: »Wir machen das schon.« Und schließlich: »Wir werden uns ja jetzt öfters sehen. Sie sind mein neuer Freund.«

Ich übernahm die Aufgabe und traf Springer von da an häufiger, mal in seinem Berliner Privathaus »Tranquillitati« (der Gelassenheit gewidmet) auf der Havelinsel Schwanenwerder, mal in seinem Büro im neunzehnten Stock des Verlagshochhauses zwischen Mauer und Kochstraße. Außer über konkrete geschäftliche Angelegenheiten sprachen wir über die voraussichtliche Entwicklung im Fernsehbereich und über das Filmgeschäft. Ich lernte seine Ansichten über Kirch kennen.

Was den Verleger so aufbrachte: Kirch persönlich hatte die Verhandlungen mit der Ullstein AV vor und nach dem Abschluß der Filmverträge geführt. Jetzt durfte im Verlagskonzern niemand mehr in Gespräche oder Verhandlungen mit der Kirch-Gruppe eintreten. Springer untersagte jeden Kontakt dorthin. Es entsprach seinem Wesen, einen »Geschäftspartner«, der so mit ihm umging, links liegenzulassen. Er wollte sich nicht an der Nase herumführen lassen. Lieber nahm er nachteilige Folgen in Kauf.

Bis Ende 1980, also innerhalb des zugesagten und erwarteten Zeitrahmens für die Rückflüsse des eingesetzten Geldes, war von Beta-Film netto nicht einmal eine Million Mark an Vertriebserlösen erzielt worden. Allein die Zinsen auf das »Darlehen« von 5,9 Millionen Mark betrugen aber schon 2,5 Millionen Mark. So war es verständlich, daß sich Axel Springer in dieser Situation von Kirch über den Tisch gezogen fühlte.

Als mich Springer 1980 in die Geschäftsführung der Ullstein AV berief, sprachen wir ausführlich über das Filmgeschäft und über Kirch. Ich sollte den Videovertrieb aufbauen. Springer wollte das Projekt zusammen mit dem Sony-Konzern realisieren. Die Japaner sollten die Technik und die Ullstein AV die

Spielfilme und andere Programme beisteuern. Ich war deshalb an den zweihundert von Kirch erworbenen Filmen interessiert.

In einem vierstündigen Gespräch, das ich am 16. Dezember 1980 mit Springer in dessen Berliner Privathaus führte, lernte ich seine Absichten und Vorbehalte in den Fragen des Filmgeschehens kennen, auch seine Einschätzung der Person Leo Kirch. Die Art und Weise des Gesprächs und überhaupt der Ablauf der Begegnung war typisch für Axel Springer.

Der Termin war telefonisch durchgegeben worden. Vom Verlagshaus an der Kochstraße fuhr ich an jenem Dezembernachmittag hinaus nach Nikolassee. Hinter der Autobahnausfahrt begann gleich der mit Nebel vollgesaugte Wald. Die stille Straße führt nach wenigen Minuten über eine schmale Brücke auf die Insel Schwanenwerder. Die spiegelglatte Havel verlor sich im Wintergrau. Bei dem Polizeiposten vor dem Grundstück war ich angemeldet. Das Haus ist im Stil eines preußischen Landsitzes erbaut. In der Eingangshalle, in deren hellen Marmorboden eine schwarze Rosette eingelassen ist, fällt der Blick auf ein mannshohes Gemälde von Antoine Pesne, dem Hofmaler Friedrichs des Großen, sowie auf eine Standuhr. Dazwischen führt eine große Flügeltür in die Bibliothek.

Axel Springer kam mir entgegen. Er war ganz in Schwarz gekleidet: Jeans, Rollkragenpullover und Clubjacke mit einem roten Signet auf der linken Seite. Während er mich am Speisezimmer vorbei in den großen Wohnraum führte, zeigte er mir gutgelaunt eine Neuerwerbung unter den vielen Uhren, die in einer Ecke aufgereiht waren. Jedesmal bewunderte ich die Räume, die mit ausgeprägtem Sinn für Stil und Schönheit eingerichtet waren. Wir nahmen in den Sesseln am Kamin Platz. Tee wurde serviert.

Springer war aufgewühlt von den damaligen Ereignissen in Polen und fragte nach meiner Einschätzung der Lage. War mit der Gewerkschaft »Solidarität« und dem Arbeiterführer Lech Walesa an der Spitze Demokratie in Sicht? Könnte das der Beginn eines Weges sein, der zu einem freien Polen führte? Wie lange würden die Sowjets das Auftreten von »Solidarität« und von Lech Walesa dulden? Er sprach von seiner Vision der Freiheit, die eines Tages auch im Osten Wirklichkeit werden würde.

Ich kannte das schon: Axel Springer redete mit einem über Gott und die Welt, obwohl man wegen geschäftlicher Angelegenheiten zu ihm gerufen worden war. Oft dauerten solche Gespräche länger als die eigentliche Besprechung. Damals machte er sich Sorgen um die Jugend, vermißte geistige Führung im geteilten Land und sprach von den »Pflichten der Freiheit«. Das flackernde Kaminfeuer wirkte beruhigend, ebenso das Knacken des Holzes. Axel Springer saß auf dem Sofa und hatte die Füße auf die Kante des niedrigen Tisches gesetzt. Als ich sagte, ich stamme aus Göppingen, kamen wir auf Friedrich Christoph Oetinger zu sprechen, der dort 1702 geboren wurde, ein Theologe mit einem Hang zur Mystik, der sich zeitweilig zu den »Inspirationsgemeinden« hingezogen fühlte, Gemeinden, die sich mehr vom inneren Licht als vom äußeren Wort Gottes leiten lassen wollten. Ich wußte, daß sich Springer mit Oetinger befaßte und gern dessen Leitspruch zitierte: »Gib mir die Gelassenheit, Dinge hinzunehmen, die ich nicht ändern kann; gib mir den Mut, Dinge zu ändern, die ich ändern kann; und gib mir die Weisheit, das eine vom anderen zu unterscheiden.« Ich sagte, in Göppingen sei der Gemeindesaal in Oetinger-Saal umbenannt worden.

Wir wechselten das Thema. Für das geplante Videovorhaben mit Sony war es für mich wichtig, zu wissen, in welchem Umfang entsprechende Nutzungsrechte an Spielfilmen bestünden. Mir waren die bisherigen Filmeinkäufe bekannt. Wir erörterten diese Fragen und kamen auf Kirch zu sprechen.

Die rechtliche Prüfung der Vertragssituation hatte ergeben, daß die erworbenen Filme wegen des Vertriebsvertrages mit Beta-Film nicht so ohne weiteres für den geplanten Videovertrieb eingesetzt werden konnten. Obwohl der Ullstein AV nach der Vertragslage ein Rückrufrecht zur eigenen Verwertung zustand, war dieses in den Zusammenhang der Darlehensvereinbarung und der Lizenz- und Vertriebsabrede eingebettet. Es bestanden wechselseitige Verpflichtungen der Vertragspartner hinsichtlich einer »optimalen Auswertung« der Filme, und vor diesem Hintergrund war es juristisch fraglich, ob die Ullstein AV zum Rückruf tatsächlich frei war oder ob die Beta-Film unangemessene wirtschaftliche Nachteile für sich hätte geltend machen können. Gerade nach den negativen Erfahrungen mit Kirchs Beta-Film empfahl es sich für die Ullstein AV, nicht einseitig tätig zu werden.

Wir saßen am Kaminfeuer. Der Butler legte Holzscheite nach. Draußen war die Nacht hereingebrochen. Irgendwie hatte ich den Eindruck, daß Einsamkeit im Haus war. Ich schlug Springer vor, in Kontakt mit der Kirch-Seite zu treten. Ich sagte, daß ich wegen der Freigabe der Videorechte mit Beta-Film verhandeln müsse. Springer erwiderte, er wolle mit Kirch nichts mehr zu tun haben, und untersagte mir, in dieser Frage tätig zu werden. Weil ich das nicht verstehen konnte, wiederholte ich: Um an die Filme heranzukommen, muß man mit Kirch sprechen!

Springers Stimmung konnte rasch wechseln. Er konnte, gleichsam aus heiterem Himmel, ziemlich ungehalten reagieren. Genauso schnell verflog der

Zorn dann auch wieder. Die ganze Zeit hatte er leise gesprochen. Jetzt brauste Axel Springer auf. Er fühle sich von Kirch betrogen, sagte er, und es fielen sehr harte Worte über den Filmhändler.

Acht Jahre später erhob Leo Kirch beim Landgericht München Klage gegen mich wegen der Veröffentlichung dieser Äußerung und des zugrundeliegenden Vorganges. Im letzten Kapitel des Buches komme ich darauf zu sprechen (Seite 210 ff).

Damals, in Springers Domizil auf Schwanenwerder, brach ich das Thema ab. Nach einer Pause sagte ich, daß ich eigentlich lieber als Journalist arbeiten würde. Springer wies lächelnd auf die Gemeinsamkeiten von Journalisten und Schauspielern hin. Als ich erstaunt reagierte, meinte er, sie bestünden in der Verbindung von Verstand und Gefühl und dem Handeln in der Öffentlichkeit. Wir redeten über journalistische Moral. Sie gebiete, daß keinesfalls die Würde der Menschen, über die zu berichten wäre, aufs Spiel gesetzt werden dürfe. Über alle Macht und über alles Ansehen verfüge der Mensch nur auf Zeit, sagte er, und ich erwiderte, allzu viele handeln verantwortungslos.

Wenige Tage vorher hatte Springer in einem *Zeit*-Gespräch mit Ben Witter gesagt: »Ich leide wie ein Hund darunter, daß manches in meinen Blättern steht, womit ich überhaupt nicht einverstanden bin. Und wie oft leide ich, wenn ich morgens die *Bild*-Zeitung lese.«

Als ich auf die Uhr blickte, war es bereits acht Uhr abends. Wieder dachte ich, daß die schwarze Nacht vor den blanken Fenstern zum Garten und zur Havel hin bedrückend wirke. Springer begleitete mich bis in die Eingangshalle unter der hohen Glaskuppel. Die Freitreppe, die sich dort über Emporen bis zum zweiten Stock hochwindet, könnte ebenso wie das weiße Holzgeländer aus einem preußischen Herrenhaus stammen. An der Haustür sagte er heiter, daß er am nächsten Tag über Weihnachten nach Israel reisen werde. Im Vorraum sah ich die gepackten Koffer stehen.

Die Vorbereitungen für den Eintritt in den neuen Videomarkt, zusammen mit der japanischen Sony-Corporation, gingen weiter. Am 13. April 1981 einigten sich Axel Springer und Sony-Mitbegründer und Konzernpräsident Akio Morita bei einem Treffen in der Großen Bibliothek des Berliner Verlagshauses auf die Gründung einer gemeinsamen Gesellschaft für den Programmvertrieb mit Videokassetten.

Um die zweihundert Spielfilme, die Ullstein AV von Beta-Film erworben hatte, für das Videoprojekt nutzen zu können, schaltete Springer einen Berater ein, der nicht im Konzern tätig war. Dieser hatte gelegentlich mit Kirch zu tun und sprach dort das Thema an. Daraufhin schrieb der Filmhändler am 10. April 1981 an den Verleger:

> Sehr geehrter Herr Springer, gestatten Sie, daß ich folgende Zeilen an Sie richte, obwohl ich geschäftlich bisher nur mit der Ullstein AV zu tun hatte. Es geht um das Lion-Spielfilmpaket, das die Ullstein AV am 6./12. Mai 1976 erworben hat, wobei die Vertriebsrechte auf Vorschlag der Ullstein AV am gleichen Datum an mich übertragen wurden. [...]« Der Springer-Berater habe ihm mitgeteilt, »daß Sie über dieses Geschäft ungehalten seien, weil die Vertriebserlöse bisher zu wünschen übrig ließen [...] habe ich mich heute damit einverstanden erklärt, den Vertriebsvertrag vom 6./12. Mai 1976 aufzuheben und somit den Vertrieb des Lion-Paketes an die Ullstein AV zu übertragen. Die formelle Erledigung dieser Angelegenheit kann von mir aus jederzeit vollzogen werden.
>
> Mit freundlichen Grüßen
>
> Dr. Leo Kirch

War damit der Zugang zu den Videorechten für die gemeinsame Springer/Sony-Unternehmung frei? Axel Springer ließ das Kirch-Schreiben kurz bestätigen. Aber dann bestand Beta-Film wegen der »Änderung der Verträge« auf einem Besprechungstermin in München. Aus der Sicht des Verlegers gab es aber in dieser Angelegenheit nichts mehr zu besprechen. Der Zugang zu den Filmen blieb versperrt. Am 17./18. Juli entschied Springer schließlich, das schon weit gediehene Videoprojekt abzubrechen. Es war nicht gelungen, »genügend attraktive Filme zur Videoauswertung an Land zu ziehen«, stellte die *Zeit* (14. 8. 1981) fest. Und weiter: Branchenkenner schrieben das Springers »Intim-Feindschaft mit Leo Kirch« zu. Sicherlich hatte auch eine Rolle gespielt, daß damals der Filmgrossist selbst den Einstieg in das Videogeschäft vorbereitete. Kirch-Geschäftsführer Scriba sagte gegenüber dem Branchendienst *kress report* (6. 8. 1981): »Soviel ich weiß, haben wir nichts an Springer verkauft. Die Beziehungen zwischen Berlin und München sind nicht die besten.«

Im Dezember 1981 versteifte sich Beta-Film auf neue Verhandlungen. Der Brief von Kirch an Springer habe, so hieß es in einem Schreiben aus München, »endgültige Erklärungen [...] naturgemäß [...] nicht enthalten« können. Der Konflikt schwelte weiter. An den Vertriebserlösen änderte sich wenig. Von Vertragsschluß bis Ende 1982 hatte Beta-Film im Vertrieb der zweihundert Spielfilme einen Gesamtumsatz von lediglich 2,3 Millionen Mark erzielt; davon kamen wiederum Kosten in Höhe von rund 400 00 Mark in Abzug. Es verblieben also als Nettorückflüsse innerhalb von sieben Jahren rund 1,9 Millionen Mark. An vertraglichen Zinsen waren aber bis dahin schon mehr als 3,4 Millionen Mark entstanden. Zusammen mit der Darlehenssumme war die Verbindlichkeit auf 9,3 Millionen angewachsen.

1984 kam es nach Verhandlungen zwischen dem Vorstand des Springer Verlages und der Kirch-Gruppe zur einvernehmlichen Aufhebung der fatalen Filmverträge. Kirch erhielt die Filmlizenzen zurück und zahlte zum Ausgleich sieben Millionen Mark. Damit war allerdings für Springer aus dem 1976 getätigten Kauf kein lohnendes Geschäft geworden. Denn die aufgelaufenen Zinsen betrugen rund 4,3 Millionen Mark. Zusammen mit der Darlehenssumme ergab das 10,2 Millionen. Addiert man die Zahlung von sieben Millionen mit den vorausgegangenen Nettovertriebserlösen, bleibt ein Minus von mehr als einer Million Mark.

# 9. »Kirch-Fernsehen« und trotzdem das große Geschäft mit dem ZDF?

Nach Kirchs Fehlschlag, mittels einer »unfreundlichen Unternehmensübernahme« den angestrebten Einfluß im Axel Springer Verlag zu etablieren, schrieb das Magazin *Tempo* im Oktober 1988: »Leo Kirch ist der meistgefürchtete Mann der deutschen Medienszene, denn der öffentlichkeitsscheue Filmhändler hat es bisher geschickt verstanden, die wahre Größe seines umfangreichen Firmennetzes zu verbergen. Dem 62jährigen wird erheblicher Einfluß auf die deutschsprachigen Sendeanstalten nachgesagt. ZDF, ORF, ARD und SAT 1 sind für die nächsten Jahrzehnte mit Filmen aus den gigantischen Lagervorräten Kirchs eingedeckt. An SAT 1 ist der Münchner direkt beteiligt. Sein letzter großer Coup ging allerdings daneben: Kurz vor Kirchs Machtübernahme des Springer-Konzerns stellten ihm die Brüder Burda ein Bein. Nach diesem Fehlschlag ist Kirch wieder untergetaucht.« Aber schon kurze Zeit später startete der Filmgrossist einen neuen Coup, diesmal im Bereich des Fernsehens – sowohl beim privaten TV als auch beim öffentlich-rechtlichen ZDF. Während mit PRO 7 ein neuer Film- und Serien-Sender startete, liefen mit dem ZDF Verhandlungen über den Ankauf eines weiteren Filmpaketes zu Rekordpreisen.

Beim privaten SAT 1 hatte Kirchs Mann, der Anwalt Joachim Theye, von Anfang an mitgemischt. Der Filmherr selbst hielt sich dagegen in den Gründerjahren bewußt im Hintergrund. Seine Interessen lagen in besten Händen. Theye agierte für die PKS im SAT-1-Konsortium, und Kirch verkaufte über die PKS an SAT 1 Programme. Seit Ende 1986 fungiert Theye als Aufsichtsratsvorsitzender an der Spitze des Senders. Er sorgte dafür, daß das Geschäft in Gang kam: 1988 flossen für Spielfilme und Serien, häufig genug wiederholte Wiederholungen, rund vierzig Prozent des gesamten SAT-1-Ausgabenbudgets in Höhe von 235 Millionen Mark an die PKS.

In der Beteiligungsfrage hatte Kirch Zurückhaltung geübt, um seine Geschäftsbeziehungen zu den öffentlich-rechtlichen Fernsehanstalten nicht aufs Spiel zu setzen. Er wollte vermeiden, im Privat-TV als Veranstalter und damit als Konkurrent von ARD und ZDF in Erscheinung zu treten. Offensichtlich befürchtete er in diesem Fall negative Auswirkungen auf seine Stellung als Programmlieferant. Wer würde auch bezweifeln, daß sein Engagement für das Privatfernsehen und der angestrebte Medienverbund mit dem Springer Verlag, den existentiellen Interessen von ARD und ZDF widersprechen? Und in seinem *manager magazin*-Interview vom August 1987 meinte Kirch anerkennend: »Was machen Murdoch, Berlusconi oder Hersant? Sie haben mit einer Zusammenführung von Printmedium und TV in ihren Ländern das Staatsfernsehen an die Wand gespielt [...]«

Ist es Kirchs Ziel, die Entwicklung des Privatfernsehens so weit voranzutreiben, daß ARD und ZDF an die Wand gespielt werden können? Ist es sein Ziel, daß eines Tages die privaten Sender das Feld beherrschen und den schnell wachsenden Werbemarkt unter sich aufteilen; Sender, die seine Programmpolitik betreiben und seinen Geschäftsinteressen folgen?

Bis 1988 wies die Kirch-Seite für sich jede Veranstalterrolle im Privatfernsehen offiziell zurück. Zwar saß am 13. Juni 1986, als die SAT-1-Gesellschafter über wichtige Fragen der SAT-1-Unternehmensstruktur entschieden, auch Leo Kirch persönlich neben Theye mit am Verhandlungstisch. Aber nach außen legte der Filmgrossist Wert auf die Feststellung, daß er weder an der PKS beteiligt sei, noch bei SAT 1 Entscheidendes zu sagen habe. In dem *Spiegel*-Interview vom 12. Oktober 1987 spielte er seine Position bei SAT 1 völlig herunter:

> *Spiegel:* Sind Sie an SAT 1 weder direkt noch indirekt beteiligt?
>
> *Kirch:* Wenn Sie so wollen, mittelbar natürlich über meine Beteiligung bei Springer.
>
> *Spiegel:* An SAT 1 ist zumindest Ihr Hausbankier Helmut Guthardt von der DG Bank maßgeblich beteiligt. Und Ihr engster Berater, Joachim Theye, ist Aufsichtsratsvorsitzender und führt quasi die Geschäfte.
>
> *Kirch:* Der Schein trügt, Herr Guthardt ist nicht nur *mein* Bankier und Herr Theye nicht nur *mein* Anwalt.

Und noch Anfang 1988 glaubte Theye, gegenüber den Fernsehanstalten vorsichtig taktieren zu müssen: »Kirch ist im deutschsprachigen Gebiet und inzwischen auch weltweit Verteiler von Lizenzrechten. Er kauft und produziert Film- und Fernsehprogramme, um sie in den verschiedenen Verwertungsformen an möglichst viele Abnehmer weiterzureichen. Es liegt für ihn daher nicht nahe, sich an einzelnen Abnehmern zu beteiligen. Und das Privatfernsehen wird – ganz generell – natürlich immer stärker einer seiner Abnehmer.« (*text intern*, 6. 1. 1988)

Fünf Monate später galt diese These nicht mehr. Kirch beteiligte sich offen an SAT 1. Inzwischen hatte sich der Sender neben der ARD und dem ZDF fest etabliert. Es war abzusehen, daß SAT 1 die Zukunft der Fernsehentwicklung in der Bundesrepublik wesentlich mitprägen wird. Im April 1988 übernahm Kirch 49 Prozent und Theye zwei Prozent des Kapitals der PKS. 49 Prozent blieben mittelbar bei der DG Bank. Wollte Kirch nach dem gescheiterten Übernahmeversuch beim Springer Verlag demonstrativ zeigen, daß er sich keinesfalls bei seinen Bestrebungen im privaten Fernsehmarkt aufhalten lasse? Jedenfalls trat er damit auch gegen grundlegende Interessen der Presseverlage an, die einen Rückgang ihres Anzeigenaufkommens als Folge des wachsenden Werbefernsehens befürchten müssen.

Theye wiederum schuf sich mit seiner Beteiligung von zwei Prozent an der PKS eine Art Schiedsrichterposition zwischen der Kirch-Gruppe und der DG Bank. Denn die Interessen des Filmgrossisten sind mit jenen seiner Hausbank nicht in allen Punkten deckungsgleich. Im Branchendienst *text intern* erklärte Theye am 6. Januar 1988: »Die PKS hat sich zunächst das Ziel gesetzt, SAT 1 mit Unterhaltungsprogramm zu beliefern. Ich gehe davon aus, daß sie in Zukunft weitergehende Interessen verfolgen wird. Kirchs Taurus hat das Interesse, möglichst umfangreich das Liefervolumen der PKS abzudekken. Aber in einem Punkt sind die Interessen sicher nicht gleichgerichtet. Kirch dürfte nicht an hohen Zwischengewinnen der PKS gelegen sein, die PKS dagegen will naturgemäß genau das. Ich denke, daß diese Situation ein ganz wichtiger Punkt ist.«

Obwohl mit Kirchs offener SAT-1-Beteiligung die Situation entstanden war, daß sich der wichtigste Programmlieferant und Geschäftspartner des ZDF zugleich als dessen ärgster Konkurrent betätigt, nahm die Mainzer Anstalt das hin. Als der Filmgroßhändler sicher war, daß ihm dieser Abnehmer erhalten bleiben würde, ging er einen Schritt weiter und schuf mit PRO 7 einen »Familiensender« für ein Unterhaltungsprogramm mit der Ware aus seinem Bestand. Die Kirch-Gruppe weitete ferner ihre Stellung im Fernsehen mit einer maßgeblichen Beteiligung an dem Abonnement-Fernsehen Teleclub aus.

Zeichnen sich damit bereits die Umrisse eines Monopols im Privatfernsehen ab?

Wie Phönix aus der Asche ist das neue Fernsehprogramm PRO 7 entstanden und seit 1. Januar 1989 auf Sendung. Am 13. Oktober 1988 hatte Thomas Kirch, Leos Sohn und Alleinerbe, vom Mönchengladbacher »Allkauf«-Mitgesellschafter Gerhard Ackermans (Supermärkte, Reiseunternehmen, Fotoläden) 49 Prozent des abgewirtschafteten Eureka-Senders in München erworben. Aus Eureka wurde PRO 7.

»Leo Kirch, der Münchner Medien-Zar, schlägt wieder zu. Im Kabelnetz Oldenburg startete er gestern den Spielfilmkanal Teleclub nach dem amerikanischen Vorbild Pay-TV. Mit dem Abonnementfernsehen will er 1989 die Zuschauer bundesweit für 34 Mark im Monat beglücken. Und auch bei Eureka mischt Familie Kirch kräftig mit. Mit 49 Prozent stieg Kirchs einziger Sprößling Thomas bei dem Münchner Sender ein. Ein Fall für die Wettbewerbshüter? [...] Junior Kirch ist noch jung im Geschäft. Nach einem Wirtschaftsstudium in den Staaten stieg er vor vier Jahren in das Medienimperium seines Vaters ein. Leo Kirch selbst, der gewiefte Filmgroßhändler und Produzent (geschätzter Jahresumsatz: 600 Millionen Mark), hätte sich nicht bei Eureka beteiligen dürfen, da er bereits ein Sparten- (den Teleclub) und ein Vollprogramm (Beteiligung bei SAT 1) unterhält [...]« (*Abendzeitung*, 26. 10.1988)

Mit PRO 7 wurde aus Eureka und dessen unzulänglichem Informationsprogramm ein »unterhaltungsorientiertes Vollprogramm« – so der neue Sender – mit täglich zwei bis drei Spielfilmen, drei bis vier Serien und nur noch wenig Information. Fast vollständig wird dieses Programm aus Kirchs Film-Fundus gespeist.

Der Öffentlichkeit und der Unabhängigen Landesanstalt für das Rundfunkwesen (ULR) in Kiel, die die Rechtmäßigkeit der Fernsehzulassung zu prüfen hatte, wurde mitgeteilt, die Mehrheit an PRO 7 mit 51 Prozent halte der Mönchengladbacher »Allkauf«- Mitgesellschafter Gerhard Ackermans. Und daran werde sich auch künftig nichts ändern.

Aber vieles spricht dafür, daß schon kurz nach Bestätigung der Lizenz Hauptgesellschafter Ackermans seine 51 Prozent bei PRO 7 abgegeben hat. Wie aus dem Kreis der an der Umwandlung des Eureka- in den PRO 7-Sender unmittelbar Beteiligten zuverlässig zu erfahren war, soll der Ackermans-Anteil von dem Filmgrossisten selbst, seinem Vertrauten Theye und dem PRO 7-Geschäftsführer Georg Kofler, der zuvor Bürochef von Leo Kirch war, übernommen worden sein. Danach sind an dem Fernsehsender beteiligt: Thomas Kirch mit 49 Prozent, Leo Kirch mit 24 Prozent, Joachim Theye mit zwei Prozent und Georg Kofler mit 25 Prozent.

Mit PRO 7 verfolgt Kirch gleich zwei lukrative Ziele. Zum einen wirkt das neue Film- und Serienprogramm preistreibend im Beschaffungsmarkt, und Kirch kann höhere Lizenzpreise – nicht zuletzt gegenüber dem ZDF – fordern. Zum anderen sollen Werbeeinnahmen im Umfeld der Filme und Serien erzielt werden.

PRO 7 wird zunächst ausschließlich über Satellit und Kabel verbreitet, will sich aber in den Verteilkampf um drahtlose Frequenzen einschalten. Zum Jahresende 1989 sollen jedenfalls fünf Millionen Haushalte per Kabel erreicht werden.

Nach den schwierigen Anfangsjahren des Privatfernsehens entwickelt sich jetzt ein interessanter Werbemarkt. 1989 erwarten die Privaten insgesamt ein Werbeaufkommen von rund 800 Millionen Mark. Trotzdem kann es für die vier werbefinanzierten überregionalen Privatfernsehsender eng werden. Außer PRO 7 und SAT 1 tummeln sich noch RTL plus und Tele 5 im Werbemarkt. Die Gefahr eines Verdrängungswettbewerbs entsteht, aber auch das dürfte wiederum für Kirch nur von Nutzen sein.

Denn die Kirch-Gruppe, die über 15 000 Spielfilme und rund 50 000 Stunden Serien, Shows, Fernsehspiele und Dokumentationssendungen verfügt, nimmt auf dem Programmbeschaffungsmarkt ebenfalls eine starke Position ein und kann auch von daher die weitere Entwicklung des Privatfernsehens beeinflussen. So sehen sich die Luxemburger und Tele 5 beim Einkauf der gefragten Unterhaltungsware Spielfilme und Serien mit rapide steigenden Preisen konfrontiert.

Wird es also beim Privatfernsehen hinsichtlich der Vollprogramme tatsächlich bald ein Kirch-Monopol geben? Sicherlich nicht, wenn die geltenden rundfunkrechtlichen Bestimmungen greifen. Denn nach dem Rundfunkstaatsvertrag darf ein Veranstalter in der Bundesrepublik jeweils nur *ein* Vollprogramm verbreiten. Dabei ist einem Veranstalter zuzurechnen, wer auf dessen »Programmgestaltung [...] maßgeblich einwirken kann«. Leo Kirch und sein Imperium dürften sich danach entweder nur an PRO 7 oder an SAT 1 beteiligen.

Die Kieler Landesanstalt für das Rundfunkwesen hat aufgrund der behaupteten Beteiligungsverhältnisse am 14. Dezember 1988 entschieden, daß der alte Eureka-Sender mit dem neuen PRO-7-Programm fortgeführt werden dürfe. Die ULR prüfte den Gesellschaftsvertrag und kam zu dem Ergebnis, daß die 49-Prozent-Beteiligung von Thomas Kirch an dem Eureka-Sender und die völlige Veränderung des ursprünglichen Programmkonzepts »keine indirekte und damit unzulässige Übertragung der 1986 erteilten Fernseherlaubnis« darstellten. Aufgrund der Mehrheitsposition von Ackermans bleibe alles beim alten. »Eine faktische oder wirtschaftliche Einheit« zwischen PRO 7 und dem SAT-1-Veranstalter Kirch/PKS liege nicht vor.

PRO-7-Geschäftsführer Kofler hatte zwar gegenüber der ULR versichert, daß weder Kirch noch Theye über ein Vorkaufsrecht am Ackermans-Anteil verfüge. Aber trotzdem erstaunte die Kieler Entscheidung. »Thomas Kirch, der 30jährige Sohn des Münchner Filmhändlers Leo Kirch, brachte nicht nur die für die Ablöse nötigen Millionen mit, sondern auch den Stoff, aus dem die Fernsehträume sind – das größte Spielfilm- und Serienreservoir der Republik. Damit übt Leo Kirch über seinen Filius neben seiner Beteiligung an SAT 1 am zweiten Fernsehsender der Bundesrepublik entscheidenden Einfluß aus. Auch wenn bei PRO 7 noch lange keine schwarzen Zahlen geschrieben werden, der Rentabilität seines Filmarchivs wird das neue Engagement nicht schaden [...]« (*Handelsblatt*, 18. 1. 1989)

Andere Landesmedienanstalten wie der Kabelrat in Berlin oder die Hamburger Aufsichtsbehörde hielten das PRO-7-Manöver für allzu durchsichtig. Sie waren jedoch an die Entscheidung der ULR in Kiel gebunden.

Ausgerechnet im sozialdemokratisch regierten Schleswig-Holstein ging man über die zahlreichen Indizien hinweg, als wäre der Rundfunkstaatsvertrag eine Quantité negligeable. Offensichtlich war die Freude über die Rettung des verunglückten Eureka-Senders, der seit 1986 mit einem billigen und unprofessionellen Informationsmischmasch in die roten Zahlen schlitterte, größer als die rechtlichen Bedenken.

Im Medienrat der Bayerischen Landeszentrale für neue Medien war jedenfalls bereits im November 1988 zu hören, daß sich wohl 99 Prozent und nicht nur die offiziell ausgewiesenen 49 Prozent von Thomas Kirch im Besitz des Kirch-Lagers befänden.

Bekannt war damals schon, daß Thomas Kirch die »operative Führung des Senders« übernommen hatte, wie es in München hieß. Das bedeutete, daß bei ihm alle Programmentscheidungen lagen. Dabei blieb er weiterhin mit wichtigen Aufgaben im väterlichen Beta/Taurus-Konzern betraut. Und wer stellte schließlich die Mittel für das Hundert-Millionen-Mark-Budget des Senders für 1989 zur Verfügung? Das PRO-7-Stammkapital betrug 100 000 Mark, und von Ackermans wußte man, daß er es leid war, weitere Millionen in das für ihn verlustreiche Fernsehgeschäft zu stecken. Ackermans wollte sich deshalb ganz zurückziehen. Wenn aber PRO 7 mit Krediten arbeitet, braucht Thomas Kirch Sicherheiten. Und welche hätte er zu bieten, wenn nicht die seines Vaters: den Filmstock?

Doch die Kieler Aufsichtsbehörde mochte die wirtschaftliche Abhängigkeit des PRO-7-Senders von der Kirch-Gruppe nicht erkennen und gab grünes Licht für das Unterhaltungsprogramm. Sollte »Allkauf«-Mitgesellschafter Ackermans inzwischen mit PRO 7 tatsächlich nichts mehr zu tun haben und sich der Sender quasi in Kirchs Familienbesitz befinden, so hätten die anderen Bundesländer, die neben Schleswig-Holstein den Rundfunkstaatsvertrag unterschrieben haben, zu prüfen, wie sie Kiel notfalls zur Einhaltung dieser Bestimmungen zwingen könnten. Denn was wäre der Staatsvertrag zur Neuordnung des Rundfunkwesens wert, wenn ein Veranstalter den privaten Fernsehmarkt mehr und mehr beherrschen könnte, ohne daß die zuständigen Stellen dagegen einschreiten?

Und wie reagieren auf SAT 1, PRO 7 und Teleclub die öffentlich-rechtlichen Fernsehanstalten, deren Programme sich doch gegen die private Konkurrenz behaupten müssen? Beim ZDF jedenfalls braucht Kirch nicht zu befürchten, daß seine hervorragenden geschäftlichen Beziehungen mit dem Sender beeinträchtigt werden könnten. Dabei leidet gerade dieser Großabnehmer unter der Entwicklung. Denn auf dem Lizenzmarkt für Spielfilme und Serien schnellen die Preise aufgrund der vermehrten Nachfrage in die Höhe. Betrug 1984 der Durchschnittspreis für das Fernsehrecht an einem Spielfilm, der im Paket gekauft wurde, noch rund 240 000 Mark, wurden 1988 bereits bis zu 400 000 Mark verlangt und beispielsweise von RTL plus bezahlt.

Ein neuer Sender wie PRO 7 wirkt an dieser Preisschraube kräftig mit. Dessen Geschäftsführer Kofler meint, man könne »Filme nicht wie Semmeln einkaufen« und natürlich sei PRO 7 »in der ersten Zeit auf Ressourcen der Kirch-Gruppe« angewiesen. Wie immer die Konditionen intern aussehen, nach außen wird von »marktüblichen Preisen« gesprochen.

Die unkritische Haltung des ZDF gegenüber Kirch läßt sich am besten durch eine Aussage des Fernsehspielchefs Heinz Ungureit umreißen: »Mir ist ganz egal, wo ich die Rechte kaufe, mich interessiert nur, ob diese Filme für unser Programm wichtig und zu akzeptablen Bedingungen zu bekommen sind.« Aber so einfach liegen die Dinge nicht. Das ZDF als Großabnehmer der Kirch-Ware müßte zumindest ein Entgegenkommen bei den Preisen durchsetzen können, wenn schon hingenommen werden soll, daß der Lieferant sich auch als Programmveranstalter und Konkurrent betätigt. Statt dessen kauft der Sender jedoch auch noch überteuert bei Kirch ein.

»Die günstigen ZDF-Konditionen für Kirch können sich manche Kritiker nur mit hoher politischer Protektion erklären, die der konservative Medienhändler beim Mainzer Sender genieße. ZDF-Chef Dieter Stolte muß in seinen Aufsichtsgremien nach wie vor mit hochkarätigen Bonner Politikern, von Bundesminister Friedrich Zimmermann (CSU) bis Außenminister Hans-Dietrich Genscher (FDP), auskommen. Bundeskanzler Helmut Kohl, der den Medienunternehmer favorisiert, war früher Vorsitzender des Verwaltungsrates.« (*Der Spiegel*, 2. 1. 1989) Es ist bekannt, daß Kohl und Zimmermann Freunde von Leo Kirch sind. Und der Name Genschers steht im Briefkopf der Kanzlei, in der Kirchs rechte Hand Theye tätig ist.

Ein neues Geschäft zwischen dem Beta/Taurus-Konzern und dem ZDF soll alles Vorausgegangene übertreffen. Die Verhandlungen näherten sich im ersten Halbjahr 1989 dem Abschluß: Ein Programmpaket in der Größenordnung von tausend Spielfilmen soll vom ZDF angekauft werden. Die Lizenzzeiten sollen, wie zu hören war, zwei bis drei Jahre nicht übersteigen; dafür sollen Verlängerungsoptionen gegeben werden. Vor wenigen Jahren waren noch Lizenzzeiten von vier bis fünf Jahren bei zwei bis drei Ausstrahlungen üblich. Das Gesamtvolumen der vor dem Abschluß stehenden Transaktion bewegt sich je nach den vertraglich vereinbarten Lizenzzeiten und der zulässigen Anzahl der Ausstrahlungen sowie der weiteren inhaltlichen Ausgestaltung der Rechte bei 250 bis 400 Millionen Mark. Das entspräche einem Durchschnittspreis pro Spielfilm von 250 000 bis 400 000 Mark. Wird der Fernsehrat des ZDF einem Vertragsabschluß in dieser Höhe zustimmen?

Wie teuer das ZDF bei der Kirch-Gruppe einkauft, zeigt das Beispiel der vier Folgen »Noble House« (à

95 Minuten) für insgesamt acht Millionen Mark (wovon dann der ORF die österreichischen Ausstrahlungsrechte für 1,5 Millionen Mark übernahm). Das ZDF rechtfertigt den hohen Preis damit, daß von vornherein mehrfache Wiederholungen dieser Kaufproduktion geplant gewesen seien. Damit wird es aber wohl kaum etwas, da sich »Noble House« an den vier Abenden in der Weihnachtszeit 1988 als Flop erwies. Lediglich 24 Prozent der Haushalte hatten im Durchschnitt dieses teure Programm eingeschaltet.

Überteuert sind auch Produktionen, die das ZDF von Kirch bezieht. Dafür werden Stundenpreise um 800 000 Mark gezahlt, während die Sender der ARD, die sich mit ihrer Einkaufsgesellschaft Degeto in den letzten Jahren von Kirch weitgehend unabhängig gemacht haben, mit Stundenpreisen von rund 470 000 (»Peter der Große«) oder 280 000 (FBI-Serie) vergleichsweise günstig dastehen.

Da wegen der hohen Lizenzpreise beim Programmeinkauf des ZDF die einschlägige Etatposition nicht mehr ausreicht, wird mit Vorliebe auf den Produktionsetat ausgewichen. Kirch und das ZDF gehen dann Koproduktionen ein, die im Grunde ein schlichtes Lizenzgeschäft darstellen. So wurde beispielsweise in dem Vertrag zwischen Kirch und dem ZDF über den Erfolgsfilm »Allein gegen die Mafia« von einer Koproduktion ausgegangen. Dabei zahlten die Mainzer zuletzt für vier Folgen dieser Serie 2,4 Millionen Mark. Das Geld floß aus dem Produktionsetat des Senders, obwohl es sich praktisch um ein Lizenzgeschäft handelte.

Diese Vorgehensweise belastet den Produktionsetat des Senders, der bei 270 Millionen Mark liegt. Deutsche Fernsehproduzenten, die auf ZDF-Aufträge angewiesen sind – insgesamt stehen in dieser Branche 50 000 Beschäftigte in Lohn und Brot –, befürchten jetzt Kürzungen bei den auf sie entfallenden Projekten.

Die Geschäfte der Kirch-Gruppe mit der ARD erreichten in den achtziger Jahren lange nicht mehr die Umfänge wie beim ZDF. 1986 teilten die Sender des ersten Programms Kirch mit, daß sie wegen der veränderten Konkurrenzsituation nicht mit ihm über den Ankauf eines Spielfilmpaketes verhandeln wollten. Die Einkaufsgesellschaft der ARD, die Degeto-Film GmbH, hatte im übrigen die Erfahrung gemacht, daß sie die benötigte Programmware im direkten Einkauf bei Film- und Produktionsgesellschaften preisgünstiger erhielt als über den Zwischenhandel. Das leuchtet ein. Denn der Zwischenhändler will schließlich ebenfalls an dem Geschäft verdienen, was sich natürlich auf die Preise verteuernd auswirkt. In früheren Jahren hatte auch die ARD etwa ein Drittel ihres Spielfilmbedarfs bei der Kirch-Gruppe eingekauft.

1983 waren Kirch und die ARD heftig aneinandergeraten, als die Intendanten zum erstenmal beschlossen hatten, ein großes Filmpaket direkt in den USA einzukaufen, und nach längeren Verhandlungen einen Abschluß im Umfang von achtzig Millionen Dollar getätigt hatten. Schon zuvor hatte die Degeto den einen oder anderen Spielfilm am Zwischenhandel vorbei in den USA erworben, aber das Vorgehen von 1983 war neu und stellte eine Herausforderung für die Kirch-Gruppe dar. Bisher war es den Münchnern in der Regel gelungen, ihre Interessen durchzusetzen. 1981 verhandelten einmal die Beta/Taurus-Vertreter bei Twentieth Century Fox in Hollywood zur gleichen Zeit in demselben Gebäude über die gleichen Filme wie die Degeto-Leute, die davon nichts wußten. Kirch erhielt den Zuschlag und verkaufte dann die Filme zu seinen Preisvorstellungen an die Degeto weiter.

Auch 1983 kamen die Kirch-Leute der Degeto-Delegation in die Quere. In Hollywood war zu hören, daß auch Kirch mit den Filmgesellschaften Metro-Goldwyn-Mayer (MGM) und United Artists (UA) Verhandlungen aufgenommen hatte. Um die Filme eben dieser Gesellschaften bemühte sich die ARD. Als zu erfahren war, daß die Münchner den gesamten Bestand aufkaufen wollten, ging auch die Degeto aufs Ganze.

Kirch versuchte, die ARD zu ködern, indem er während der sich hinziehenden Verhandlungen anbot, eben diese Filme zu günstigeren Preisen zu liefern, als hierzu MGM gegenüber der Degeto bereit sei. Aber die Herren des Ersten Deutschen Fernsehens blieben konsequent, verhandelten weiter und erreichten schließlich selbst bessere Konditionen. MGM und Degeto wurden sich einig, und der erste große Filmeinkauf der ARD ohne Kirch war perfekt. Für die Abspielrechte an 1500 Spielfilmen bei einer Lizenzzeit von fünfzehn Jahren wurde ein Preis von achtzig Millionen Dollar gezahlt. Zu dem Paket gehören vierzehn James-Bond-Streifen, fast alle Filme mit Humphrey Bogart sowie alle Filme, die bei MGM/UA in den nächsten fünfzehn Jahren produziert werden.

Mit einem Durchschnittspreis von rund 120 000 Mark pro Titel lag der Abschluß deutlich unter dem Preisniveau, das für die Geschäfte zwischen dem ZDF und der Kirch-Gruppe gilt. ARD-Programmdirektor Dietrich Schwarzkopf sagte: »Wir sind davon ausgegangen, daß wir die Filme von demjenigen kaufen müssen, der die Filmrechte hat, und nicht von dem, der die Filmrechte haben möchte – wie wir auch.«

Kirch reagierte wütend. Er ließ über seine Taurus-Firma jedem der fünf ARD-Unterhändler am 26. August 1983 gegen Mitternacht im Wilshire Hotel in

Beverly Hills, wo die Gruppe nächtigte, eine Schadenersatzklage in Höhe von 114 Millionen Dollar zustellen. Auch der Aufsichtsratsvorsitzende der Degeto, Freiherr von Sell, erhielt eine solche Klage zugestellt. Die Gesamtsumme betrug also 684 Millionen Dollar. Die Begründung lautete: Die Degeto-Vertreter hätten MGM/UA dazu verleitet, ein bereits bestehendes »binding agreement« zwischen der Filmgesellschaft und der Kirch-Gruppe zu brechen.

Aber auch die Filmgesellschaft ließ sich nicht lumpen und erhob Klage gegen Kirch, ebenfalls auf Schadenersatz in Höhe von 600 Millionen Dollar. Begründung: Verstoß gegen das Antitrustgesetz und Störung von Geschäftsverhandlungen.

Nach einiger Zeit beruhigten sich beide Seiten. Die anhängigen Prozesse wurden beendet und die Ansprüche gegeneinander aufgehoben.

An der Heimatfront erzielte Kirch dann doch noch einen Erfolg. Es gelang ihm, wenigstens beim Bayerischen Rundfunk zum Zug zu kommen. Der Sender erklärte überraschenderweise, daß er sich nicht an dem Degeto-Einkauf der ARD in Hollywood beteilige. Statt dessen kam es zu einem Vertrag mit Beta/Taurus über den Ankauf von dreihundert Spielfilmen und die Sicherung einer Option auf weitere hundert Programmstunden (Serien) oder nochmals 58 Filme. Das Ganze kostete rund sechzig Millionen Mark.

In der Branche tauchte damals die Version auf, politische Protektion für den CSU-Freund Leo Kirch sei für diese Sonderrolle des Bayerischen Rundfunks ausschlaggebend gewesen.

Sollte etwa Ähnliches gelten, wenn jetzt – 1989 – die Entscheidung über das Rekordgeschäft zwischen dem ZDF und der Kirch-Gruppe über zirka tausend Spielfilme und ein Preisvolumen von 250 bis 400 Millionen Mark ansteht?

# 10. Vor dem Ziel oder Götterdämmerung?

Seit der Medienmogul Leo Kirch, sein Exekutor Joachim Theye und ihre Geschäfte in die Schlagzeilen geraten sind und die Öffentlichkeit sich für die Machenschaften und Ziele der beiden interessiert, läuft nicht mehr alles so reibungslos wie in früheren Jahren. Liegt es an der Art und Weise des Vorgehens, an der Skrupellosigkeit mancher Methoden oder an der Maßlosigkeit des geltend gemachten Anspruches, daß die Kritik an der Macht des öffentlichkeitsscheuen Unternehmers wächst und infolgedessen Nervosität und Fehleinschätzungen sein Handeln prägen?

Im Machtkampf um den Springer Verlag sind Kirch und Theye gegen die Wand gelaufen und sinnen, noch immer ganz benommen, nach einem Ausweg, das »einzementierte« Aktienpaket einflußbringend einzusetzen. Bei SAT 1 muß sich Theye mehr denn je mit dem Widerstand des Springer Verlages gegen seinen einseitigen Kurs zum wirtschaftlichen Nutzen der PKS/Kirch-Seite auseinandersetzen. Sein Mandat als Aufsichtsratsvorsitzender läuft am 31. Dezember 1989 aus. Eine Mehrheit für seine Wiederwahl wird es nicht geben. Wenn er sich aber nur noch mittels einer Patt-Situation weiter an der Macht halten wollte, müßte er verstärkt mit Konflikten im Gesellschafterkreis rechnen.

Die Rolle Kirchs im Privatfernsehen wird zunehmend Fragen aufwerfen. Die Aufsichtsbehörden der

Länder dürften sich erneut mit den Eigentumsverhältnissen bei PRO 7 befassen. Und im ZDF-Fernsehrat gibt es bei aller politischen Rückendeckung auch Unbehagen darüber, daß der maßgebliche Programmlieferant des Senders sich zugleich als konkurrierender Fernsehveranstalter betätigt.

Diese Entwicklungen erklären, warum manche Reaktionen hektischer und unüberlegter werden. Sollten sich Kirch und Theye bei ihren hochgesteckten unternehmerischen Zielen etwa selbst im Wege stehen, sich gar überschätzen? Ist bei den Bestrebungen, einen multimedialen Großkonzern aus Filmhandel, Fernsehen und Presse zu errichten, vielleicht zu hoch gepokert worden, und gerät Kirch jetzt unter Zeitdruck?

Im Mai 1987 schrieb das *manager magazin* über den Filmgrossisten: »Um sein Monopol zu retten, wird er künftig beim Einkauf immer höhere Garantiesummen zahlen müssen. Schon heute jedoch, so behaupten Branchenkenner, setzt sich sein gigantisches Filmlager nicht mit der nötigen Geschwindigkeit um. Hartnäckig hält sich das Gerücht, Kirch habe sich übernommen und stecke in einer Finanzklemme.« Aber auch die Springer-Aktien, die ihm gehören oder über die er disponieren kann, sind mit Bankkrediten finanziert.

Was würde passieren, wenn in dieser Situation das große Filmgeschäft mit dem ZDF, das seit Anfang 1989 verhandelt und konkret vorbereitet wird, nicht so ohne weiteres über die Bühne des Fernsehrates ginge? Wird der Mainzer Sender für ein Filmpaket mit rund tausend Streifen aus dem Kirch-Bestand insgesamt je nach Ausgestaltung der Verträge 250 bis 400 Millionen Mark bezahlen? Programmdirektion und Intendanz des ZDF sind jedenfalls entschlossen, an der Kirch-Gruppe als Hauptlieferanten für die Programmware trotz der Konkurrenztätigkeit auf dem Feld des Privatfernsehens festzuhalten.

Schlecht sind für Kirch dagegen die Aussichten, mit der Springer-Familie eine Verhandlungslösung über die vom Verlagshaus nicht anerkannte »verdeckte« Beteiligung in Höhe von sechzehn Prozent zu erzielen. Der erklärte Wille des verstorbenen Verlegers, die Erfahrungen, die auf Springer-Seite im Zusammenhang mit dem »Putschversuch« vom Frühjahr 1988 gesammelt wurden, sowie die inzwischen publik gewordenen Wahrheiten über das zerrüttete persönliche Verhältnis zwischen Axel Springer und dem Filmhändler schließen das aus. Die Merkwürdigkeiten eines mißglückten Filmgeschäftes zwischen den Firmen Ullstein AV und Beta-Film habe ich in einem vorausgegangenen Kapitel dokumentiert. Erstmalig hatte ich 1988 nach dem gescheiterten Versuch Kirchs, die Macht bei Springer zu übernehmen und den Verlag nach seinem Bekunden »im Sinne von Axel Springer weiterzuführen«, über diese Zusammenhänge geschrieben. Ich legte in dem Artikel auch die Einstellung des Verlegers gegenüber Leo Kirch dar.

Daraufhin verlangte der Filmzar die Abgabe von vier Unterlassungserklärungen und erhob, als ich mich weigerte, Klage beim Landgericht München wegen Unterlassung. Den Streitwert bezifferte er auf eine Million Mark. Es ging um die Behauptungen, Kirch habe beim Erwerb von zweihundert Filmen durch die Ullstein AV versprochen, das eingesetzte Kapital werde schnell zurückfließen, er habe bei Abschluß der Verträge die Unerfahrenheit ausgenutzt und der Springer-Konzern habe einen Millionenverlust erlitten. Zu diesen Fragen hörte das Münchner Landgericht mehrere Zeugen, die an den Gesprächen und Verhandlungen vor und nach Abschluß der Verträge beteiligt waren.

Über den vierten Punkt berichtete der *Spiegel* (16. 1. 1989) nach dem ersten Verhandlungstermin:

In der Fachzeitschrift *neue medien* erinnerte sich Naeher, der inzwischen als freier Autor in Berlin tätig ist, Axel Springer habe wegen des mißglückten Filmgeschäfts »mit Kirch nichts zu tun haben« wollen. Noch 1980 sei der Verleger in einem Gespräch mit ihm, Naeher, über die zurückliegende Filmpleite in helle Wut geraten. Naeher wörtlich:

Als der Name Kirch fiel, brauste Axel Springer auf: »Der ist ein Krimineller. Der hat mich betrogen. In meinem Haus kann ich keine Geschäfte mit Kriminellen gebrauchen.«

Beim Landgericht München I reichte Kirch im vergangenen Oktober eine Unterlassungsklage gegen Naeher und *neue medien* ein. Am Mittwoch letzter Woche fand vor der neunten Zivilkammer die erste Verhandlung statt.

Im Prozeß wurde schnell klar, daß sich der Zorn des Filmhändlers Kirch nicht allein gegen den Abdruck der persönlichen Beleidigung richtet, die er überdies für erfunden hält. Denn es sei »undenkbar«, heißt es in der Klageschrift, »daß eine angesehene und seriöse Persönlichkeit wie Axel Springer ein derartiges Vokabular verwendet« habe.

Besonders unangenehm sind Naehers Enthüllungen für Kirch vor allem, weil der Münchner seit 1985 mit zehn Prozent am Axel Springer Verlag beteiligt ist und gegen alle Widerstände der Familienerben eine ideologische und ökonomische Führungsrolle in der Nachfolge des 1985 verstorbenen Verlagsgründers beansprucht [...]

Als Vertrauensmann Axel Springers hatte der Jurist und Journalist in Hamburg eine Sendegesellschaft von 139 Zeitungsfirmen aufgebaut, die seit 1985 die Nachrichtensendung »Blick« zum neugeschaffenen SAT 1-Fernsehen beisteuerte. Auf Betreiben von Kirch-Manager Joachim Theye wurde die Sendung Mitte 1986 der Mainzer SAT 1-Zentrale unterstellt [...]

Springer-Vorstandschef Peter Tamm hielt Kirch eine Zeitlang noch für einen »fairen Partner«, von dem er glaubte, seine Expansion richte sich nur gegen die kleineren unter den 139 Verlagen. Später bekam er selbst das »gigantische Machtstreben« (Tamm) der Münchner zu spüren, die bei SAT 1 beispielsweise, ohne Rücksicht auf Programmwünsche anderer Teilhaber, so viele Filme und Serien aus Kirchs Beständen abspielen wollten wie möglich.

Naeher wunderte das längst nicht mehr. Denn so ähnlich, führte er in seinem Tagebuch aus, sei es schon beim Filmdeal von 1976 zugegangen. Warum hätte der Filmhändler, schrieb Naeher in seinen Notizen, »ein Interesse an einer optimalen Verwertung« der 200 Filme haben sollen, die er gerade für viele Jahre zum Preis von 5,9 Millionen Mark an Springer verhökert hatte? In Kirchs Filmlager gab es schließlich genügend eigene Ware.

Auf Axel Springers heftiges Veto stieß Naeher Ende 1980, als er von den Filmen Videobänder produzieren und die Videorechte bei Kirch anfordern wollte. Am Kamin in Springers Berliner Domizil Schwanenwerder erfuhr er, so Naeher letzte Woche vor den Münchner Richtern, daß der Verleger »sich betrogen fühlte und niemand mit Kirch sprechen durfte«. Als er es genauer habe wissen wollen, seien die bösen Springer-Worte vom »Kriminellen« Kirch gefallen – Sätze, die er sich hinterher notiert habe [...].

Das Gericht erließ Beweisbeschluß. Zeugen wurden gehört, so der Aufsichtsratsvorsitzende und der Vorstandsvorsitzende des Axel Springer Verlages, Servatius und Tamm. Sie bestätigten Springers Worte.

Und wie sieht es bei SAT 1 aus? Auch dort ist Gegenwind zu Kirch und Theye aufgekommen; die bisher weitgehend exklusive Programmzulieferung aus den Münchner Beständen steht in Frage. Der Axel Springer Verlag hat mit der Gründung der Capitol + TV Gesellschaft für den Ein- und Verkauf von Filmlizenzen Flagge gezeigt und tritt auf Kirchs ureigenstem Feld, dem Filmhandel, an und wird der Beta/Taurus-Gruppe bei der Belieferung von SAT 1 künftig Konkurrenz machen.

Theye hatte seinen Kurs aus den Gründerjahren von SAT 1 als Aufsichtsratsvorsitzender des Senders fortgesetzt – und schließlich überzogen. Der Anwalt führte quasi die Geschäfte. (Theye: »Ich habe mehr Zeit für SAT 1 geopfert, als mein Beruf es eigentlich erlaubt hätte.«) Er steuerte die Personalpolitik und holte sich einen guten Bekannten aus Bremen an die Spitze der Geschäftsführung: Werner Klatten, bis dahin Vorstandsvorsitzender der Brinkmann-Zigarettenfirma.

Dieses Tandem plant, handelt und schottet gegen unbequeme Fragen ab. Klatten hält sich ausschließlich an Theye, und der wiederum gewährt Klatten, gleichsam als Gegenleistung, Rückendeckung. Wie überall hat auch bei SAT 1 der Aufsichtsrat die Aufgabe, die Geschäftsführung zu überwachen und gegebenenfalls einzelne Vorgänge zu prüfen. Aber an Theye vorbei läuft nichts. Immer wieder gab und gibt es deshalb Konfrontationen und Konflikte unter den Gesellschaftern. Der Zweck des Ganzen: Das Filmgeschäft zwischen der Kirch-Gruppe, der PKS und SAT 1 soll sich möglichst ungestört entwickeln können. Wie zu hören ist, soll Klatten bereits in Aussicht gestellt worden sein, er könne gegebenenfalls in eine Top-Position des Kirch-Imperiums überwechseln.

Das Ergebnis von Theyes Wirken bei SAT 1 kann sich sehen lassen. Die PKS schaffte es 1988, für fast hundert Millionen Mark Spielfilme und Serien aus Kirchs Fundus zu liefern. Der SAT-1-Hauptgesellschafter kassierte damit doppelt soviel vom Sender, wie der Verlustanteil 1988 ausmachte; der »Überschuß« soll rund fünfzig Millionen Mark betragen haben. Für Theye ist das ein schöner Erfolg, den die anderen Gesellschafter allerdings mitzufinanzieren haben. Dabei ist für sie besonders ärgerlich geworden, daß Theye von Anfang an weder eine Transparenz noch eine allgemeine Kontrolle des Filmgeschäfts zuließ.

Dieses Vorgehen und die neue Konkurrenz von PRO 7 trieb die Herausforderung gegenüber den Zeitungsverlegern – den Gesellschaftern APF und Springer Verlag – auf die Spitze. Der Machtkampf um SAT 1 geriet in eine neue Phase. Schauplatz ist der Aufsichtsrat des Senders.

Wenn Theye die Aufsichtsratssitzungen im großen Konferenzsaal von SAT 1 in der Mainzer Hegelstraße 61 leitet, gleicht er einem Dompteur, der mit unruhigen Augen und immer sprungbereit die Manege ins Visier faßt. Seine Peitsche sind Satzung und Geschäftsordnung, beides von ihm selbst maßgeblich mitverfaßt. Infolge des langen, oft unübersichtlichen Hin und Her bei der Gründung des Senders sind nicht alle Bestimmungen so formuliert, daß unterschiedliche Interpretationen unmöglich wären.

So ist nirgendwo festgeschrieben, daß der Aufsichtsratsvorsitzende keinesfalls eine dem gesamten Aufsichtsrat übergeordnete Funktion wahrnehmen dürfe. Zwar hatte dies die Verlagsseite bei den Verhandlungen 1986 sicherheitshalber entsprechend eingebracht. Aber Theye konterte damals mit dem Argument, daß eine herausgehobene Position für den Aufsichtsratsvorsitzenden rechtlich gar nicht möglich sei. Deshalb brauche dies auch nicht expressis verbis ausgeschlossen zu werden. Jetzt bewirkt die Macht des Faktischen, daß Theye über die Achse Aufsichtsratsvorsitzender – Geschäftsführer vieles in seinem Sinn zu steuern vermag.

In den Sitzungen präsidiert er am Kopfende des Tisches, gut versorgt mit dem obligaten Tee und den

Davidoff-Zigarren, die er mag. Für den richtigen Genuß fehlt ihm allerdings in jüngster Zeit die Ruhe. Denn das rigorose Vorgehen der Kirch-Gruppe in dem Bestreben, einen multimedialen Großkonzern zu zimmern, hat es für Theye schwieriger gemacht, seinen eigenwilligen Kurs bei SAT 1 durchzusetzen. Insbesondere in dem links neben ihm sitzenden Springer-Vorstandsvorsitzenden Peter Tamm, dem stellvertretenden SAT-1-Aufsichtsratsvorsitzenden, sieht er inzwischen einen Gegner. Die Partnerschaft, die Tamm ursprünglich anstrebte, ist seit dem »Putschversuch« von Kirch und Theye, mit Hilfe der Burdas im Springer Verlag die Macht zu übernehmen, zerbrochen.

»Kirch [...] ist dem Springer-Boß inzwischen gram, vor allem wohl, weil sich der robuste Tamm hartnäckig bemühte, die Interessen der Springer AG und weiterer 140 Zeitungsverlage bei SAT 1 gegen die Alleinherrschaft von Kirchs Anwalt und Manager Theye zu verteidigen. Tamm klagte im Springer Verlag über das ›gigantische Machtstreben‹ der Kirch-Gruppe. Ein Springer-Mann in der SAT-1-Geschäftsführung wurde binnen Monaten isoliert und abserviert [...]« (*Der Spiegel*, 28. 3. 1988)

Rechts neben sich an der Längsseite hat Theye mit dem Fernsehprofi Gerd Bacher sichere Deckung postiert. Der vife Bacher, ehemaliger Generalintendant des österreichischen Rundfunks und Kirch-Freund, lauert nur auf ein Stichwort, um Theye beizuspringen und Gegenargumente in Grund und Boden zu plaudern. Verleger Eberhard Ebner, Aufsichtsratsvorsitzender der aus 139 Zeitungsverlagen bestehenden APF-Presseholding, sitzt eingemauert zwischen Bacher und Helmut Guthardt, dem etwas rundlichen, jovial lächelnden, aber coolen DG-Bank-Boß, und taktiert vorsichtig zwischen den Fronten.

Auf der anderen Längsseite sitzen Wolfgang Müller (Springer Verlag), der Tamm unterstützt und Theye öfters mal mit unangenehmen Fragen nervt, dann Wilhelm Sandmann vom Madsack-Verlag, in sich ruhend, aber auch streitbar, wenn es um die Interessen der Zeitungsverlage geht, und schließlich Diether Stolze für die AV Euromedia, immer verbindlich und fast durchweg auf der PKS/Kirch-Linie.

Der ursprüngliche Rahmenvertrag zwischen SAT 1 und PKS, in dem der Preis für die zugelieferten Filme und Serien auf zuletzt 650 Mark pro Minute festgeschrieben war, ist zum Jahresende 1988 ausgelaufen. PKS/Kirch bestanden darauf, den Sender künftig nur noch auf Basis von Marktpreisen und individuellen Vereinbarungen zu beliefern. Das bedeutet deutlich steigende Preise und für SAT 1 entsprechend höhere Kostenbelastungen.

Schon aus diesem Grund verstärkt sich im Gesellschafterkreis der Widerstand gegen die bislang geübte »Selbstbedienungspraxis« des Hauptlieferanten PKS/Kirch. Immerhin verbraucht SAT 1 pro Jahr zirka neunhundert Spielfilme und 45 Serien einschließlich der Wiederholungen. Würden die Entscheidungen, was im einzelnen und zu welchen Preisen geliefert wird, auch künftig weitgehend in München fallen, wären die Aussichten der anderen Gesellschafter, den Sender in absehbarer Zeit in die Gewinnzone zu steuern, nicht gerade günstig.

Alle Befürchtungen wären gegenstandslos, wenn SAT 1 eine eigene Programm- und Einkaufsabteilung eingerichtet hätte. Die Filmbeschaffung wäre in ihren Einzelheiten transparent und kontrollierbar. Und SAT 1 könnte auch Konkurrenzangebote zur Kirch-Gruppe heranziehen und eine Einkaufspolitik zum eigenen Nutzen entwickeln. Immerhin entfällt fast die Hälfte des jährlichen Aufwands in diesen Bereich. Mehr als ein bis zwei Dutzend Mitarbeiter wären für eine eigene Einkaufsabteilung nicht erforderlich. Aber wie in der Anfangszeit des ZDF soll jetzt auch SAT 1 auf die eigenen Einkäufer zugunsten der Großhändler-Rolle von Kirch verzichten.

Um dies trotz des Konflikts im Aufsichtsrat zu erreichen, erhielt Klatten von Theye grünes Licht für die Neuorganisation des Filmeinkaufs. Der *epd-Pressedienst* meldete am 23. November 1988: »SAT 1 organisiert Programmbeschaffung neu: mehr Konkurrenz für Kirch? [...] Nach Angaben von SAT 1 baut der Privatsender jetzt einen Geschäftsbereich für den Film- und Serieneinkauf auf.«

Mehr Konkurrenz zu Kirch? Wenn es tatsächlich um die Einrichtung einer Einkaufsabteilung im Sender ginge, vielleicht. Aber das wollte Theye nicht zulassen. Statt dessen soll nun eine Tochtergesellschaft von SAT 1 den Filmeinkauf übernehmen: die Gesellschaft für Beschaffung und Verwertung von Fernsehrechten mbH. Auch diese Entscheidung lief über die Achse Geschäftsführung und Aufsichtsratsvorsitzender. Mit der Finanzierung dieser Tochtergesellschaft sollen die SAT-1-Gesellschafter nicht belastet werden.

Die Gesellschaft für Beschaffung und Verwertung von Fernsehrechten soll zu den jeweiligen Marktpreisen auf Vorrat einkaufen und dies mit Krediten finanzieren. Natürlich liegt es nahe, dafür Kirchs Hausbank, die DG Bank, in Anspruch zu nehmen. Möglich wäre aber auch, daß der Lizenzverkäufer PKS/Kirch dadurch vorfinanziert, daß vereinbarte Lizenzpreise erst bei Weiterveräußerung an den Sender fällig werden.

Den Anstoß für diese Neuorganisation hat sicherlich die Gründung der Capitol + TV Filmgesellschaft für den Ein- und Verkauf von Lizenzen durch den

Axel Springer Verlag im Herbst 1988 gegeben. Partner dieser mit einem Stammkapital von zehn Millionen Mark ausgestatteten Capitol + TV Gesellschaft ist Bodo Scriba, langjähriger Beta/Taurus-Geschäftsführer, der im Konflikt mit Kirch ausgeschieden war.

Der Springer Verlag tritt damit in dem Beschaffungsmarkt für Fernsehprogramme in direkte Konkurrenz zur Kirch-Gruppe. Scriba kündigte an, Capitol werde ein differenziertes Preissystem für unterschiedliche Kategorien von Filmen einführen. »Der Entschluß, das seit etwa acht Jahren im Konzern vorhandene, aber ›mehr nebenbei‹ betriebene Filmgeschäft auf eine neue Basis zu stellen und dies mit Scriba zu tun, läßt schon Rückschlüsse auf das Verhältnis zu der Münchner Kirch-Gruppe zu.« (*Frankfurter Allgemeine Zeitung*, 26. 10. 1988)

Der Aufsichtsratsvorsitzende Theye gerät damit in die Defensive. In einer internen Reaktion behauptete er, daß nur der Gesellschafter PKS/Kirch an SAT 1 zuliefern sollte. So habe man es bei der Gründung des Senders gesehen. Dabei hatte SAT 1 von Anfang an vom Springer Verlag einzelne Filme und vor allem die Serie »Love Boat« bezogen. In einem nächsten Schritt soll jetzt die SAT-1-Tochter, die Gesellschaft für Beschaffung und Verwertung von Fernsehrechten, tätig werden. Ob es zu ernsthaften Konflikten kommt, wird davon abhängen, wie die SAT-1-Geschäftsführung den Filmeinkauf tatsächlich handhabt. Wird Klatten seinem Programmdirektor Wolfgang Graß, bei dem inzwischen immerhin eine kleine Filmredaktion eingerichtet wurde, die Möglichkeit einräumen, bei Angeboten von verschiedenen Seiten auch zuungunsten von PKS/Kirch zu entscheiden? Oder soll die sich abzeichnende Konkurrenz zu Kirch dadurch unterlaufen werden, daß sich die SAT-1-eigene Beschaffungsgesellschaft, die unter der Geschäftsführung von Klatten steht, einen so reichhaltigen Vorrat aus Münchner Zulieferungen anlegt, daß für Angebote Dritter kein Bedarf mehr besteht? Klatten kann sich hinsichtlich Planung und Sortierung der Programmware sicherlich wie bisher auf die »Beratung« durch Beta/Taurus stützen.

Wenn die neue SAT-1-Beschaffungsgesellschaft frei ist, die eingekauften Film- und Serienlizenzen entweder an SAT 1 oder an Dritte und damit auch zurück an PKS/Kirch zu verkaufen und Theye die passende betriebswirtschaftliche, rechtliche und steuerliche Form gefunden hat, warum soll es dann nicht problemlos möglich sein, Ware zwischen Mainz und München hin- und herzuschieben? Damit könnten unliebsame Konkurrenzangebote leicht aus dem Feld geschlagen werden.

Es kann angenommen werden, daß Theye seine Möglichkeiten bei SAT 1 nutzt, um das Filmgeschäft auch weiterhin auf den Gesellschafter PKS/Kirch zulaufen zu lassen. Es kann aber auch angenommen werden, daß der Gesellschafter Springer Verlag darauf achten wird, daß die Capitol + TV Gesellschaft künftig kräftig mitmischt.

Theye muß jetzt in rauherer See operieren. Und er weiß, daß sein Mandat als Aufsichtsratsvorsitzender bei SAT 1 am 31. Dezember 1989 ausläuft. Dann wählen die Aufsichtsratsmitglieder einen neuen Vorsitzenden aus ihrer Mitte. Eine Mehrheit für ihn ist aber nicht in Sicht, ganz abgesehen davon, daß bei Abschluß der SAT-1-Verträge Einigkeit bestand, daß im Wechsel nach Theye ein Aufsichtsratsmitglied der Verlagsseite den Vorsitz übernehmen sollte. Kampflos werden sich diese Gesellschafter sicher nicht von der DG Bank und der Kirch-Gruppe blockieren lassen, auch wenn Theye versuchen sollte, aufgrund der Patt-Situation, die er durch die

Unterstützung von Diether Stolze (AV Euromedia) erreicht, einfach weiterzuamtieren.

Für Kirch und seine Geschäfte steht also nicht alles zum besten. Aber er braucht Erfolge, um das Ziel des multimedialen Großkonzerns nicht zu gefährden. Zwar verfügt er mit seiner Schatzkammer voller Film- und Fernsehstreifen über ein ansehnliches Fundament für das in Gang gesetzte Macht- und Milliardenspiel. Doch der tatsächliche Wert dieses Filmbestandes hängt von vielen Faktoren ab. Deshalb gehen auch die Einschätzungen in dieser Frage weit auseinander. Sie reichen von zwei bis drei Milliarden Mark seitens des Inhabers Leo Kirch über eine runde Milliarde Mark, wie der DG-Bank-Chef Guthardt meint, bis zu nur einigen hundert Millionen Mark, wie in der Branche zu hören ist.

Die *Frankfurter Allgemeine Zeitung* (12. 9. 1987) schrieb:

> Ist der Gesamtwert zwischen einer und zwei Milliarden DM zu suchen, wie verschiedentlich gemutmaßt wird? Den Spekulationen sind keine Grenzen gesetzt, denn konkrete Zahlen hierüber wie auch über vieles andere nennt Kirch nicht.
>
> Früher hat Kirch die Bewertungsproblematik offenbar mehr zu spüren bekommen als heute. Gerade am Anfang seiner Tätigkeit, in den späten fünfziger und frühen sechziger Jahren, tat er sich nicht immer leicht, seine Filmkäufe zu finanzieren. Nicht jede Bank sah das Geschäft so positiv wie er. Die Zusammenarbeit mit einem Bankenkonsortium unter Mitwirkung der Westdeutschen und der Bayerischen Landesbank endete aus diesem Grund in den siebziger Jahren. Richtig verstanden fühlt sich Kirch aber seit elf Jahren von Helmut Guthardt, dem Chef des genossenschaftlichen Spitzeninstituts DG Bank in Frankfurt. Sie ist heute Kirchs Hausbank, und sie ist auch sonst mehr als viele andere Kreditinstitute interessiert am weiten Feld der Medien, des Films und mehr und mehr des Privatfunks [...]

Das enge Verhältnis zwischen dem Münchner Kaufmann und der DG Bank gibt immer wieder Anlaß zu kritischen Beurteilungen, bis hin zur Frage der Abhängigkeit. »Meine Beziehung zur DG Bank«, sagt Kirch dazu, »ist ein völlig normales Bankgeschäft, das nach ganz normalen Kredit- und Beleihungsgrundsätzen behandelt wird. Und wir haben noch eine Menge Spielraum.« Eine »Taurus Vermögensverwaltungs GmbH«, die Kirchs Beteiligung an Springer von bisher zehn Prozent hält, gehört mit 99 Prozent ihres Kapitals von 115 Millionen DM formal der DG Bank. Theye erklärt aber, diese Gesellschaft befinde sich in Wirklichkeit »wirtschaftlich und rechtlich« in Kirchs Besitz, wofür er als Beleg nennt, daß er, Theye, als »Kirch-Mann« dort alleiniger Geschäftsführer sei. Über Eigenkapitalanteil und Verschuldung macht Kirch auch auf hartnäckige Fragen keine genauen Angaben [...]

Mit Recht kann der Filmunternehmer darauf verweisen, daß Spekulationen über eine hohe Verschuldung seiner Firmengruppe schon häufiger öffentlich angestellt wurden, ohne daß dann von Schwierigkeiten etwas zu merken war. Wichtig ist für ihn letztlich, wie die Gläubigerbanken seine Position beurteilen und insbesondere den Wert des Filmstocks taxieren, das heißt die Frage einschätzen, in welchem Maße und zu welchen Preisen sich die Ware wohl umsetzen läßt.

Theye sagt: »Kirch ist natürlich durch eigenes Geld und durch Kredite finanziert, wie jedes andere Unternehmen. Er hat große Kredite – er hat auch ein großes Unternehmen. Er hat riesige Bestände, die er seit Jahrzehnten verwaltet, verwertet, ständig erneuert und daher laufend finanzieren muß. Im Verhältnis zu den Vermögensbeständen der Unternehmensgruppe sind die Kredite nicht erheblich.« (*text intern*, 8. 1. 1988)

Die Bankobligationen belaufen sich wohl, wenn

man den zahlreichen Pressevermutungen Glauben schenken darf und die durch Kredite finanzierten Aktientransaktionen bei Springer mit hinzuzählt, auf insgesamt 800 bis 900 Millionen Mark. Die Frage liegt dann nahe: Wird das noch gutgehen, wenn es nicht gelingen sollte, die sprudelnde SAT-1-Quelle abzusichern, das Fernsehprogramm PRO 7 nach Plan einzusetzen und die Geschäfte mit dem ZDF zu steigern? Es klingt auch plausibel, wenn in der Medienbranche darüber gesprochen wird, daß es Überlegungen gebe, die Kirch-Gruppe in eine Publikumsgesellschaft umzuwandeln. Ist der Gang an die Börse vorgesehen?

Voraussetzung wäre sicher, daß es gelingt, die Stellung im Privatfernsehen in Konkurrenz zu ARD und ZDF zu behaupten, ganz im Sinne der Philosophie von Theye, der über SAT 1 sagte: »Wir wollen einen richtigen, reinen Kommerzsender, einen Gegensender gegen das öffentlich-rechtliche Fernsehen, von dem uns Welten trennen.« Doch wird dann wiederum der ZDF-Fernsehrat auch weiterhin die Einkäufe des Senders bei der Kirch-Gruppe absegnen?

Diese Fragen kennzeichnen die Unwägbarkeiten, die für die weitere Entwicklung bestimmend sein werden.

Den größten Teil der Fremdfinanzierung der Kirch-Gruppe leistet die DG Bank (Bilanzsumme bei 128 Milliarden Mark), das Spitzeninstitut der genossenschaftlichen Volks- und Raiffeisenbanken. Die DG Bank ist nicht nur Hausbank des Filmgrossisten, sie betätigt sich auch selbst im Fernsehgeschäft und ist hierbei wiederum über die PKS mit der Kirch-Gruppe verbunden. Die hundertprozentige DG-Bank-Tochter Deutsche Vermögensverwaltungsgesellschaft hält ebenso wie Kirch 49 Prozent der PKS. Die restlichen zwei Prozent liegen bei

Theye. DG-Bank-Chef Helmut Guthardt sitzt im Aufsichtsrat von SAT 1. Der Aufsichtsratsvorsitzende Theye wiederum ist nicht nur rechte Hand von Kirch, sondern berät auch den DG-Bank-Chef in Medienfragen. Und die Bank ist schließlich mit 35 Prozent an der Telepost Kabel-Service-Gesellschaft beteiligt, die im Verkabelungsgeschäft tätig ist.

Haben sich Guthardt und seine Bank zu intensiv mit dem Kreditnehmer Kirch verbündet? Will Kirch mit der medienpolitisch riskanten Fernsehexpansion und dem großen Filmdeal mit dem ZDF schnell wieder Boden gutmachen? Die Genossenschaftsbank ist sicherlich an einem raschen Erfolg der Kirch-Gruppe mehr als interessiert. Nach dem gescheiterten Springer-Coup fragte der *stern* am 5. Mai 1988: »Wer wird das Abenteuer bezahlen? Auf rund 400 Millionen Mark wird allein das Kreditvolumen für den heimlichen Aufkauf von Springer-Aktien in den letzten zwei Jahren geschätzt, mit denen Kirch und Guthardt die Macht bei Springer neu verteilen wollten.«

Wenn beide heute ein gutes Viertel der Springer-Aktien kontrollieren, dann steht ihnen zwar die Dividende zu, aber Einfluß auf die Unternehmenspolitik des Verlages können sie damit nicht nehmen. Und den Erträgen steht eine Belastung gegenüber: Zinszahlungen für das Kapital, mit dem die Aktienkäufe finanziert wurden. Die Situation ist außerdem noch aus einem anderen Grund unerfreulich. Die Kurse liegen nicht mehr auf der Höhe, die sie in der Zeit des Zukaufs erreichten. Der Verkauf der Aktien zu den niedrigeren Kursen kann deshalb nicht in Betracht kommen. Verluste müßten sonst verbucht werden.

Guthardt hatte Kirch schon 1985 beim Erwerb der zehn Prozent am Springer-Aktienkapital finanzielle Rückendeckung gegeben. Die Springer-Aktien gingen an eine eigens gegründete Taurus-Vermögensverwaltungsgesellschaft, an deren Stammkapital die DG Bank mit 114 Millionen Mark und die Taurus-Gesellschaft der Kirch-Gruppe mit nur einer Million beteiligt ist. Nach Aussage der DG Bank handelt es sich bei den 114 Millionen Mark um einen Kredit. Über die Springer-Beteiligung könne Kirch uneingeschränkt verfügen.

Warum aber wählte die Bank zur Finanzierung des Aktienerwerbes ihres Kunden Kirch den ungewöhnlichen Weg einer Gesellschaftsgründung? Wäre es nicht einfacher gewesen, den Kreditrahmen entsprechend auszuweiten? Wenn es richtig ist, daß sich damals die Verbindlichkeiten der Kirch-Gruppe gegenüber der DG Bank bereits auf 300 Millionen Mark belaufen haben, könnte es sein, daß die Bank den als Sicherheit dienenden Filmstock nicht höher einschätzt?

Wenn nun auch, wie zu hören ist, die mittelbar erworbenen sechzehn Prozent Springer-Aktien mit DG-Bank-Geld finanziert worden sind, dann stünde die Kirch-Gruppe insgesamt mit rund 800 Millionen Mark bei der Bank in der Kreide. In der Branche wird vermutet, daß ein weiterer Kredit in Höhe von 100 Millionen Mark – angeblich von der Bayerischen Hypobank – zur Finanzierung des Abonnentenfernsehens (Pay TV) der Kirch-Gruppe gegeben worden sei. Die Teleclub-Gesellschaft ist jedenfalls Kunde der Bayerischen Hypobank. Bisher sind dem Teleclub zweistellige Millionenverluste entstanden. Das Pay-TV-Geschäft gilt in der Bundesrepublik als wenig aussichtsreich. Denn infolge der monatlichen Rundfunk- und Kabelgebühren sind die Belastungen der Haushalte für das Fernsehen bereits so hoch, daß sich kaum genügend Interessenten für ein weiteres Programm werden finden lassen, das zusätzlich 34 Mark pro Monat (plus eine einmalige Zahlung von neunzig Mark) kostet.

Vor diesem Hintergrund ist plausibel, daß das neue Kirch-Engagement mit dem Fernsehsender PRO 7 vorrangig dem Ziel dient, im Markt die Lizenzpreise für Spielfilme und Serien hochzutreiben. Auf dem enggewordenen Programmbeschaffungsmarkt vermehrt jeder neue Sender die Nachfrage, zumal wenn das Programm wie bei PRO 7 täglich zwei bis drei Spielfilme und drei bis vier Serien enthält. Dadurch lassen sich nicht allein höhere Einnahmen bei SAT 1 und beim wichtigen Abnehmer ZDF erzielen, sondern der den Banken als Sicherheit dienende Filmstock kann höher bewertet werden.

Wie berichtet wird, soll das Bundesaufsichtsamt für das Kreditwesen gegenüber der DG Bank Besorgnis wegen der Verschuldungslage der Kirch-Gruppe geäußert haben. Dieses Aufsichtsamt überwacht auf der Grundlage des Kreditwesengesetzes die Einhaltung bestimmter Höchstgrenzen für Kredite an einzelne Bankkunden.

Kirch und Guthardt freilich halten alle Überlegungen hinsichtlich einer zu hohen Verschuldung des Münchner Medienkonzerns für abwegig. Aber es gibt keinerlei Auskünfte über genaue Zahlen und Daten, weder über die Höhe der Verschuldung noch überhaupt über die finanziellen Verhältnisse. Die Bilanz wird weiterhin im verborgenen gehalten. Außerdem bestehen begründete Zweifel, ob der von der Kirch-Gruppe behauptete Jahresumsatz in Höhe von 600 Millionen Mark stimmt. Nach Erklärungen Theyes gegenüber dem Bundeskartellamt 1988 ist der tatsächliche Umsatz erheblich geringer.

Kirch selbst gibt sich sicher. Gegenüber dem *manager magazin* (August 1987) sagte er: »Ich habe von ersten deutschen Adressen das Angebot, meine Aktionen zu finanzieren. Und zwar auf Basis der Stockbeleihung der Taurus. Ich brauche meine Springer-Aktien mit keiner Mark zu beleihen.«

Was also ist dieser Filmstock wert? In seinem *Spiegel*-Gespräch vom 12. Oktober 1987 sagte Kirch:

> Die ARD hat 1984 mit ihrem Filmeinkauf bei MGM Daten gesetzt. Nehmen wir die Preise, die sie 1984 gezahlt hat, und bewerten damit nur einen Teil meines Filmvermögens. Die ARD hat pro Spielfilm 150 000 Mark und pro Serienstunde 50 000 Mark bezahlt. Wenn ich aus meinem Programmbestand von 15 000 Spielfilmen und 50 000 Stunden anderer Fernsehprogramme nur 8000 Spielfilme und 25 000 Serienstunden zu diesen Preisen rechne, komme ich schon auf 2,4 Milliarden Mark [...]
>
> Für die Synchronisation der deutschen Fassungen zahlt die ARD noch einmal rund 100 000 Mark pro Spielfilm und 30 000 Mark pro Serienstunde. Wenn ich meine 8000 synchronisierten Spielfilme mit der Hälfte der ARD-Preise und rund 20 000 bereits synchronisierte Serienstunden mit den vollen ARD-Preisen rechne, ergibt das nochmals eine Milliarde Mark. Wir wären damit bei 3,4 Milliarden Mark. Dabei sind nicht eingerechnet die E-Musik-Produktionen der Unitel, in die ich bis heute 500 Millionen Mark investiert habe, und natürlich die weiteren Aktivitäten meines Unternehmens. Ich sage damit nicht, daß dies genau der Wert meines Unternehmens ist, aber ich denke, daß diese Zahlen genug über mein Geschäft aussagen. Mein Programmstock ist mein Kapital, und dieser Stock wird mit jedem Sender mehr wert.

Im letzten Punkt hat Kirch mit Sicherheit recht. Der Wert der Filme steigt mit jedem neuen Sender. Solange aber keine konkreten Angaben über die Zusammensetzung des Filmstocks und die Art der vorhandenen Lizenzen gegeben werden, sind pauschale Rechenkunststücke à la Kirch so nichtssagend wie Spekulationen von dritter Seite. Die Programm-Konserven in Kirchs Fundus sind genausoviel wert, wie mit ihrer Auswertung im Markt tatsächlich zu erlösen ist. Die DG Bank wird sich deshalb ganz besonders für die Einzelheiten interessieren. Sie wird wissen, wie hoch der Bestand wirklich ist und wie er sich zusammensetzt. Sie wird auch wissen, wie viele dieser Filme und Serien bereits mehrfach im Fernsehen gelaufen sind und wie hoch überhaupt der Anteil an höherklassigen Filmen ist. Denn von all diesen Faktoren hängt die Bewertung des Filmstocks ab. Die Bank wird sich sicherlich Kirchs Einschätzung von 3,4 Milliarden Mark nicht anschließen.

Der *stern* schrieb hierzu am 28. April 1988: »Guthardt hat den Wert dieses Filmstocks einschließlich diverser Musik mit ›1,2 Milliarden Mark‹ beziffert. Ein Spitzenmann eines öffentlich-rechtlichen Senders, der sich im Geschäft mit Filmrechten auskennt, zum *stern*: ›Erstens liegt in Kirchs Keller viel Schrott. Wer bezahlt denn heute noch Geld für solche Uraltschinken wie Lassie? Und zweitens wird der Wert der Filme und Serien drastisch sinken, wenn man die Archive, um Kredite abzudecken, zwangsweise und auf einmal vermarkten muß.‹«

Was die Kirch-Gruppe wohl akut drückt, dürfte die Zinslast für die Kredite sein. Angenommen, es wären neun Prozent zu zahlen, dann macht allein der jährliche Zinsdienst, wenn die Vermutungen über eine Verschuldung in Höhe von 900 Millionen Mark stimmen sollten, 81 Millionen aus.

Das Problem der Verschuldung und der Bewertung des als Sicherheit dienenden Filmstocks ist im übrigen nicht neu. Schon einmal endete wegen unterschiedlicher Einschätzungen die Zusammenarbeit der Kirch-Gruppe mit den Kreditinstituten. 1976, bevor die Verbindung zur DG Bank entstand, drängten die Bayerische Vereinsbank und die Bayerische Hypobank, die neben der Westdeutschen Landesbank als Hausbanken fungierten, auf eine

Kreditumschuldung bei Kirch. Theye managte dann in langen Verhandlungen den Wechsel zur DG Bank.

Die aktuelle Lage des Filmimperiums bleibt im verborgenen. Solange Kirch keine Daten über den Geschäftsverlauf der Firmengruppe veröffentlicht und keine genauen Angaben über seine Verschuldung gibt, muß er sich mit kritischen Beurteilungen auseinandersetzen. Wenn er 1987 meinte: »Meine Beziehung zur DG Bank ist ein völlig normales Bankgeschäft, das nach ganz normalen Kredit- und Beleihungsgrundsätzen behandelt wird. Und wir haben noch eine Menge Spielraum«, so mag 1989 bezweifelt werden, ob die DG Bank das auch noch so sieht.

Bemerkenswert ist auch, daß Stefan Ziffzer, Direktor bei der DG Bank im Bereich des Kreditwesens, zur Kirch-Gruppe wechselte und dort ab 1989 als Leiter der neugeschaffenen Abteilung Finanz-, Rechnungswesen und Controlling tätig ist.

Geht der Medienmogul, der noch 1988 glaubte, er werde in Kürze Konzernherr eines Verbundes aus Filmhandel, Fernsehen und Presse sein, einer Götterdämmerung entgegen, wie sie sich ähnlich bei seinen politischen Freunden von Kohl bis Zimmermann und Stoiber inzwischen vollzieht? Vielleicht vermag ihm die politische »Connection« noch eine Zeitlang Rückendeckung zu geben, die ihm vor allem beim ZDF, aber auch beim Verteilungskampf um drahtlose Frequenzen für PRO 7 nützt. Aber wie soll es dann weitergehen?

Es klang schon fast wie eine Beschwörung alter Zeiten angesichts einer ungewissen Zukunft, als Kirch-Mann Theye im September 1988 vor dem Bundesfachausschuß Medienpolitik der CDU sagte: »Die Historie möchte ich auf einen Punkt bringen. Das Privatfernsehen ist in der Bundesrepublik durchgesetzt worden von der Union und von der

PKS. Ohne die Union, ohne ihre großen Protagonisten auf diesem Gebiet gäbe es privates Fernsehen nicht. Ohne die PKS – das wage ich zu behaupten – ebenfalls nicht [...] Gerade für den Fall eines Regierungswechsels – ich habe übrigens für die nächste Wahl keine Sorge – trotzdem: gerade für diesen Fall muß das private Fernsehen so installiert sein, daß niemand die Dinge mehr zurückdrehen kann.«

Der Kirch-Mann hatte endgültig die Interessen der PKS mit denen des Privatfernsehens gleichgesetzt.